W0059078

«Mein Name ist Alexandros Stefanidis. Ich erzähle gerne, dass ich in einem griechischen Lokal aufgewachsen bin. Das stimmt natürlich auch. Aber es ist – wie so oft bei biographischen Angaben – nicht die ganze Wahrheit.

Mein Vater hatte lange mit seiner Entscheidung gerungen, mich auf ein Internat zu schicken. Kurz bevor wir ankamen, machte er halt, parkte das Auto und sagte: ‹Deine Mutter hat mir immer wieder gesagt, dass es falsch wäre, euch Jungs im Lokal aufwachsen zu lassen. Deine Brüder werden ein Leben lang in der Gastronomie arbeiten. Daran gibt es nichts auszusetzen. Aber sie hätten es vielleicht besser haben können. Und du, du bist noch jung.› Und so kam ich nach Dahn: ein 5000-Einwohner-Dorf, großer Supermarkt, Tankstelle, eine Eisdiele, Schlecker, Sportgeschäft, das Otfried-von-Weißenburg-Gymnasium und das Internat.»

Alexandros Stefanidis erzählt fabelhafte Geschichten von seiner Schulzeit als einziger Ausländer im Internat – einer Zeit, die wie die erste große Liebe und die erste große Schürfwunde in ein und demselben Moment für ihn war.

Alexandros Stefanidis, Jahrgang 1975, schrieb als freier Autor für *Die Zeit* und den *Stern*. Seit 2005 arbeitet er für das Magazin der *Süddeutschen Zeitung*. 2010 erschien sein erstes Buch «Beim Griechen», das ein Bestseller war. 2006 wurde er zum Journalist des Jahres gewählt, 2007 erhielt er den CNN Journalist Award, 2013 den Deutschen Reporterpreis. Alexandros Stefanidis lebt mit seiner Familie in der Nähe von München.

ALEXANDROS
STEFANIDIS

Wie geht's den Jungs vom Gottesacker?

Meine unorthodoxe Jugend
im katholischen Internat

Rowohlt Taschenbuch Verlag

Originalausgabe
Veröffentlicht im Rowohlt Taschenbuch Verlag,
Reinbek bei Hamburg, August 2014
Copyright © 2014 by Rowohlt Verlag GmbH,
Reinbek bei Hamburg
Umschlaggestaltung ZERO Werbeagentur, München
(Umschlagabbildung: FinePic, München; privat)
Satz Minion, PostScript, InDesign
Gesamtherstellung CPI books GmbH, Leck
Printed in Germany
ISBN 978 3 499 61708 9

INHALT

Für Mama

PROLOG

Mein Name ist Alexandros Stefanidis. In meinem ersten Buch «Beim Griechen» habe ich geschrieben, dass ich in einem griechischen Restaurant namens «Der Grieche» in Karlsruhe aufgewachsen bin. Einem Restaurant, das meine Eltern Christoforos und Maria fast vierzig Jahre führten. Das stimmt natürlich auch. Aber es ist – wie so oft bei biographischen Angaben – nicht die ganze Wahrheit. Jedenfalls müsste ich korrekterweise hinzufügen, dass ich zeitweise auch in einem katholischen Internat in der Südwestpfalz aufgewachsen bin. Dem katholischen Jungeninternat St. Pirmin in Dahn.

Bis zu jenem Tag im August 1988 wusste ich ganz genau, wo ich hingehöre: Meine Heimat war «Der Grieche», das Kant-Gymnasium war meine Schule, eine brünette Schönheit und Klassenkameradin namens Michaela war die Unerreichbare, und ein Bolzplatz in der Karlsruher Innenstadt namens Gottesacker, auf dem ich mit meinen Bruder Ari und Freunden Fußball spielte, war der Ort, an dem ich mich am wohlsten fühlte.

Ich bin ein in Deutschland geborener und aufgewachsener Grieche, der sich damals wie heute fragt, wer oder was er im Grunde wirklich ist: Grieche, Deutscher, beides, nichts von alledem?

Mittlerweile bin ich 38 Jahre alt und habe diese Frage

– obwohl sie stets gegenwärtig ist – noch nicht abschließend beantwortet. Mehr noch: Ich bin der Überzeugung, diese Frage nie definitiv beantworten zu können. Sie wird offenbleiben. Wie die zwar friedlich niedergewalzte, aber immer noch spürbare innerdeutsche Grenze.

Dahn ist ein 5000-Einwohner-Dorf tief im Südwesten der Republik. Ein großer Supermarkt, zwei Tankstellen, eine Eisdiele, Schlecker, Sportgeschäft, das Otfried-von-Weißenburg-Gymnasium und das Internat. Gut, Karlsruhe ist auch keine Weltstadt. Aber immerhin ein Ort, in dem ich mit meinen pechschwarzen gelockten Haaren und braunen Augen nicht so hervorstach. In Dahn gab es damals so gut wie keine Ausländer und folgerichtig auch keine Ausländerkinder in meinem Alter.

Bewusst wurde mir dieser Umstand zum ersten Mal, als ich kurz nach meiner Ankunft im Internat meinen Vornamen einbüßte. Für die anderen Jungs war ich ab dem ersten Tag nur «der Grieche». Kein Witz. Statt Alexandros oder Alex hieß ich fortan für alle nur «Grieche». Zwar wies ich immer mal wieder darauf hin, dass ich nicht «Grieche Stefanidis», sondern Alexandros Stefanidis heiße; aber besonders erfolgreich war ich damit nicht. Zumindest nicht in den ersten Jahren.

Vor allem spürte ich im Internat zum ersten Mal, wie hilflos ich mich ohne mein bisheriges Koordinatensystem fühlte. Ohne meine Familie, ohne den Gottesacker: ohne *meine Heimat*.

Und wenn Heimat wirklich kein Ort, sondern nur ein Gefühl ist, dann waren die Jahre, von denen dieses Buch erzählt, gleichzeitig schmerzhaft, großartig, traurig und manchmal auch etwas wahnwitzig. Denn es waren die Jahre 1988 bis 1995, die Zeit der Wende, des Mauerfalls, der Freude über die

deutsche Wiedervereinigung, der aufkommenden Spaßge-
sellschaft, ebenjene Jahre, die Deutschlands Geschichte neu
geschrieben haben. Und: Es waren meine prägenden Jahre.

Mein Name ist Alexandros Stefanidis. Ich bin zu einem
großen Teil in einem katholischen Jungeninternat in der
Südwestpfalz aufgewachsen. Unter lauter Deutschen. Nicht
jeder hat so viel Glück.

KAPITEL 1
Eine Nacht im Dezember

Küche, 22 Uhr 37, Ende Dezember 2013

Würde die Maschine, an die ich mich fürs Schreiben dieses Buches angeschlossen habe, nicht alle paar Sekunden piepen, könnte man meinen, ich sei tot. Operationen ohne Betäubung und bei Bewusstsein laufen ja selten besonders gut. Meist nehmen sie auch kein gutes Ende. Vor allem, wenn der erste Skalpell-Schnitt in der Bauchgegend bereits gesetzt, das Blut warm und der Schweiß auf der Stirn echt ist.

Vor mir auf dem OP-Tisch liegt meine Vergangenheit. Man könnte auch sagen: meine Jugend, ein Teil von mir, oder der Typ, der ich vor 25 Jahren war. Aber das würde jetzt schon zu weit führen. Fest steht: Um in die Vergangenheit zu reisen, muss man bereit sein, Schmerzen zu ertragen. Keine alltäglichen Schmerzen à la mit der Papierkante in den Finger. Richtige Schmerzen. Schmerzen, die man tief in den Eingeweiden fühlt, an dem Ort, wo einem mulmig wird. Es ist das Gefühl, das unsichtbar in einem lauert, das jeder zu kennen glaubt, aber keiner wirklich kennenlernen will. Lieber verdrängt man dieses Gefühl wie eine böse Erinnerung. Vermutlich liegt es irgendwo zwischen dem alles zersetzenden Magen, dem kilometerlangen Tunneldarm und der dunklen, aber im Idealfall reinigenden Leber. So tief muss der Schnitt also mindestens gehen. Und meine Leber erwähn ich in der

Reihe auch nur, weil: Böse Erinnerungen liegen nie obenauf. Da muss nachgeholfen werden.

Wer im Film in seine Vergangenheit düst, fährt dazu immer Auto. Paradebeispiel: Michael J. Fox. Angeblich fuhr der ja zurück in die Zukunft, aber es war in Wirklichkeit seine Vergangenheit oder eher die seines Vaters. Ist ein bisschen kompliziert, die Erklärung, aber wahr ist der Satz ganz am Ende des Films. Da sagt Doc Brown zu Marty McFly: «Straßen? Wo wir hinfahren, brauchen wir keine Straßen.» Wer nicht im Film, sondern in seiner Küche in die Vergangenheit düst, hat keinen eingebauten Fluxkompensator, hört keine Verkehrsmeldungen im Radio, und aufs Gas wird auch eher selten gedrückt. Im echten Leben beginnt die Reise in die Vergangenheit bedächtig und ohne Vorwarnung. Manchmal mit einer dieser ungewollten Ich-Operationen, aufflackernden Erinnerungsfetzen, vor denen man sich zu Recht fürchtet. In diesem Fall am Küchentisch vor einem Krümel Brot. Das Piepen ist auch keine angeschlossene Herz-Lungen-Maschine, sondern der modische Toaster, den die eigene Frau mal gekauft hat, weil sie fand, er würde farblich gut zum knallroten, aber inzwischen verkalkten Wasserkocher passen. Der ist mittlerweile aber längst auf eBay vercheckt worden. Deshalb passt der ebenfalls rot glänzende Toaster farblich jetzt zu keinem der Küchengeräte mehr. Ebenso wie der Brotkrümel nur aus unerklärlichen Gründen zu meiner Vergangenheit passt. Aber so hat das Ganze nun mal angefangen. Mit diesem Brotkrümel, auf den ich seit Minuten in der Küche starre. Und dem Piepen des Toasters. Was kann ich dafür?

Doch viel schlimmer ist: Wenn ich nur daran denke, wem ich bei dieser Reise gleich alles begegnen werde – ach du Scheiße, 25 Jahre nicht mehr gesehen. Und mulmig ist gar kein Ausdruck.

Das Piepen hat übrigens gerade aufgehört. Im Toaster sitzen zwei Brotscheiben und warten. Bis auf das Surren des Kühlschranks, das man tagsüber nie hört, ist es ruhig. Aus dem Wohnzimmer ist ganz leise eine Stimme zu hören. Tippe auf Caren Miosga. Meine Frau liegt sicher schon schlafend auf der Couch, wie immer gegen halb elf. Die «Tagesthemen» schafft sie nie. Ich dagegen schlafe nie vor drei Uhr nachts. Alte Sohn-von-Gastronom-Gewohnheit. Streiche erst mal den Brotkrümel vom Holz. Reinen Tisch machen. Merke: Ist nie verkehrt.

Mein Vater sagt immer: Alle guten Geschichten verdienen es, ein bisschen ausgeschmückt zu werden. Und die Geschichte meiner Jugend hat natürlich eine Vorgeschichte. Sie beginnt mit einer äußerst schmerzhaften Ohrfeige.

Ende Juni 1988

Die Hand klatschte auf die Backe – sie leckte nicht an ihr vorbei, sondern traf saftig und voll. Nicht in Zeitlupe. So schnell habe ich gar nicht gucken können. Gott sei Dank war es nicht meine Backe. Im Zeitraffer würde es so aussehen, als hätte der Aufprall, keine 30 Zentimeter von mir entfernt, Wellen geschlagen; die Abdrücke der fünf Finger auf dem Gesicht meines drei Jahre älteren Bruders Arı nahmen innerhalb eines sehr kurzen Zeitraums verschiedene Farben an. Die Reihenfolge war: blassrot, rosarot, rot schimmernd, pochend rot und zum Ende hin eine mysteriöse Variante der Farbe Lila. Wie immer hielt Arı seine Wange hin, wenn ich die Hosen gestrichen voll hatte. Ältere Brüder. Ich sag's gleich: ein Segen. Jedenfalls: Den Träger der Fingerabdrücke musste man nicht lange in einer CSI-Datenbank suchen. Er stand direkt vor uns: unser Vater. Und das kam so:

Juni 1988. Das Schuljahr im Kant-Gymnasium ist fast rum. Ari und ich freuen uns auf die alljährliche Sommerreise nach Thessaloniki – zu Oma Theodora. Ach, Oma. Eigentlich ein Kapitel für sich, diese Frau. Aber ich hol nur ein kleines bisschen aus. Als Kinder sind wir jedes Jahr mindestens vier Wochen nach Griechenland gefahren. Damals, in den 80ern, eine andere Welt. Vor allem die abenteuerlichen Busfahrten mit Oma Theodora an den Strand. Weil: Sie hat das gut lesbare Schild «Bitte nicht mit dem Fahrer sprechen» immer ignoriert und ein Pläuschchen mit ihm angefangen. Stets beginnend mit derselben Frage: «Woher stammst du, mein Lieber?» Grund genug für Ari und mich, just in diesem Moment unsere übliche Wette abzuschließen. Ari wettete, dass Oma über zwanzig Ecken eine entfernte Verwandtschaft zwischen uns und dem Busfahrer herbeireden würde. Ich hielt natürlich dagegen. Für gewöhnlich verlor ich die Wette. Und zum Ende des Sommers war ich jedes Jahr aufs Neue absolut überzeugt, dass alle Busfahrer in Thessaloniki irgendwie zu unserer Familie gehören. Abenteuerlich wurde es immer dann, wenn der Busfahrer eine Verwandtschaft kategorisch ausschloss und meine Oma diese Tatsache ebenso ignorierte wie zuvor das Schild. Einmal haben wir mitgezählt. Der sehr geduldige Busfahrer hatte – während der knapp zweistündigen Fahrt – meine Oma 38 Mal gebeten, nicht mehr mit ihm zu reden, und mehrmals mit dem Zeigefinger nach oben aufs Schild gedeutet. 38 Mal schöpfte sie nach einer sekundenlangen Pause neuen Mut und stellte ihm eine andere Frage. Wo wohnst du? Mit wem bist du verheiratet? In welcher Kirche hast du geheiratet? Wer sind deine Nachbarn? Woher kommen deine Großeltern? Sind sie aus dem ehemals griechischen Teil der heutigen Türkei übergesiedelt? Weißt du noch, welches Schiff sie nehmen mussten? Die Blicke, die sie für diese Fragen vom Busfahrer und mit fortdauernder Reisezeit auch von den übrigen Fahrgästen erhielt, waren – na ja, sagen wir – unterschiedlicher Natur. Manche rollten mit den Augen, andere konnten es kaum fassen und schlugen sich mit der Hand gegen die Stirn. Wieder andere warteten wohl darauf, dass dem Busfahrer jeden Augenblick der Geduldsfaden riss und er eine Vollbremsung hinlegte. Anders lässt es sich nicht erklären, dass viele auf ihren Sitzen mit beiden Händen die nächste Stange fest umklammerten. Aber während Ari meist nur kicherte und mir immer wieder mit dem Ellbogen in die Seite stieß, schaute ich meine Oma voller Bewunderung an. Busfahrten mit Oma Theodora waren für mich wie Geschichtsunterricht. Nur aufregender. Jede ihrer Fragen war ein Genuss, ich saugte sie auf, als wären sie an mich gestellt, und wartete gespannt auf die Antwort des Busfahrers. Neugierig, welche Frage ihr als Nächstes einfallen würde. Oma Theodora gab sich nie mit einer Antwort zufrieden. Sie wollte alles, und wenn ich sage: alles, dann meine ich auch: alles wissen. Wahrscheinlich war es diese liebenswürdig verpackte Hartnäckigkeit, die den meisten Busfahrern sympathisch war. Sie fanden meine Oma und ihre Fragen amüsant, lachten mit ihr – und achteten zwangsläufig etwas weniger auf den Verkehr. Aber passiert – ich schwör's – ist in all den Jahren nie etwas. Bis auf ein paar Vollbremsungen.

Viele Jahre später – Ari und ich waren längst erwachsen – hat unser Vater mal nebenbei bei einem Glas Whisky erzählt, dass Oma Theodora große Angst vor Busfahrten hatte.

«Sie hat – außer im Sommer mit euch – nie den Bus genommen. Sie ist eher zehn Kilometer zu Fuß gegangen, anstatt sich in so ein Höllengefährt zu setzen. So nannte sie die Busse: ‹Höllengefährte›.»

«Du meinst …», setzte ich zu einem Satz an, ohne ihn zu beenden.

«Ja, sie hat das nur euch zuliebe getan. Habt ihr das nicht gewusst?»

«Sie war immer klatschnass, wenn sie aus dem Bus stieg», erinnerte sich Ari.

«Und ihre Fragen an den Busfahrer? Nur um ihre Angst zu verbergen?», fragte ich.

Vater zuckte mit den Schultern. «Wahrscheinlich.»

Ari und ich schauten uns direkt in die Augen. Und mussten grinsen.

Ich sag's ja: Oma Theodora, eigenes Kapitel. Normalerweise. Nur heute Nacht nicht.

Zurück zur Ohrfeige. Das gesamte Schuljahr über hatten wir unseren Eltern erzählt, dass es in der Schule «gut läuft», Und dann das: Im Schuljargon nannte man sie blaue Briefe, und ich gestehe, zuerst war ich auch etwas enttäuscht, dass sie nicht blau, sondern in schlichtem Weiß daherkamen. Aber egal, die Nachricht, dass sowohl Ari als auch ich «das Klassenziel» nicht erreicht hatten, war für unseren Vater ein Schlag ins Gesicht. Folgerichtig hat er ihn nur an uns weitergegeben. Ich werde seinen Gesichtsausdruck nach der Ohrfeige, die Ari für uns einheimste, nie vergessen. Enttäuschung, kein Ausdruck. Er las noch einmal lautlos einen der Briefe, weil er wohl hoffte, eine andere Nachricht darin zu finden. Aber: Das Wunder blieb aus. Seine Lippen bewegten sich im vorgegebenen Rhythmus der Wörter. Vielleicht zitterten sie auch. Doch es stand felsenfest: Ich musste die siebte Klasse wiederholen, Ari sogar das Gymnasium verlassen, weil er zuvor schon einmal sitzengeblieben war.

Langsam legte er die Briefe auf die dunkle Holztheke des «Griechen» und rief nach unserer Mutter. «M-a-r-i-a!» Sein

Ruf war laut, und ich bemerkte, dass er seiner Enttäuschung auch einen Ton Wut eingehaucht hatte. Sein Gesicht gewann wieder an Farbe, Aris Wange wechselte gerade ins rot Pochende über. Meine Mutter stand in der Drehtür zur Küche.

«Warum schreist du denn so?», fragte sie nichts ahnend.

«Komm!», rief er ihr nur unwesentlich leiser zu. Er nahm die Briefe wieder in die Hand und wedelte damit. Als würden sie stinken. «Hier! Sie haben uns das ganze Jahr an der Nase herumgeführt!»

Meine Mutter verstand nicht, worauf er hinauswollte. «Was meinst du?» Sie kam uns entgegen.

«Das sind Briefe vom Kant-Gymnasium. Alex muss die Klasse wiederholen, Ari das Gymnasium sogar verlassen! Er wird nie Abitur machen!»

Diese Tatsachen sickerten nur allmählich zu unserer Mutter durch. Erst als sie näher bei uns stand, erkannte ich auch in ihrem Gesicht denselben Ausdruck wie zuvor bei meinem Vater. Ungläubig starrte sie uns an. Ihre Augen wurden feucht.

«Warum?», fragte sie und hielt sich mit einer Hand an der Theke fest. Wahrscheinlich, um nicht umzufallen. Mir wurde ebenso schwindlig wie ihr.

Weder Ari noch ich waren imstande, ihre Frage halbwegs ehrlich zu beantworten. Wir blickten zu Boden und warteten auf ihren Gefühlsausbruch, auf das – wie wir hofften – reinigende Donnerwetter. Vielleicht auch auf eine zweite Ohrfeige. Doch nichts passierte. Für Sekunden war es totenstill im «Griechen». Meine Mutter holte lediglich tief Luft, ließ die Hand von der Theke gleiten, drückte ihren Oberkörper gerade und wiederholte nur dieses eine Wort:

«Warum?»

Sie trug ihre dunkelblaue Schürze mit den weißen Lettern

«Taverne Der Grieche», an der sie heute schon mehrmals Joghurt abgewischt haben musste. Wahrscheinlich war sie gerade dabei, Tsatsiki zu machen, als unser Vater sie gerufen hatte. Weil unsere Gäste sehr viel Tsatsiki aßen, füllte sie immer eine blaue Plastikwanne mit griechischem Joghurt und gab anschließend nacheinander die Zutaten hinzu. Um abzuschmecken, benutzte sie immer ihren rechten kleinen Finger. Oder meinen linken Zeigefinger. Wenn ich Glück hatte.

Die Hände meiner Mutter waren nie weich, nie zart. Sie sind von unzähligen kurzen Schnitten zerfurcht, rau, ihren rechten Handrücken ziert eine fiese Moussaka-Ofenblech-Brandnarbe. Die Wunden an ihren Händen zeugen von zweiundfünfzig Jahren Küchenarbeit. Erst in der Kantine von Bosch, dann im «Griechen».

Bevor sie meinem Vater zunickte und – ohne ein weiteres Wort zu sagen – zurück in die Küche ging, weil sie wusste, dass wir ihr keine anständige Antwort geben konnten, tat sie etwas Unvorhergesehenes. Sie streichelte zuerst Aris und kurz darauf auch meine Wange. Auf dem Weg in die Küche wischte sie sich ihre Tränen aus den Augen.

Ich sag's ja: Manche Erinnerungen sitzen tief. Manchmal bestimmen sie sogar unser weiteres Leben. An diesem Tag, an der Theke des «Griechen», vielleicht in der Sekunde, als ich die rauen Finger meiner Mutter auf meiner Wange fühlte, habe ich mir vorgenommen, meine Eltern nie wieder zu enttäuschen. Ein verschwiegenes Versprechen. Ich sah meiner Mutter hinterher und habe an jenem Morgen im Griechen nicht ein einziges Mal meinen Mund aufbekommen.

Ari dagegen heckte einen ganz anderen Plan aus. Letzter Schultag vor den Sommerferien, kurz vor der Zeugnisausgabe. Ein Auftritt, der im Kant-Gymnasium Geschichte schrieb. Morgens hatte er sich aus Vaters Kleiderschrank ein graugrünes Cordsakko gezogen, seine verwaschene 501-Levi's angezogen, die lässigen weißen Adidas-Sneaker – und stand im Englisch-Unterricht plötzlich auf, ging auf Herrn Adler zu, Englischlehrer und Direktor des Gymnasiums, und sagte ihm diesen Satz mitten ins Gesicht:

«Herr Adler, mit Verlaub, Sie sind ein Arschloch!»

Dann verließ er die Schule für immer. Das Zeugnis schickten sie ihm per Post hinterher.

Ari kopierte Joschka Fischers legendären Arschloch-Spruch aus dem Jahr 1984 im Rahmen seiner Möglichkeiten. Klassenzimmer statt Parlament. Aber die Wirkung war – wie ich in der großen Pause von seinen Mitschülern eilig erfuhr – dieselbe. Schuldirektor Adler war laut deren Zeugenaussagen außer sich vor Zorn, starrte Ari aber nur finster hinterher, während der winkend aus dem Raum spazierte. Gut, es war keine Glanzleistung, mit der man noch 25 Jahre später protzen sollte, doch in der wunderbar banalen Welt eines Zwölfjährigen hat sie damals mächtig Eindruck hinterlassen. Tagelang bat ich Ari, die Szene in unserem Kinderzimmer nachzuspielen. Jedes Mal sprühte ich vor Freude, wenn er Herrn Adlers Gesicht nachahmte. Offenstehender Mund, nach Luft schnappend wie ein Fisch an Land. Flackernde Augenlider. «Ich wär so gern dabei gewesen», sagte ich. «Ich hab uns beide gerächt», sagte Ari triumphierend.

Herr Adler hatte sowohl Ari als auch mir eine Sechs im Hauptfach Englisch gegeben, die wir im Zeugnis nicht mehr mit guten Noten in anderen Hauptfächern ausgleichen konnten. Mit einer Fünf in Englisch hätten wir beide die Versetzung in die nächste Klassenstufe geschafft, Ari hatte in Mathe eine Zwei, ich in Deutsch. Dass er uns beide durchfallen ließ, konnte kein Zufall sein. Herr Adler war nie besonders gut auf uns zu sprechen. In der sechsten Klasse hatte er mich einst an die Tafel gerufen. Ich sollte einen Satz auf Englisch schreiben. Ich glaube, es ging um das erste Automobilfließband der Welt irgendwo in den USA. Ich war schlecht oder, besser gesagt, gar nicht vorbereitet und wusste nichts mit der Kreide anzufangen. Also stand ich ein paar Sekunden vor meinen Klassenkameraden, schaute etwas beschämt auf die grüne Tafel und schwieg. Als mir Herr Adler die Kreide aus der Hand nahm und ich zurück auf meinen Platz schlurfte, sagte er: «Wer nichts wird, wird Wirt. Nicht wahr, Alexandros?»

Damals achtete ich nicht weiter auf seine Anspielung, war nur froh, meine Ruhe zu haben, und antwortete nicht. Aber irgendetwas wurmte Herrn Adler gewaltig. Vielleicht war es nur der Anblick seiner 15 Jahre alten, blondgelockten Tochter Anne-Marie, die ein paar Monate zuvor Ari auf dem Pausenhof geküsst hatte. Seitdem zeigte Adler Ari und mir nämlich bei jeder Gelegenheit offen, dass er uns nicht mochte.

Ich war inzwischen dreizehn Jahre alt, begann, mich immer öfter im Spiegel anzusehen, hatte Gefallen daran gefunden, die wenigen Pickel in meinem Gesicht zu bewundern und Rasierschaum aufzutragen, obwohl es kaum etwas zu rasieren gab. Verliebt war ich auch schon. In Michaela, die Unerreichbare. Eine brünette Schönheit mit großen braunen Augen, die Tochter eines rumänischen Mathematikprofessors, die mir zwei Jahre zuvor, in der fünften Klasse, einen Zettel im Erdkundeunterricht zukommen ließ.

Ich weiß noch, wie ich sie schreiben sah, weil ich Michaela logischerweise viel interessanter fand als die Koordinaten der Hauptstadt Bonn oder die innerdeutsche Grenze auf der Landkarte, die unser Erdkundelehrer ausgerollt und über die Tafel gehängt hatte.

Ihre linke Hand verdeckte die Schrift, so als dürfte ihre Sitznachbarin unter keinen Umständen abschreiben. Plötzlich blickte sie zu mir nach hinten und lächelte. Sie faltete den Zettel mehrmals, bis er nur noch ein Fitzelchen zu sein schien, und schickte ihn über mehrere Stationen und Hände bis zu meiner Schulbank in der vorletzten Reihe. NICHT ÖFFNEN hatte sie in dicken roten Buchstaben draufgeschrieben. Das galt natürlich nur den anderen, nicht mir. Mein Herz hatte bereits unkontrolliert zu pochen angefangen, als ich begriff, dass er tatsächlich für mich war. Ich nahm ihn in die Hand, entfaltete ihn und las ihn wie ein spannendes Buch, obwohl nur eine Frage auf dem Zettel stand und drei Antwortmöglichkeiten angegeben waren, jeweils mit einem Kästchen zum Ankreuzen versehen.

«Willst du mit mir gehen?», stand ganz oben.

Unterschrieben war er nicht. Wozu auch? Ich hatte ja gesehen, dass er von ihr kam. Schnell faltete ich den Zettel wieder zusammen. Michaela benutzte einen dunkelblauen Lamy-Füller und weißes Briefpapier, auf dem ein rotes Schiff mit blauen Segeln abgebildet war. Und ich weiß noch, dass ich nichts lieber getan hätte, als vor der versammelten Klasse aufzustehen und lauthals Jaaaaa! zu rufen oder mindestens das *Ja*-Kästchen anzukreuzen.

Aber ich traute mich nicht. Schlimmer noch. Ich hatte bemerkt, dass mein Sitznachbar Gregor mitgelesen hatte und bereits kicherte.

Kühlen Kopf bewahren, dachte ich. Nicht überreagieren. Schon gar nicht lauthals schreien. Cool bleiben.

Also beging ich – in Sachen Beziehungen zu Frauen – den ersten großen Fehler meines Lebens. Ich nahm meinen Pelikan-Füller, zwinkerte Gregor zu und kreuzte das Kästchen neben dem Wort *Nein* an. –

Die Konsequenz dieser Handlung war mir damals nicht bewusst. Und sehr wahrscheinlich wäre es cleverer gewesen, das *Vielleicht*-Kästchen näher in Betracht zu ziehen. Das hätte mir wenigstens ein paar Optionen offengelassen. Für sehr lange Zeit blieb es nämlich der einzige Brief, den ich von einem Mädchen bekommen sollte. Und schlimmer noch. Ab dem Tag würdigte mich Michaela keines Blickes mehr. Meine erste Liebe blieb also nicht nur unerfüllt und endete tragisch; sie hatte gar nicht erst begonnen, weil ich sie aus Hochmut abgewiesen hatte. Ich verbrachte die Jahre 1985 bis 1988 schließlich damit, Michaela heimlich dabei zu beobachten, wie sie sich in viele andere Jungs verliebte. Auch in Gregor. Aber eben nie wieder in mich.

Oh, und ich weiß noch, wie ich zu Hause vor dem Spiegel im Bad stand, den Kassettenrekorder meines Bruders Ari voll aufgedreht, Joyce Sims, und lauthals in den Kamm schrie: «Come into my life, I got so much love to show you!» Immer mit Michaela im Kopf. Immer mit einer halb weggewischten Träne im Auge.

Aber wenn die Musik aus war, sah ich diesen Jungen: schwarzes, gelocktes Haar, eine Art Afro, dicke schwarze Augenbrauen, braune Augen.

Michaela ging jetzt mit blonden Jungs aus.

Zugegeben: Weder Ari noch mir stand damals der Kopf nach Schule. Wir kamen mittags vom Kant-Gymnasium in den «Griechen» geschlendert, schleuderten unsere Schultaschen in die Ecke, aßen ein Schnitzel mit Pommes und verschwanden für den Rest des Tages – sofern wir nicht im Restaurant aushelfen mussten – auf einen Bolzplatz. Hausaufgaben hielt Ari grundsätzlich für Streberzeug. Und ich hielt alles, was Ari dachte oder tat, für absolut nachahmenswert.

Der Fußballplatz neben der Schiller-Hauptschule, keine 800 Meter vom «Griechen» entfernt, war Ende der achtziger

Jahre – man würde heute wohl sagen: «Sozialer Brennpunkt». Die Schiller-Schule hatte so ziemlich den miesesten Ruf in der ganzen Stadt. Sinnigerweise trug und trägt der kleine Park rund um den Fußballplatz den Namen Gottesacker. Ein ehemaliger jüdischer Friedhof. Zwischen all den Toten, deren Grabsteine zu Denkmälern umdeklariert worden waren, traf sich damals bunt gemischt die zweite Gastarbeitergeneration: Türken, Jugos, Italiener, Portugiesen, Spanier – und eben wir Griechen. Unsere Fußballkumpels hießen Tayfun, Kaleb, Ahmet, Tito, Tuncay oder Dario. Die «Crème de la Crème» der zweiten Generation. Wir nannten uns schon gegenseitig Kanaken, lange bevor daraus ein eingetragener Begriff im Duden und später ein Filmtitel wurde. Es war schon damals nicht viel anders als an den vor ein paar Jahren berühmt gewordenen Berliner Schulen, an denen der Ausländeranteil mehr als 80 Prozent beträgt. Auf dem Gottesacker lag der Anteil der Ausländerjungs schon im Sommer 1988 bei nahezu 100 Prozent. Interessiert hat das damals jedoch niemanden. Bundesweite Schlagzeilen gab es deshalb nicht. Alarm schlug keiner. Gesellschaftspolitisch lässt sich dieser Umstand so beurteilen: Man hat uns bestenfalls ebenso ignoriert wie die Generation unserer Eltern.

Helmut Kohl war im März 1983 mit dem Anspruch angetreten, in seiner Regentschaft als Bundeskanzler die Zahl der in Deutschland lebenden Ausländer zu halbieren. So abstrus es sich heute auch anhören mag: Die pauschal getroffene Forderung «Ausländer raus» zählte vor dreißig Jahren nicht nur zu den Plänen der Union aus CDU und CSU – sie war gesamtgesellschaftlicher Konsens und fand breite Zustimmung in der Bevölkerung. Schon zwei Jahre zuvor hatte der noch amtierende SPD-Bundeskanzler Helmut Schmidt in einem Interview mit der Wochenzeitung *Die Zeit* gesagt:

«Mir kommt kein Türke mehr über die Grenze.» Ari und ich wussten damals nichts von alldem. Wir lasen weder die *Zeit*, noch interessierte es uns, wer als Bundeskanzler die Republik regierte. Unsere Heimat war der Gottesacker. In unseren Augen ein autonomes Gebiet, das ohne deutsche Regierungsbeteiligung auskam.

Wir wuchsen in der Karlsruher Südstadt auf. Ausländerviertel. Mein erstes Butterfly-Messer klappte ich mit zehn oder elf auf dem Spielplatz neben dem Gottesacker auf; in einer dieser kleinen Holzhütten, die damals en vogue und auf allen größeren Spielplätzen der Stadt neu aufgestellt worden waren. Und wer auch immer auf die Idee mit diesen niedlich aussehenden Holzhütten gekommen war, ihm oder ihr war sicher nicht bewusst, auf welche Art sie auf dem Gottesacker gebraucht wurden: Eine der zwei Holzhütten diente als «Laden». Hier wurden allerlei kleine Deals abgeschlossen. Es gab vom Laster gefallene Nike-Sneakers (nur die neusten Modelle), Designer- oder Bomberjacken, Marken-Kickschuhe und -Trainingsanzüge und natürlich weiche Drogen und kleinere Waffen: Hasch, Gras, Schlagringe, verschieden große Messer und als Highlight manchmal auch Gaspistolen, die man von den wirklich gefährlichen Dingern kaum unterscheiden konnte. Meine erste Gaspistole hatte ich in der Hand, als ich gerade zwölf geworden war. Sie war schwerer, als ich erwartet hatte. Ich feuerte damit im Dunkeln auf einen Baum. Er hat's überlebt.

Die zweite Holzhütte neben dem «Laden» nannten wir «Puff». Zur geschäftsmäßigen Prostitution kam es darin zwar nicht, aber hierher verzogen sich Pärchen, wenn sie keinen anderen Platz zum Knutschen oder Fummeln fanden. Einige der Jungs haben immer darauf bestanden, es mit Mel im Puff «richtig getrieben» zu haben. Ich hab das nie geglaubt. Mel.

Ihr war über die Monate des Sommers 88 eine kurze, jedoch atemberaubend steile Karriere als eine Art hübsch anzusehender Wanderpokal gelungen. Fast jeder der älteren Jungs hatte beim «Ausschiffer», dem Kickspiel, bei dem man in erster Linie Pfosten oder Latte eines Tores treffen muss, seine eigene Story über Mel zu berichten. Mel hieß eigentlich Melanie. Und ihre Karriere als Wanderpokal endete erst, als sich einer der stärkeren Jungs in sie verliebte und deshalb jeden verprügelte, der beim Ausschiffer Puffgeschichten über Mel erzählen wollte. Ich selbst kann nicht mit einer Puffgeschichte über Mel prahlen, weil es nie dazu kam. Nicht, dass ich nicht wollte. Aber ich glaube, sie hielt mich noch für zu jung, zu unerfahren. Korrekte Einschätzung. Vielleicht war ihr aber auch mein Rang in der Gottesacker-Hierarchie schlicht zu niedrig. Jedenfalls schien es ihr zu gefallen, wenn die anderen Jungs sich wegen ihr auf dem Fußballfeld prügelten. Meist stand sie dann, die Arme vor der Brust verschränkt, in ihrer gepolsterten Jacke mit dem Pelzkragen an einem der Torpfosten und grinste. Raufereien und Faustschläge waren auf dem Gottesacker eh an der Tagesordnung; es reichte meistens schon, wenn man jemanden schief angeschaut, unbeabsichtigt angerempelt oder beim Kicken gefoult hatte. Schon ging's los. Die Polizei drehte zwar regelmäßig ihre Runden im Streifenwagen, aber sobald das grünweiße Fahrzeug um die Ecke bog, war Ruhe. Selbst mitten in der wüstesten Schlägerei hörte der Streit abrupt auf. Die Polizei wollte niemand von uns im Sechzehner haben. Mit ihnen hatten nur die wenigsten der Gottesacker-Jungs gute Erfahrungen gemacht. Es kam immer wieder vor, dass einer der Polizisten sich einen Spaß daraus machte, unseren Fußball mit seinem Schweizer Taschenmesser aufzustechen. Darunter auch mal meinen stark abgeriebenen, aber heißgeliebten «Azteca Mexiko», den offiziellen Spielball der 86er-WM. Ein Geschenk meines Vaters. Als Ari sah, wie sich meine Augen mit Tränen zu füllen begannen, schüttelte er den Kopf. Ich begriff sofort. Sein Kopfschütteln galt nicht der Aktion des Polizisten. Er wollte, dass ich meine Gefühle verberge, dem Polizisten nicht offen zeige, dass der Stich ins Leder auch mich verletzt hatte. Also schluckte ich den Kloß im Hals herunter und sah nur, wie der eingedellte «Azteca» nach einem letzten Fußtritt über den Gottesacker humpelte und irgendwann abrupt liegen blieb. «Nur weil wir euch nicht auf frischer Tat beim Klauen erwischen, heißt das noch lange nicht, dass ihr euer Diebesgut behalten dürft!», rief der Polizist. Bei jedem Wort blickte er einem anderen von uns ins Gesicht. Sein Zeigefinger kreiste umher, die anderen Finger hielten immer noch sein aufgeklapptes Taschenmesser umklammert. Sein Kollege, der breitbeinig danebenstand, grinste.

Heute kaum mehr vorstellbar, dass ein Polizist so etwas tut. Sehr schnell würde auf YouTube ein Handyvideo auftauchen und für Schlagzeilen sorgen. Doch Mobiltelefone hatten damals nur MacGyver und Colt Seavers, die Helden amerikanischer TV-Serien. Dieser Polizist sah in uns Gottesacker-Jungs nichts mehr als ein unerwünschtes Pack von Kümmel- und Knoblauchfressern, Spaghettis, Itakern und Zigeunern. Wir Gottesacker-Jungs sahen in der Polizei nichts anderes als uniformierte Deutsche, die uns noch weniger mochten als die nichtuniformierten.

Ari und ich gingen nur zum Kicken auf den Gottesacker, aber wir wussten selbstverständlich, wer wann welchen Zigarettenautomaten geknackt, Schokoriegel oder Eis beim Kiosk um die Ecke geklaut oder einem Gottesacker-Spaziergänger ein bisschen Angst eingejagt hatte. Und weil ich in der Gottesacker-Hierarchie mit kaum dreizehn Jahren noch ganz unten stand, war es für mich nicht von Nachteil, Aris Bruder zu sein. Denn er war nicht nur ein hoffnungsvolles, technisch beschlagenes Fußballtalent, er ging auch keinem Streit aus dem Weg. Nachdem er ein Jahr zuvor zwei fast zwanzigjährigen Muskelprotzen in Bomberjacken mit schnellen, gezielten Faustschlägen die Nasen blutig geschlagen hatte, wollte sich niemand mehr mit ihm anlegen. In seinem Schatten genoss ich Schutz. Wenn es brenzlig wurde, brauchte ich nur zu sagen, dass ich «Aris Bruder» bin. Und schon war ich von den üblichen Gesetzen, die auf dem Gottesacker galten, befreit.

Der Gottesacker war umzäunt von einer unsichtbaren Grenze. Außerhalb spielte sich das alltägliche Leben der ersten Gastarbeitergeneration ab, also unserer Eltern. Soweit ich mich erinnere, hatten fast alle Eltern der Gottesacker-Jungs feste Jobs. Keiner bezog Sozialhilfe. Sie arbeiteten bei Mercedes-Benz in Wörth, bei Siemens in Knielingen oder in einem der Handwerksbetriebe der Stadt. Ein paar waren selbständig, so wie meine Eltern. Tayfuns Eltern betrieben am Kronenplatz einen Gemüseladen, in dem man auch koscheres Fleisch kaufen konnte. Kalebs und Esras Vater, ein Holocaust-Überlebender, besaß eine Striptease-Bar im naheliegenden Rotlichtviertel der Stadt. Darios Vater hatte vor kurzem einen Fahrradshop eröffnet, der aber nicht besonders gut lief. Die Eltern unserer griechischen Freunde Giannis, Miltos und Dimitri waren allesamt Restaurantbesitzer, ebenso wie nahezu die Hälfte der Eltern der italienischen Jungs. Die Altersspanne eines Gottesacker-Jungen lag zwischen zwölf und zwanzig Jahren. Ältere wurden hier ebenso gern geduldet wie deutsche Jungs.

Die Gottesacker-Regel Nummer eins lautete: *Der Stärkere hat immer recht.* Regel Nummer zwei: *Geh niemandem auf den Sack, den du nicht umhauen kannst.* Den Gottesacker dominierte, wie gesagt, eine immer wieder aufs Neue gefestigte Hierarchie, die mal glimpflich, aber auch häufig brutal ausgefochten wurde. Die Türken rotteten sich gegen uns Griechen zusammen, die Jugos gegen die Italiener, die Italiener gegen die Spanier, wir gegen die Jugos und so weiter. Tagesformabhängig. Es war ein ständiges Kräftemessen, das regelkonform auf dem Fußballfeld begann und oft im Nationalstreit über die Gottesacker-Vorherrschaft endete. Natürlich gab es auch gut begründete und tiefe Freundschaften zwischen allen Jungs, gleich welcher Nationalität. Zwischen Italienern und Jugos, Griechen und Italienern, Spaniern und Türken. Vielleicht war das auch der Grund, warum die angesprochenen Auseinandersetzungen meist nur einen Tag andauerten. Den Tag darauf betrachteten alle immer als Neuanfang. Denn das war Regel Nummer drei, die aber nie wirklich kommuniziert oder auf die Probe gestellt werden musste. Regel Nummer drei bestand aus der Ansicht, dass wir alle dasselbe Schicksal teilen und es deshalb keinen Sinn machte, sich täglich gegenseitig wegzutreten. Die Gottesacker-Jungs waren allesamt der Meinung, dass sie zu einer Gruppe Unerwünschter in Deutschland gehören. Und so existierte zwischen all den Ausländerjungs schon damals der unausgesprochene Ehrenkodex der Regel Nummer drei: *Das ist unser Revier. Wir halten zusammen. Gegen die Deutschen.*

Woraus Regel Nummer drei entsprang, lässt sich heute soziologisch sicherlich gut begründen. Denn integrationspolitisch waren die achtziger Jahre kein Ruhmesblatt. Aber jede wissenschaftliche Prüfung dieses Themas würde zu kurz greifen. Ebenso wie jede wissenschaftliche Annäherung heute in Neukölln oder Duisburg-Marxloh zu kurz greift. Denn wäre damals eine Horde Soziologen über uns Gottesacker-

Jungs hergefallen und hätte uns intensiv und ernsthaft befragt, hätte wohl keiner von uns eine befriedigende Antwort auf die Frage geben können, warum er sich in Deutschland ausgegrenzt fühlt. Klar, manche hätten vielleicht wie Ari und ich über ungerechte Lehrer geklagt, andere hätten Gesprächsfetzen wiedergegeben, die sie bei ihren Eltern am Esstisch aufgeschnappt hatten. Wiederum andere hätten die Polizei erwähnt, die ständig um den Gottesacker patrouillierte und uns, wie bei der Geschichte mit meinem Ball, immer mal wieder schikanierte. Aber im Grunde einte uns alle nur dieses diffuse Gefühl:

Wir fühlten uns fremd. Und in unserer Fremdheit den anderen Ausländerjugendlichen, etwa Türken oder Italienern, näher als Deutschen. Selbst heute noch fühle ich in Sekunden diese unerklärliche Nähe zu einem mir nicht bekannten Typen, der nach Deutschland eingewandert ist – ganz gleich, wie alt er ist, völlig egal, woher er stammt, unerheblich, ob er vor drei Wochen oder vor fünfzig Jahren in dieses Land gekommen ist. Ein Fremder zu sein ist Teil meiner Persönlichkeit.

Wir Gottesacker-Jungs bezogen damals unser Selbstverständnis aus der Tatsache, dass wir *anders* als die Deutschen waren. Unsere Eltern sahen anders aus, hatten andere Sitten, hörten andere Musik, sie debattierten auf ganz andere Weise miteinander, sie aßen anderes Essen – und sie sprachen von *den Deutschen* wie von Leuten, zu denen sie nicht gehörten oder von denen sie sich abgrenzen wollten. *Die Deutschen* war das Synonym für alles, was nicht auf uns zutraf. Ob im Negativen oder auch im Positiven. Ich erinnere mich noch genau, wie ich bei Tayfuns Eltern am Esstisch saß, es gab scharfgewürztes Lammfleisch und grüne Bohnen, ein Essen, das – nicht ganz so stark gewürzt – auch auf der Speisekarte des «Griechen» zu finden war. Tayfuns Vater Mehmet sprach von *den Deutschen*. Etwa wie vorbildlich sie in puncto Fleiß und Disziplin waren. Oder wie höflich sie als Kunden in seinem Geschäft auftraten im Gegensatz zu seinen eigenen Landsleuten, den Türken, die befehlstonartig «Dies!» oder «Das!» haben wollten. Tayfuns Vater Mehmet habe ich als strengen, aber liebevollen Vater in Erinnerung. Seine Hände waren groß, sein Schnurrbart gewaltig. Wenn er sprach, vibrierte die Tischdecke. Seine Frau trug Kopftuch, Tayfuns Schwester Fatima durfte damals schon nicht am Schwimmunterricht teilnehmen (an Burkinis wurde nicht mal im Traum gedacht) – und trotzdem hatte ich den Eindruck, dass er mehr als alles andere in dieser Gesellschaft akzeptiert werden wollte. Wenn er nach dem Essen den Fernseher einschaltete, schaute er gerne die Sportschau. Sein Verein war nicht Galatasaray oder Fernerbace, sondern der Karlsruher SC. Tayfuns Vater und mein Vater gingen, wenn es ihr Geschäft zuließ, oft gemeinsam ins Wildparkstadion, saßen auf der Haupttribüne nebeneinander, ein Grieche und ein Türke, und fluchten und schimpften – jeweils in der eigenen Landessprache –, wenn der technisch limitierte, aber immer rackernde KSC-Stürmer Arno Glesius wieder mal das Tor nicht traf. In der Pause debattierten die beiden mit einer Stadionwurst und einem Bier in der Hand mit anderen KSC-Fans über die wichtigsten Spielszenen. Die Stadionwurst und das Bier. Für Tayfuns Vater eigentlich ein religiöses No-go. Auf dem Nachhauseweg bat er meinen Vater immer, seiner Frau Ayse nichts davon zu erzählen. Stadionwurst und Bier blieben sein geheimes Zugeständnis an den KSC, den er wahrscheinlich einen Tick mehr liebte als die muslimischen Lebensregeln.

Und dennoch, am Ende des Tischgesprächs bei Tayfuns

Eltern hörte ich immer wieder diesen einen Satz, der mir nie aus dem Kopf gegangen ist. Tayfuns Mutter Ayse besiegelte die positiven Attribute, die ihr Mann den Deutschen zugesprochen hatte, immer mit: «Mehmet, du kannst machen, was du willst. Aus dir wird nie ein Deutscher.» Sätze, die ich – in abgewandelter Form – als Kind und Jugendlicher oft gehört habe. Von Müttern und Vätern anderer Gottesacker-Jungs, von Polizisten und Lehrern, von Verkäufern oder Fahrkartenkontrolleuren. Ein einziges Mal auch von meinem eigenen Vater. In diesem Moment, das wussten Tayfun und ich mit einem ausgetauschten Blick, war die Laudatio auf die Deutschen beendet. Das Thema wurde gewechselt. Aber wie in Stein gemeißelt blieb jener Satz. So als hinge er eingerahmt an der Wohnzimmerwand – neben der großen farbigen Bosporus-Fotografie und den kleineren schwarzweißen Bildern, die Tayfuns Großeltern in einer wüstenähnlichen Gegend auf einer nichtasphaltierten Straße vor einem aus Stein gebauten Haus neben einem Esel zeigten. Ich schaute mir dieses Bild immer wieder gern an. Denn es erinnerte mich an die Bilder, die wir zu Hause an der Wand hängen hatten. Ich war nur immer wieder aufs Neue erstaunt, dass Tayfuns Großmutter auf dem Foto gar kein Kopftuch trug und den Esel an den Zügeln hielt.

Nur wenige Monate nach den Anschlägen in Mölln und Solingen zogen Tayfuns Eltern wieder zurück in die Türkei. Tayfun und ich hatten nicht mal die Möglichkeit, uns zu verabschieden, so abrupt war die Abreise. Ihr Gemüse-Fleisch-Geschäft übernahm ein anderer Türke, der hinter die Metzgertheke eine riesige türkische Fahne hängte und mir in gebrochenem Deutsch erklärte, dass Tayfun «nix mehr ist». Es klang so, als ob Tayfun in einen Hungerstreik getreten wäre. «Tayfun nix mehr isst!»

Danach erhielt ich noch drei Postkarten von meinem türkischen Freund. An den Wortlaut der ersten beiden erinnere ich mich nicht mehr. Aber ich weiß noch, dass er sich unwohl fühlte. Die Türken in der Türkei, auch seine eigenen Verwandten, würden ihn als «deutschen Jungen» bezeichnen, schrieb er. Die Lehrer wären mit ihm viel strenger als mit den anderen türkischen Jungs, weil seine Aussprache «zu deutsch» klänge. Er müsse auch in den Koranunterricht. Seine letzte Postkarte kam knapp ein Jahr nach der plötzlichen Abreise. Sie klang etwas optimistischer, fröhlicher. Vor kurzem hab ich sie in einem Karton im Keller gefunden und mit einem Magneten an den nun wieder surrenden Kühlschrank geheftet. Bin mir nicht ganz sicher, aber vielleicht war sie mit ein Grund, warum ich dieses Buch schreiben wollte, warum ich jetzt am Küchentisch sitze. Da steht nämlich ganz unten auf der Postkarte eine etwas unleserlich gekritzelte Frage, die mich vor Tagen zum Nachdenken brachte: «Alex, wie geht's den Jungs vom Gottesacker?»

Manche Gottesacker-Jungs haben später eine Lehre gemacht, eine Familie gegründet und erzählen heute noch die alten Geschichten vom Bolzplatz neben der Schiller-Schule. Viele Ex-Jugoslawen und Türken haben mittlerweile einen deutschen Pass und fahren statt nach Antalya oder Zagreb gern mit ihren deutschen Kollegen nach Mallorca oder Teneriffa in den Urlaub. Zwei, drei haben gar Karrieren als Vermögensverwalter oder Marketingexperten hingelegt. Ein paar, zu denen ich noch länger Kontakt hatte, sind im Milieu hängengeblieben. In ihren glasigen Augen fließen noch die Drogen von gestern Nacht. Sie versuchen, sich als Türsteher oder Zuhälter durchzuschlagen. Zwei unserer Jungs, Esra und Tony, sind tot. Esra wurde 1995 vor einer abgerockten Spielhalle von Unbekannten erstochen, Tony starb 1999 an Aids.

Aber damals ahnte noch keiner, wie unsere Zukunft aussehen würde. Für Ari bedeutete die Sechs in Englisch jedenfalls,
dass er das Gymnasium verlassen musste, kein Abitur machen konnte. Er brach die Schule ab und überredete meinen
Vater, voll ins Lokal einsteigen zu dürfen. So wie es bereits
unser ältester Bruder Jorgo vor gut drei Jahren gemacht hatte. Unsere gemeinsamen Mittage auf dem Gottesacker waren
damit passé. Ari arbeitete fortan täglich im «Griechen». Für
mich aber hatte die Sechs in Englisch eine völlig andere Konsequenz. Ich kam Ende August 1988 mit dreizehn Jahren auf
ein Internat. Und dies ist meine Geschichte.

KAPITEL 2

Der erste Tag

Mein Vater hatte lange mit seiner Entscheidung gerungen, mich auf ein Internat zu schicken. Er war ja selbst in einem Waisenhaus aufgewachsen, wusste nur zu genau, wie sich das anfühlt, nicht *zu Hause* zu sein.

Damals, mit dreizehn, kannte ich seine Geschichte aber noch nicht. Ich wusste nur, dass er ohne Vater aufgewachsen war. Erst viele Jahre später, im Sommer 2004 oder 2005, ich war also schon erwachsen, fast dreißig Jahre alt, saßen wir in einem Café auf dem Aristotelous-Platz in Thessaloniki. Auf dem Tisch standen zwei Gläser Whisky, eine Schale mit Erdnüssen, eine weitere mit Pistazien. Mein Vater trug seine grünglasige Ray-Ban, ich erinnere mich, dass wir minutenlang schweigend aufs Meer hinausschauten – bis ich ihn fragte, wie er eigentlich die Zeit im Waisenhaus empfunden hatte. Es war eine eher beiläufig gestellte Frage. Sie blitzte in meinem Kopf auf, und ich stellte sie, ohne lange darüber nachzudenken. Und es war eines dieser Gespräche, in denen sich urplötzlich eine besondere Atmosphäre einstellt, in denen ein Wort das nächste ergibt, sich vieles ineinanderfügt, in denen sich das Verhältnis zwischen einem Vater und seinem Sohn ändern kann. Für uns war es der Moment, in dem mein Vater beschloss, mich in seine Geschichte einzuweihen. Und meine Geschichte ist ohne seine nun mal nicht denkbar. Sie geht so, Kurzfassung:

Mein Großvater Aristidis wurde von Truppen der Waffen-SS vor den Augen der Familie im Jahr 1942 erschossen, weil er eine Wasserleitung, die zu den Baracken der deutschen Soldaten führte, sabotiert hatte. Meine Großmutter Kyriaki hielt meinen damals zwei Jahre alten Vater in ihren Armen, bettelte, weinte um das Leben ihres Mannes, der Offizier aber schlug sie mit seinem Gewehrkolben nieder. Sie konnte mit einer abwehrenden Hand ihr Kind zwar schützen, aber für ihren Ehemann kam jede Hilfe zu spät. Nachdem die Schüsse gefallen waren, einer durchbohrte sein linkes Auge, verlor sie ihren Lebensmut, sprach für Jahre kein Wort.

«Manchmal saßen wir einfach nur da: meine Mutter, deine Onkel Konstantinos und Nikos sowie deine Tante Eleonora. Keiner sagte etwas. Deine Großmutter hatte ihre Hände in den Schoß gelegt und starrte abwechselnd auf die Wand oder auf den Boden. Einmal, ich saß ihr immer am nächsten, fuhr ihre Hand über meinen Scheitel, eine sanfte, zärtliche Berührung. Vielleicht die zärtlichste, die ich je erlebt habe.»

Mein Vater war der Jüngste in der Familie. Seine älteren Geschwister halfen Großmutter Kyriaki auf den Feldern, bei der Haselnuss-, Baumwoll- und Olivenernte. Sie waren zwar selbst noch Kinder, doch die Grenzen zwischen einer glücklichen Kindheit und den grausamen Auswirkungen des Krieges verliefen auch in Megalokampos, ihrem Dorf, nicht geordnet. Sofern es überhaupt je Grenzen gab, die beides trennten.

Die liebste Kindheitserinnerung, die mein Vater an Megalokampos und seine Geschwister hat, sind die Sommer an den Ufern des Flusses Aggitis, der sich am Dorf vorbeischlängelte. Sie hatten Seile wie Lianen um die Äste der hohen Bäume geschwungen und ließen sich mit Tarzan-Geschrei und einem platschenden Knall ins Wasser fallen, wo die Strömung sie mitriss – bis sie nach knapp hundert Metern wieder an einem der Ufer Fuß fassen konnten. «Das Wasser war trotz des heißen Sommers eiskalt, es kam aus dem nahen Falakro-Gebirge im Norden.» Als er mir davon erzählte, leuchteten seine Augen so hell, als stünde der Knirps kurz davor, sofort wieder – nur mit seiner Unterhose bekleidet – nach einer der Lianen zu greifen.

Das waren die schönen Momente.

Es war 1946, als Großmutter Kyriaki die Entscheidung traf, ihn ins Waisenhaus zu geben. «Meine Mutter war ein Kriegs-opfer, sie hatte Anspruch auf eine Entschädigung, deshalb bot man ihr für ihren Sohn einen Platz im damals berühm-testen Waisenhaus Griechenlands an», sagte mir mein Vater. «Das Papafi in Thessaloniki.»

Den Namen des Waisenhauses, in dem er aufwuchs, sprach er immer schon mit Stolz in der Stimme aus, mit einer tief wurzelnden Würde, die einem nicht nur augenblicklich auf-fiel, sondern gleichzeitig Respekt einflößte.

«Der größte Wunsch deiner Großmutter war, dass ich zur Schule gehen und eine anständige Ausbildung machen kann. Bei uns im Dorf gab es ja nur Bauern.»

Dennoch war er als Sechsjähriger zunächst gar nicht be-geistert von der Entscheidung. Tagelang sträubte er sich, sein Bett zu verlassen, er schrie, klammerte sich an den Rockzipfel seiner Mutter, wälzte sich auf dem Boden. «Sogar nachts lag ich mit offenen Augen im Bett, um nicht von der plötzlichen Abreise überrascht zu werden», sagte er und lachte so laut, als wäre die Erinnerung noch frisch und vor allem: eine heitere.

Thessaloniki lag gute 120 Kilometer von Megalokampos entfernt. «Deine Großmutter hatte zwar kein Geld, um den Bus oder den Zug zu bezahlen. Aber nachdem sie ihre Spra-che wiedergefunden hatte, bewies sie ihren eisernen Willen», sagte mein Vater. Sie befahl ihrem ältesten Sohn Konstantinos, auf das Haus und seine Geschwister aufzupassen, packte Proviant für die Reise in einen Sack und machte sich mit meinem Vater auf den Weg. Zu Fuß.

Sie übernachteten unter freiem Himmel. «Sie lag hinter mir, und ihre Arme umschlossen mich», sagte mein Vater. «Ich konnte ihr zwar nicht in die Augen sehen, hörte aber ihre Stimme und spürte ihren Atem an meinem Hinterkopf.» Sie erzählte ihm vom Mut ihres Mannes, der sich gegen die Nazis aufgelehnt hatte, vom Vater, den er nie kennenlernen durfte. «Wir lagen unter einem Olivenbaum, der warme Sommerwind der Ägäis streichelte über unsere Haut, die Sterne funkelten. Es klingt vielleicht kitschig, aber das waren die letzten und die schönsten Nächte, die ich zusammen mit meiner Mutter verbracht habe», sagte mein Vater.

Er zündete sich eine HB an und unterbrach die Geschichte für ein paar Augenblicke, schaute aufs Meer. Die Sonnenbrille mit den dunkelgrünen Gläsern verdeckte seine Augen. «Manche Erinnerungen brennen auch noch nach sechzig Jahren wie Feuer», sagte er leise mehr zu sich selbst als zu mir.

Sie brauchten nur drei Tage bis in die Stadt, denn am dritten Morgen hatten sie Glück und trafen einen Freund meines Großvaters, der für sie das Zugticket bezahlte.

«Das Papafi war ein klassizistisches Gebäude – groß und herrschaftlich. Kaum waren wir angekommen, kurz nach der Begrüßung durch den damaligen Direktor – sein Name ist mir entfallen –, verabschiedete sich meine Mutter. Sie gab mir einen Kuss auf die Stirn, schaute mir in die Augen und lächelte. ‹Du wirst es hier gut haben›, sagte sie. Es war merkwürdig. Meine Angst, allein zu bleiben, war verflogen, als ich alle anderen Kinder auf dem Hof des Papafi herumtollen sah. Ich schaute meiner Mutter nach, aber sie drehte sich nicht um.»

Mein Vater verbrachte zehn Jahre im Papafi, ging dort zur Grundschule, ins Gymnasium, absolvierte eine Lehre als Zimmermann. Seine Geschwister, seine Mutter sah er nur noch in den Sommerferien und manchmal an Weihnachten.

Ich weiß heute, dass er und meine Mutter lange darüber nachgedacht haben, ob sie mich nach Dahn ins Internat schicken. Und: Ja, ich habe sie auch einmal belauscht, als sie in der Küche des «Griechen» kurz darüber sprachen. Mein Vater schnitt gerade das frisch gelieferte Lammkotelett zurecht, meine Mutter stand an der Spüle und wusch Salat. Ich hatte mich unter dem kleinen Fenster versteckt, das zwischen Küche und offenem Holzkohlegrill war. Ab und zu lugte ich durch die Öffnung, meist hörte ich lediglich ihre Stimmen.

«Bist du dir sicher, dass das eine gute Idee ist?», fragte sie ihn.

Die Antwort kam weder postwendend noch mit ein paar Sekunden Verzögerung. Sie kam gar nicht.

«Christo, ich hab dich etwas gefragt», sagte meine Mutter nach einer Weile.

«Ich habe deine Frage gehört», antwortete er.

«Und?» Meine Mutter ließ den Salat in eine Schüssel fallen und das Wasser an ihren Händen abtropfen. Sie wandte sich um.

Mein Vater packte das rohe Fleisch samt Knochen und hackte es mit einem dumpfen Geräusch entzwei (Lammkronen mit grünen Bohnen, ich sag's gleich: Lieblingsspeise!).

«Ich weiß es nicht», sagte er und schaute zu ihr herüber. «Ich weiß es wirklich nicht. Was denkst du?»

Auch meine Mutter fand keine schnelle Antwort. Ich saß nun unter dem kleinen Fenster und dachte daran, ihnen die Entscheidung abzunehmen. Ich hätte aufspringen und rufen, schreien, protestieren können. Aber ich blieb sitzen – und hörte, wie mein Vater ihre Antwort vorwegnahm:

«Lass es uns probieren. Vielleicht gefällt es ihm ja dort. Als ich das erste Mal ins Papafi kam, hat es mir auch auf Anhieb gut gefallen. Und am Ende waren es wirklich großartige Jahre, die ich dort verbringen durfte.»

«Das war nach dem Krieg, Christo. Deine Mutter hat dich notgedrungen ins Waisenhaus abgegeben.»

«Und doch ist aus mir etwas geworden, oder?» Er lächelte sie an, ich konnte es hören, das kurze Schmatzen, wenn sich sein Lippen zu einem Lächeln verziehen.

«Du bist ein Zimmermann, der dank der aufopferungsvollen Arbeit seiner Frau ein gutgehendes griechisches Restaurant führt», sagte sie trocken, lächelte aber zurück.

Ich hatte mich unterdessen aufgesetzt und schaute ihnen vom Fenster dabei zu, wie sie sich umarmten. Und küssten.

Sie hatten die Entscheidung gemeinsam getroffen. Es war schön, sie so zu sehen. Mein Protest hatte sich aufgelöst.

Ich erinnere mich noch präzise an den Tag, als mein Vater mich das erste Mal ins Internat fuhr. 20. August 1988. Ein Tag vor Schulbeginn. Ein Sonntag. Gegen 14 Uhr.

Meine Mutter hatte mir noch beim Packen geholfen. In Wahrheit: Sie hat gepackt, ich hab nur danebengesessen und ihr zugeschaut. Ari überwachte die Szene, damit nicht aus Versehen etwas von seinen Sachen zwischen meine geriet. Bett- und Unterwäsche, Socken, ein paar T-Shirts, zwei Jeans, zwei Sweatshirts, ein Pulli – «Man weiß ja nie», sagte sie, ich sagte: «Mama, es ist August!» – und die weißen Adidas-Sneakers von Ari. War eine Art Bedingung von mir. Die Sneakers. Gute Erinnerung. Ari sagte nur: «Von mir aus.» Er macht nie große Worte. Gab mir eine herzliche Ohrfeige, rubbelte kurz mein Haar und verschwand.

Hier muss ich kurz einhaken: Ich bin davon überzeugt, dass jedwede menschliche Beziehung eine Signatur besitzt, eine bestimmte Geste, die zwei Menschen miteinander verbindet. Diese kann sich über die Jahre verändern, so wie sich die Beziehung dieser Menschen zueinander verändert. Aber damals war die Signatur der Beziehung zwischen Ari und mir die sanfte Ohrfeige und das Haarrubbeln. Sie bedeutete: Ist alles okay, Kleiner. Mach dir keine Sorgen. So abstrus es klingt, die Ohrfeige gab mir Kraft. Damals. Heute ist unsere Signatur eine andere. Wir sitzen im Café nebeneinander und sagen kein Wort. Schweigen. Inniger ist nichts.

Als meine Mutter mit der Tasche fertig war, schleppte ich sie zum Auto. Mein Vater wartete bereits in der Garage, die sich direkt hinter dem «Griechen» befand. Der Kofferraum stand offen. «Fertig?», fragte er.

«Fertig», antwortete ich.

Meine Mutter drückte mich an sich, als würde ich in den Krieg ziehen. Wieder so eine Signatur. Diesmal: Mama. Kaum etwas fühlt sich so richtig an, wie von der eigenen Mutter fest in die Arme geschlossen und gedrückt zu werden.

Wo war eigentlich Jorgo? Jorgo ist mein ältester Bruder. Unterschied: zehn Jahre. Er war damals 22 Jahre alt, sah aus wie ein American Gigolo, trug langes Haar und eine ultramoderne Porsche-Carrera-Sonnenbrille, die sein halbes Gesicht verdeckte. Wie Thomas Anders. Nur: cooler. Hellblaues Leinensakko, weiße Hose, Mokassins. Miami Vice. Nur nicht ganz so cool wie Sonny Crockett.

Jorgos Signatur gleicht der von Mama. Sie hat sich – als Einzige – über die Jahre nie verändert.

Der Kofferraum des alten weinroten Mercedes klappte zu. Ein Geräusch, das ich in den nächsten Jahren oft zu hören bekam. Jedes Wochenende mindestens zwei Mal. An- und

Abreise. Hab oft aus Jux versucht, Unterschiede herauszuhören. Aber es klang immer gleich. Über die Jahre habe ich dann auch begonnen zu verstehen: Beziehungen zu Dingen ähneln den Beziehungen zu Menschen. Das Zuklappen war ein weiches, liebevoll klingendes Geräusch, es bedeutete immer eine zeitliche Zäsur. Entweder wir fuhren nach Hause oder ins Internat. Bis heute mein Lieblingsmodell von Mercedes-Benz: die Baureihe 123.

Mein Vater steuerte das Auto aus der Garage auf die Waldhornstraße, geradeaus auf die Fritz-Erler, nach ein paar hundert Metern rechts ab auf die Kriegsstraße. Dann immer geradeaus. Auf die A65, Kandel-Nord raus, L548 Richtung Bad Bergzabern, vorbei an Orten namens Winden, Hergersweiler, Oberhausen, Busenberg auf der B427 bis nach Dahn. Noch nie zuvor gehört. Kurvenreiche Strecke, das letzte Drittel durch den Pfälzer Wald. «Ein Idyll» nennen das Reiseführer. «Pampa» nennen es Leute, die diese Reiseführer nicht kennen.

Da ist sie dann also doch, die Autofahrt. Direkt in die Zukunft. Ohne Umwege. Jeder Kilometer: Eingeweidekribbeln.

Kurz bevor wir ankommen sollten, irgendwo zwischen Busenberg und Dahn, macht mein Vater plötzlich halt, parkt das Auto in einer Nothaltebucht, stellt den Motor ab. Schnauft. Nicht der Motor. Er. «Wenn es dir dort nicht gefällt, wenn du Heimweh nach uns hast, wenn irgendetwas ist, brauchst du es mir nur zu sagen, und ich bin sofort da und hole dich nach Hause. Okay?»

Ohne Vorwarnung, der Freifahrtschein zurück zum Gottesacker. Ich sitze auf dem Beifahrersitz, schaue ihm in die Augen und nicke. Denke an mein verschwiegenes Versprechen. Er lächelt und fährt mir wie einem kleinen Bub übers Haar. «Weißt du», sagt er nach einer Pause, in der er sich eine Zigarette anzündet, das Wagenfenster herunterkurbelt.

«Unsere Familie stammt aus einem kleinen Dorf. Von uns hat noch nie jemand eine höhere Schule besucht, geschweige denn studiert. Ari und Jorgo sind kluge Jungs, aber bei ihnen habe ich es verpasst, mehr auf ihre Schulbildung zu achten. Deine Mutter hat mir immer wieder gesagt, dass es falsch wäre, euch Jungs im Restaurant aufwachsen zu lassen. Dass wir zu wenig Zeit für euch hätten. Dass euch dieses Leben zwischen Theke und Küche zu sehr prägen würde, weil ihr euch gar keinen anderen Job mehr vorstellen könntet. Ich habe das aber immer als Gerede abgetan, weil ich der Meinung war, dass man in einem Restaurant sehr viel fürs Leben lernt. Aber deine Mutter hatte recht. Wie fast immer hatte sie recht», sagt er und schaut zur Fahrertür hinaus in den angrenzenden Pfälzer Wald, der ab heute mein neues Zuhause werden soll. «Ari und Jorgo werden ein Leben lang in der Gastronomie arbeiten. Und das ist meine Schuld. Ihre Arbeit wird darin bestehen, andere Menschen zu bedienen. Versteh mich nicht falsch: Daran gibt es nichts auszusetzen. Aber sie hätten es vielleicht besser haben können. Und du, du bist noch jung.» Er wischt sich irgendetwas mit der linken Hand aus dem Auge. Dann greift er sich mit beiden Händen an den Hals, öffnet den Verschluss seiner Kette, legt sie mir um und schließt ihn wieder. «Diese Kette hat mir meine Mutter geschenkt. Oma Kiriaki. Du hast sie zwar nie kennengelernt, aber sie hätte dich geliebt. Ihre Kette wird dich dein Leben lang beschützen.» Ich schaue auf das goldene Kreuz, das an der Kette hängt, und erblicke die griechischen Initialen Χ. Σ. Sie stehen für Χριστοφορος Στεφανιδης (Christophoros Stefanidis). Ich lächele. «Versprichst du mir, dein Bestes zu geben?», fragt er mich nach einer kurzen Pause.

Ich nicke. Sogar zwei Mal. Er schaut mir tief in die Augen und nickt ebenfalls. Ganz langsam. Es fühlt sich an, als hätten wir ein wichtiges Arrangement unter Männern getroffen. Es ist – meine Wahrnehmung – das erste Mal, dass er zu mir nicht mehr als kleinem Jungen spricht. Vielleicht weiß er, dass ich fortan ein neues Leben führen werde. Weit weg von ihm, von Mama. Weit weg von meinen Brüdern. Und weit weg vom Gottesacker. «Gut», sagt er nur. Dann lässt er den Motor starten und fährt wieder los.

Das Studienheim St. Pirmin lag im Dahner Felsenland in der Südwestpfalz. Eine knappe Autostunde von Karlsruhe entfernt. Träger des Internats, in das nur Jungen aufgenommen wurden, war die katholische Kirche, in diesem Fall die Erzdiözese Speyer. Das Internat lag in einem von Eichen und Ahornbäumen gesäumten Park – etwas oberhalb des Ortes Dahn, am Fuß des Felsenhügels, auf dessen oberem Ende die Burgruine Altdahn aus dem 13. Jahrhundert steht. Es verfügte über zwei Fußballplätze, einen Tennisplatz (beziehungsweise ein Basketballfeld – je nach Bedarf) und über ein offenes Schwimmbad im Sommer.

Und ich erinnere mich noch sehr genau, wie ich an jenem Tag auf dem Internatsparkplatz aus dem Wagen meines Vaters stieg, meine Tasche aus dem Kofferraum hob und mich umschaute. Ich war überrascht, wie still es war. Ein paar Vögel zwitscherten, irgendwo in der Ferne ratterte ein Rasenmäher, aber im Gegensatz zum geschäftigen Betrieb in der Karlsruher Innenstadt oder dem Gejohle auf dem Gottesacker war das eine Ruhe, wie ich sie selbst in meinen Urlauben bei Oma Theodora in Thessaloniki noch nie erlebt hatte.

Wahrscheinlich machte ich ein Gesicht, dem die Überraschung anzusehen war. Denn mein Vater sagte nur: «Herrlich, diese Ruhe. Findest du nicht?» Seine Hand griff nach der offenen Kofferraumklappe, ich sah zu, wie er sie niederdrückte und das Zuklappen die Stille durchbrach.

Ich gab ihm keine Antwort. Aber die Ruhe machte mir klar, dass hier tatsächlich ein neues, ein anderes Leben auf mich wartete. Und irgendwie spürte ich instinktiv, dass mich dieses neue Leben zunächst in eine Art Außenseiterrolle drängen würde. Denn: Was wusste die katholische Kirche schon vom Leben auf dem Gottesacker?

Ich vermutete: nicht allzu viel. Und lag damit zwar nicht verkehrt, aber eben auch nicht ganz richtig.

Wir waren wohl zu früh dran. Kein anderes Auto außer unserem weinroten Mercedes stand auf dem Parkplatz. Ich schulterte meine Tasche und fühlte die Hand meines Vaters auf meinem Rücken, die mich sachte nach vorn schob. Der Weg zum Eingang erschien mir endlos. Wir gingen durch ein gusseisernes Tor, links stieg eine begrünte Böschung empor, rechts – parallel zum Weg – stand in einigem Abstand der Ostflügel des Gebäudes: drei Stockwerke, rote Sand- und graue Ziegelsteine, dunkle Fensterrahmen in regelmäßigen Abständen, orange- und rotbraunfarbene Gardinen.

Erbaut wurde das Internat 1958. Man muss sich den Grundriss wie ein christliches Kreuz vorstellen. Der Ostflügel war der verlängerte Fußbalken, in dem die meisten Schüler untergebracht waren. Den nördlichen Seitenarm bildete die hauseigene Kapelle, den südlichen die Aula. Im Westflügel befanden sich der Speisesaal, die Küche, die Verwaltung und die Zimmer der angehenden Abiturienten.

Rechts neben dem Eingang, das konnte man schon von weitem erkennen, hing eine mannshohe Figur vor dem roten Sandstein: der heilige Pirmin. Auf dem kreisrunden Platz unmittelbar vor dem Eingang stand ein riesiger Tannenbaum und in der Tür ein Mann mit einem Vollbart.

Er gab mir die Hand. «Grüß Gott, mein Name ist Benedikt. Clemens Benedikt. Ich bin der Internatsdirektor.»

Benedikt trug einen Anzug, der ihm nicht so recht zu passen schien. Bei näherem Betrachten fiel mir auf, dass er ihm einfach gar nicht passte, der Anzug war zu kurz geraten für diesen großen, hageren Mann. Bevor er uns begrüßte, blickte ich noch mal rüber zum heiligen Pirmin. Er sah dem Direktor zum Verwechseln ähnlich. Auch der trug einen Vollbart und bat uns herein. Im Gang roch es eindeutig nach Kirche: Kerzenwachs, eine Brise Weihrauch, altes Gemäuer und abgetretene Teppiche. Benedikt führte uns in sein Büro, vorbei an einer älteren Vorzimmerdame mit graublauer Dauerwelle.

«Du bist also Alexandros», sagte Benedikt zu mir, als wir uns hingesetzt hatten. Seine Stimme klang freundlich, aber bestimmt. Ich tippte auf den Typ *strenger Oberlehrer*. Sein Bart war akkurat rasiert, an den Kieferknochen kantig geschnitten, die Wangen nur zu einem Drittel bedeckt. Ein bisschen einschüchternd fand ich ihn schon.

«Ja, unser Jüngster», antwortete mein Vater mit einem Lächeln im Gesicht. Die beiden hatten sich wohl schon einmal getroffen. An der Tür hatten sie sich die Hand gegeben wie zwei Geschäftsleute, die einen Deal beschließen wollten.

Hinter Direktor Benedikt hing ein Kruzifix, auf dem Schreibtisch stand eine Madonnenfigur.

Als das Internat von der Erzdiözese Speyer gegründet wurde, lautete eines der Ziele, Nachwuchskräfte für den Priesterberuf zu rekrutieren. Das war wohl in den Sechzigern. Bei mir wären sie damit eh an der falschen Adresse gewesen. Nicht weil ich etwas gegen den Priesterberuf hätte. Ganz im Gegenteil. Ich war jahrelang Ministrant. Allerdings in der griechisch-orthodoxen Kirche. Der Grund lag also auf der Hand: Ich war kein Katholik. Anfangs, erzählte Direktor Benedikt, nahm das Internat auch nur Schüler einer katholischen Diözese auf, vor allem der Diözesen Speyer, Trier und

Mainz. Erst später auch Schüler protestantischer Konfession. Anfangs sei der angestrebte Schulabschluss auch stets das Abitur gewesen, sagte er. Jetzt nehme man aber auch Schüler auf, die lediglich die mittlere Reife erreichen wollten.

Das klang wohl wie ein Stichwort. «Mein Sohn will Abitur machen», sagte mein Vater und legte seine Hand auf meine Schulter. Sie wog schwer. Benedikt lächelte gnädig und schaute mich an. Ich nickte kurz.

Anfangs, sagte Benedikt nun zum dritten Mal in Folge, habe man auch nur Schüler aufgenommen, die mindestens einen Notenschnitt von 2,5 vorweisen konnten. «Wie ist dein Notenschnitt?», fragte er.

Ich war mir nicht sicher. 3,3? 2,9? Auf jeden Fall nicht besser als 2,5 – das war klar. Die ältere Dame mit der graublauen Dauerwelle betrat das Büro, wie ein schlechtes Omen. Sie gab ihm einen dünnen Ordner in die Hand, auf dessen Rücken mein Name stand.

«Hm», sagte er nur. Er rechnete, es dauerte ein paar Augenblicke. «Dein Schnitt ist 3,5. Nicht gerade berauschend, hm?»

Puh, 3,5? Echt? Nicht verrechnet? Ich zuckte mit den Schultern.

«Er wird sich sicher verbessern», prognostizierte mein Vater.

Benedikt hob eine Augenbraue. «Das wird auch bitter nötig sein.»

Doch irgendwie schimmerte in der Einführungsrede des Direktors durch, dass dieses Internat wohl jeden aufnehmen würde – auch griechisch-orthodoxe Schüler, die nicht die geringste Absicht haben, katholische Priester zu werden, ja nicht mal Katholik, und zudem einen miserablen Notenschnitt vorwiesen. Hätte ich mir damals Gedanken über seine Rede gemacht, hätte ich zwischen den Zeilen gelesen, wäre mir wohl aufgefallen, dass sie eher einer Grabrede glich. Das Studienheim St. Pirmin hatte seine besten Tage hinter sich und befand sich auf dem absteigenden Ast. Es war derselbe Ast, von dem meine Zukunft abhing.

In der Mitte des Gebäudekreuzes war der Treppenaufgang, den Benedikt nach dem Bürogespräch schnell beschritt. Im ersten Stockwerk waren die Fünft- und Sechstklässler, im zweiten die Siebent- bis Neuntklässler, im dritten Stock die Zehnt- und Elftklässler. Ab der zwölften Klasse wohnte man im Westflügel und genoss umfangreiche Privilegien. Aber das wusste ich damals noch nicht. Benedikt stoppte im zweiten.

«So», sagte er mit einem gefrorenen Grinsen. «Hier ist dein neues Zuhause.»

Ich erklomm die letzte Stufe der Treppen und blickte durch die Glastür. Vor mir erstreckte sich ein langer und breiter Flur. Was gibt's da zu lachen?, dachte ich.

Bis hierher bestand der Fußboden des Internats aus Naturstein. Der Flur war mit Linoleum ausgelegt, es roch nach Bohnerwachs, die rechte Wand schien aus Holz zu sein. Da waren Einbauschränke, sehr viele Einbauschränke, einer neben dem anderen. Jeder hatte ein Schloss. Etwa alle fünf Meter sah ich Einbuchtungen; die Türen zu den acht Zimmern auf der Etage. Den acht Zimmern gegenüber befanden sich vier Waschräume à acht Waschbecken und zwei Duschen. Zwischen den Waschräumen, die den Flur auf der linken Seite unterteilten, standen im offenen Raum braune Schreibtische. Von der Seite der Schreibtische fiel die Sonne ein und zeichnete kantige Schatten auf den Linoleumboden. Schiefe, kantige Schatten von Schreibtischen. Zu Hause hatte ich keinen eigenen Schreibtisch. Hausaufgaben machte ich entweder am Küchentisch oder am Stammtisch des «Griechen».

Ich schaute zu meinem Vater. Sachte spürte ich wieder seine Handfläche auf meinem Rücken.

Benedikt ging voraus. An der dritten Einbuchtung blieb er stehen, bückte sich ein wenig und öffnete die Tür zu einem quadratischen Raum. An einer Wand hing wieder ein schlichtes Holzkreuz. Wie im Büro des Direktors. Wieder Linoleumboden. In jeder der Zimmerecken stand ein schmales Bett aus hellem Holz. Daneben ein Nachttisch mit zwei Schubladen. Neben den Nachttischen befand sich je eine Steckdose. «Kein Fernseher», war mein erster Gedanke. Und er kam so plötzlich, dass ich ihn diesmal laut aussprach.

«Nein, kein Fernseher», wiederholte der Direktor und blickte zu meinem Vater. «Hast du denn zu Hause einen eigenen Fernseher im Zimmer?», fragte er neugierig.

«Nee», antwortete ich ehrlich. «Aber im Wohnzimmer.»

Da meine Eltern beide den ganzen Tag im «Griechen» arbeiteten, gehörte der Familienfernseher eigentlich nur Ari und mir – das konnte Benedikt natürlich nicht wissen. Wir schauten abends immer unsere Lieblingsserien: *MacGyver*, *Ein Colt für alle Fälle*, *Das A-Team*. Natürlich auch *MTV*, Ray Cokes in *Ray's Request* und Fab 5 Freddy in *Yo! MTV Raps*.

«Am Ende des Ganges ist ein Aufenthaltsraum. Da steht auch ein Fernseher und sogar ein VHS-Videorekorder», sagte der Direktor. Jetzt lächelte auch ich. Kurz. «Der Fernseher empfängt ZDF und die meisten dritten Programme.»

«Kein MTV?», fragte ich.

«MTV? Den Kanal kenne ich nicht. Ist das ein deutscher Sender?», fragte Benedikt zurück.

Mir blieb der Mund offen stehen. Kein MTV? Nicht mal

ARD? Wieder blickte ich zu meinem Vater. Doch der machte nur ein ernstes Gesicht.

Langsam wurde mir bewusst, dass das hier kein Urlaub von zu Hause werden würde.

«Du kannst deine Tasche auf dieses Bett da legen», sagte Benedikt. Es war das Bett in der linken Ecke, gleich hinter der Tür.

Draußen hörten wir Stimmen. Benedikt ging zum Fenster, schob die rotbraune Gardine beiseite.

«Ah, da kommen schon die anderen.» Er drehte sich zu uns um. «Ich muss mich nun verabschieden, Herr Stefanidis. Wir haben dieses Jahr rund ein halbes Dutzend Neulinge im Haus, die ich gern persönlich begrüßen möchte.» Er gab meinem Vater die Hand. Weil wir zu früh waren, hatten wir also eine Art Spezialbehandlung inklusive Geschichtsunterricht bekommen. «Ich bin sicher, du wirst dich hier schnell einleben», sagte er in meine Richtung und verließ das Zimmer. Flapp. Flapp. Flapp.

Bis jetzt waren mir seine offenen Birkenstock-Schlappen gar nicht aufgefallen. Ari und ich haben uns immer über Menschen, die solche Schuhe tragen, lustig gemacht. Unser Deutschlehrer zum Beispiel. Ein Öko. Nein, wir hatten nichts gegen Ökos. Im Gegenteil. Aber wir haben nie verstanden, warum sie Hausschuhe auch außerhalb ihrer Wohnungen tragen.

Ich setzte mich aufs Bett. Ganz schön hart, die Matratze, dachte ich.

«Und? Was sagst du?», fragte mein Vater.

Ich zuckte wieder mit den Schultern. Er setzte sich neben mich und nahm mich in den Arm. «Alles okay?»

Ich nickte.

«Gut», sagte er. «Kommst du noch mit zum Auto?»

Ich schüttelte den Kopf und murmelte etwas wie «Muss noch meine Tasche auspacken».

«Alexandre», hörte ich ihn leise flüstern, «steh auf.» «Alexandre» ist der griechische Rufname für Alexandros. Mein Vater selbst blieb sitzen, schob mich nur vor sich. Für ein paar Augenblicke schauten wir uns schweigend in die Augen. Dann legte er seine Hände auf meine Schultern, lehnte seine Stirn gegen meine. Plötzlich begriff ich. Der Gedanke flirrte rasend schnell durch mein Hirn, war kaum aufzuhalten: Für ihn ist es viel schwerer als für dich.

Ich drückte ihn fest an mich. «Alles gut, Papa, mach dir keine Sorgen», hörte ich mich in seinen Hemdkragen nuscheln. «Ich schaff das schon.» Vom Fenster sah ich ihn aus der Tür laufen. Sein Blick ging gleich nach oben. Er suchte nach meinem Zimmer. Als er mich hinter dem Glas entdeckte, winkte er, den Autoschlüssel schon in der Hand. Ich winkte zurück, ließ das Fenster aber geschlossen, sah ihm nur nach. Er lächelte. Vorhin hatte er noch gesagt: «Freitag, 15 Uhr, bin ich wieder da und hol dich ab. Okay?» Heute war Sonntag.

Ich setzte mich wieder aufs Bett und sah mich um. «Hier ist dein neues Zuhause», hatte der Direktor vorhin gesagt. Ein Bett mit Nachttisch in einem Zimmer, in dem augenscheinlich noch drei andere schliefen. Oh, Mann. Ich fuhr mir mit der Hand durchs Haar und dachte an Aris weiße Adidas-Sneaker in meiner Tasche. Es war kurz nach halb vier. Ari war gerade auf dem Gottesacker. Ganz sicher. Ich legte mich aufs Bett, kreuzte die Hände unterm Hinterkopf und starrte an die Decke. Der Gottesacker fehlte mir jetzt schon. Ich konnte es in meiner Brust spüren. Ari nimmt den Ball mit dem Außenrist an und legt ihn somit an Ivan, dem schrecklich steifen Hünen aus Sarajevo, vorbei. Er sieht kurz auf und schnibbelt – wieder

Außenrist – das Leder über sechs, sieben Meter auf Gianni, der volley abzieht. Hahaha! Drittes Obergeschoss!!! Schöner Spielzug, aber den Schuss hat er ordentlich verzogen.

Die Zimmerdecke ist so weiß wie eine Leinwand. Ich erinnere mich an ein Tor, das ich vor ein paar Tagen erzielt habe. Wie ich nach einem Laufduell einen Haken schlage, Dario ins Leere laufen lasse, den Ball kurz antippe und gleich darauf so wuchtig mit dem Spann dagegen trete, dass ich befürchte, er fliegt über die Mauer auf den Schulhof der Schiller-Schule. Fünftes Obergeschoss. Doch der Ball zieht eine zwar imaginäre, aber mathematisch gerade Linie direkt in den Winkel des Tores. Zeitlupendrama. TOR! TOR! TOR! Es war der zwischenzeitliche Ausgleich gegen die Italiener. Wir haben das Spiel zwar am Ende 8:9 verloren, aber dieses Tor vergesse ich nie im Leben.

Das Bohnerwachs kriecht mir in die Nase.

Es war mein letzter Tag auf dem Gottesacker. Habe mich nicht groß verabschiedet. Nur Tayfun und Gianni habe ich vom Internat erzählt. Dass ich von nun an nicht mehr unter der Woche da sein werde, nur am Wochenende. Sie haben gefragt, warum. Ich habe geantwortet: Wegen der Schule. Mehr gab's nicht zu sagen. «Dann bis nächsten Freitag», haben sie noch gerufen, als mich Ari in den Schwitzkasten nahm, um mir auf dem Nachhauseweg die Kopfhaut heiß zu rubbeln. Im Augenwinkel konnte ich beobachten, wie sich die beiden den Ball mit nur einem Kontakt gegenseitig zuspielten, immer wieder. Jetzt sehe ich im Augenwinkel nur das Holzkreuz über meinem Bett. Erst mit Verspätung wird mir bewusst: Ich kann nicht einfach aus dem Haus und mit dem Ball unter dem Arm auf den Gottesacker rennen. Mein Körper fühlt sich an, als würde ihn eine unsichtbare Kraft in die Matratze pressen.

Der Kilometeranzeiger im Mercedes stand auf 104 376, als wir in Karlsruhe losgefahren sind. Auf dem Parkplatz vor dem Internat blieb er bei 104 436 stehen. 60 Kilometer Unterschied. So weit war ich – außer während der Urlaube bei Oma Theodora – noch nie allein von zu Hause weg.

Auf der Leinwand an der Decke erschien das Gesicht meiner Mutter. Sie stand in der Küche des «Griechen» und öffnete ihre Arme, als ich mit meiner Schultasche auf dem Rücken hereingestürmt kam und mich an ihren weichen Körper schmiegte. Ich spürte, wie sich ihre Arme um mich schlossen. Ihre Hände rochen nach Oregano und Minze. Zu Hause.

Wenn man durch die Drehtür in die Küche des «Griechen» ging, befand man sich zuerst in einem kleinen Vorraum. Rechts surrte ein hüfthoher Kühlschrank. In handbreiten Hartschalen lagerten verschiedene Vorspeisencremes, die meine Mutter frisch zubereitete: Melizanosalata (Auberginen), Taramas (Fischeier), Chtipiti (Schafskäsecreme mit winzigen Paprikastückchen). Den größten Platz nahm natürlich Tsatsiki ein. Neben der großen Tsatsiki-Schale lagen in kleineren Schalen grüne Peperoni, schwarze Kalamata-Oliven, eingelegte Dolmadakia (Weintraubenblätter gefüllt mit Reis), kleine lila Bohnen, herrlich sauer angemachter Krautsalat, in dicke Streifen geschnittener Feta-Käse – auf der Speisekarte des «Griechen» standen mehr als zwanzig Vorspeisen. Manchmal, wenn ich an der Theke nicht gebraucht wurde und in der Küche aushelfen sollte, platzierte mich meine Mutter mit einer viel zu großen weißen Schürze an diesem Kühlschrank. Sobald mein Vater, Jorgo oder Ari die Bestellung für einen kalten Vorspeisenteller in die Küche brachten, legte ich los: ovalen Teller aus dem Schrank holen, auf die am Kühlschrank angebrachte Ablage stellen und nacheinander aus jeder Hartschale einen vollen Esslöffel schöpfen. Der

Vorspeiitenteller musste am Ende so aussehen: In der Mitte waren die Cremes angerichtet, stets getrennt durch zwei sich anstarrende Peperoni. Sternförmig drum herum drapierte ich alle anderen Beilagen: Die Dolmadakia, die Oliven, die Streifen Feta-Käse und so weiter. Zu den Stoßzeiten, mittags um 12 Uhr oder abends um 20 Uhr, konnten bis zu zwanzig Vorspeisenteller-Bestellungen kurz nacheinander in die Küche flattern. Mein Rekord für die Zusammenstellung eines solchen original «Taverne Der Grieche»-Vorspeisentellers liegt bei 58 Sekunden. Aris Rekord: 54 Sekunden. Jorgos Rekord: 49 Sekunden. Mama: 28 Sekunden. Mein Vater hat sich am Rekordaufstellen nie beteiligt. Vielleicht weil er wusste, dass er gegen seine Frau nicht die geringste Chance hatte.

Das Leinwandkino hatte mir gerade ein Lächeln abgetrotzt, als die Tür auflog und ein dunkelgrünes Cordsakko mit blondem Haar hereingestürmt kam. Der Junge schmiss seine Tasche mit Wucht auf das Bett gegenüber und rief – ohne mich zu bemerken – in Richtung Tür: «Lass mich einfach in Ruhe. Das willst du doch, oder? Mich allein lassen!»

Im Türrahmen zeichnete sich das Profil einer Frau mit offensichtlich aufwendig frisiertem Haar und einer grob gekrümmten Nase ab. «Gustavchen, jetzt mach mir hier keine Szene. Wenn uns jemand hört!»

Gustavchen? Ach du Scheiße, dachte ich.

Der Junge im grünen Cordsakko wollte gerade wieder etwas brüllen, als er mich entdeckte. «Ist schon passiert», sagte er und deutete mit einer Kopfbewegung auf mich.

Die Frau im Türrahmen starrte mich an. Sie schaute auf meine abgenutzten weißen Sportschuhe mit dem dicken roten Nike-Haken, meine ausgeblichenen Jeans, das blaue «think pink»-T-Shirt – und rümpfte die Nase.

«Man belauscht keine Gespräche!», sagte sie. Ihr Ton war schrill.

Ich war so baff, dass ich nichts erwiderte. Gustavchen sagte auch nichts.

«Und der Anstand gebietet es, dass man aufsteht und sich mit Namen vorstellt.» Sie drückte ihren Rücken gerade und hob den Kopf. Ihre Nase triumphierte.

Ich rührte mich nicht.

«Junger Mann, ich rede mit dir!», fauchte die Föhnfrisur.

«Junger Mann»? «Junger Mann» hatte mich noch nie jemand genannt. Sie blickte auf mich herab, ihre Augen schienen vor Erregung beinahe aus ihrem Gesicht zu quellen.

Doch gerade als ich meinen Mund öffnen und antworten wollte, zwängte sich ein gewölbtes schwarzes T-Shirt an ihr vorbei. «'tschuldigung, darf ich mal kurz?», fragte das T-Shirt und stieß die Mutter vom Cordsakko tollpatschig einen halben Schritt zur Seite.

«Danke schön», zwitscherte das schwarze T-Shirt, legte seine Tasche aufs Bett und drehte sich erwartungsfroh um. «Hallo, mein Name ist Willy, aber meine Freunde nennen mich nur Bum-Bum», sagte er und reichte ihr die Hand. Sie blieb unergriffen in der Luft hängen.

Gustavchens Mutter ließ einen undefinierbaren Laut aus ihrer Nase. «Freifrau von Fürstenwerth», raunzte sie und befahl ihrem Sohn: «Komm mit nach draußen, Gustav!» Kaum ausgesprochen, war sie schon aus dem Zimmer stolziert. Gustavchen folgte ihr wortlos. Ganz schön zickig, die Frau, dachte ich.

«Hab ich was falsch gemacht?», fragte Bum-Bum.

«Nee», sagte ich. «Mein Name ist Alexandros.» Wir gaben uns die Hand.

«Alexandros? Griechisch, oder?»

«Ja.»

«Ah, toll! Ich liebe griechisches Essen», trompetete er und strich sich über seinen Bauch, als hätte er gerade in Sekundenbruchteilen eine Portion Gyros Pita mit extra Pommes heruntergewürgt.

«Und der Typ im grünen Sakko heißt wirklich Gustav?», fragte er.

«Scheint so.»

«Ich kenne niemanden, der so heißt. Wer nennt sein Kind denn freiwillig Gustav?», fragte Bum-Bum. «Haha, vielleicht hätte ich mich mit Donald vorstellen sollen: Grüße Sie, Gnädigste. Donald, Graf von Duck!» Bum-Bums Lachen glich einem Glucksen oder Blubbern, wie etwas, das aus seinem Bauch emporsprudelte. «Donald und Gustav, du weißt schon», sagte er.

Ich schaute ihn ein paar Sekunden lang an. Sein schwarzes T-Shirt war zwar breit genug für seine Schultern, aber es spannte, sobald es Richtung Hose ging, und ließ, wenn er zum Beispiel die Hand zum Gruß ausstreckte, den Blick frei auf seinen Bauchansatz. Bum-Bums Haar war etwa genauso lang wie meins, wuchs aber nicht wie bei mir als Afro nach oben, sondern fiel glatt an seinen Pausbacken herunter. Seine Augen hatten etwas Besonderes. Sie schienen immer zu grinsen.

Ich lachte mit ihm. «Dann hätte die uns sofort geköpft», sagte ich.

Bum-Bum blubberte. «Was für 'ne blöde Kuh!»

Ich griff nach meiner Tasche und begann sie auszupacken.

«Sind deine Eltern schon weg?», fragte ich ihn.

«Ich bin mit dem Zug gekommen», sagte Bum-Bum. «Meine Eltern hatten keine Zeit, mich zu fahren.»

Seine Stimme klang traurig, aber routiniert. Es kam mir so vor, als hätte er diesen Satz schon oft gesagt.

«Und wieso heißt du Bum-Bum?», fragte ich neugierig, während ich versuchte, die Schlafdecke in meinen Bettbezug zu zwängen. Obwohl mir meine Mutter gezeigt hatte, wie man das mit ein paar Handgriffen elegant und zügig hinkriegt, sah das bei mir nicht besonders gekonnt aus. Noch hatte ich damit nicht sehr viel Übung. Und ich muss auch zugeben: Ich war ein verwöhnter Sohn. Zu Hause musste ich mich nie um solche Dinge kümmern. Bettwäsche wechseln, Staub saugen, aufräumen – all die Aufgaben, die andere Jugendliche für selbstverständlich hielten, waren für mich neu. Vielleicht stopfte ich deshalb so verärgert die Decke in den Bezug.

Bum-Bum war das offensichtlich aufgefallen. Er kam zu mir herüber, schaute mich fragend an und riss mir das Knäuel aus den Händen.

«Schau zu und lerne», sagte er, während er den Bettbezug umstülpte.

Jetzt fiel es mir auch wieder ein. Umstülpen, die Hände in die Ecken, die Decke an den gleichförmigen Enden nehmen und den Bezug wieder zurückstülpen. Bei Bum-Bum sah das sehr einfach aus. Er schien Übung darin zu haben.

«Danke», sagte ich leise. Irgendwie wurmte es mich, dass ich es nicht selbst konnte.

«In ein paar Tagen kannst du das im Schlaf», sagte er.

«Klar», erwiderte ich. «Also, woher der Spitzname?»

Er fasste sich grinsend an den Bauch. «Ist das so schwer zu erkennen? Nee, im Ernst: Mein Tennislehrer hat mir den Namen verpasst. Du weißt schon – wegen Boris. Er meint, meine Technik ist okay, meine Kondition grauenhaft schlecht, aber meine Vorhand hat 'nen gewaltigen Bums.»

«Aha, verstehe», sagte ich. Drei Jahre zuvor hatte Boris Becker als jüngster Spieler der Geschichte das Tennisturnier in Wimbledon gewonnen. Seitdem spielten viele deutsche

Jungs, die ich aus dem Kant-Gymnasium kannte, Tennis. Auch ich habe mich damals sehr über die Siege von Bum Bum Boris gefreut, mir im Fernsehen die Spiele angesehen, doch selbst Tennis spielen? Wäre für mich nie in Frage gekommen. Dafür gab es keine öffentlichen Plätze. Ich war ein Gottesacker-Junge. Kein Gottesacker-Junge hat je daran gedacht, statt zu kicken, nun einen Tennisschläger in die Hand zu nehmen. Das war einfach nicht unser Sport. Zu elitär. Und wir gehörten nicht zur Elite. Oder: Wir glaubten nicht daran, je zu dieser Elite zu gehören.

Direktor Benedikt hatte mir vorhin einen blassgold schimmernden Schlüssel in die Hand gedrückt. Er gehörte zum ersten Schrank rechts, gleich wenn man aus der Zimmertür ging. Auf dem Flur stand auch Gustav.

«Hallo», sagte ich und legte meine T-Shirts in eins der Schrankfächer.

«Ich heiße Gustav», sagte er.

«Ich weiß», antwortete ich. «Alexandros.» Sein Händedruck war etwas labbrig. «Wo ist deine Mutter?»

«Stiefmutter», korrigierte er. «Sie ist gerade beim Internatsdirektor. Sie will, dass ich in ein anderes Zimmer komme.»

«Warum? Alle Zimmer sehen doch gleich aus.»

«Sie hat dem Direktor gesagt, meine Zimmergenossen hätten keinen Anstand. Einer wäre unappetitlich dick und der andere sehe nicht aus wie ein …» Gustav stockte.

Ich drehte mich zu ihm um. «Wie ein …?»

«Bist du katholisch?», fragte Gustav.

Ich runzelte die Stirn. «Katholisch? Nee. Griechisch-orthodox. Warum?»

«Dann bist du auch kein Deutscher, oder?», kratzte Gustav weiter.

Aus dem Zimmer erklang ein Blubbern. «Er ist Grieche, sieht man doch», rief Bum-Bum und stand Sekunden später im Türrahmen.

Hinter der Glastür am Ende des Flures erschien Direktor Benedikt. Im Schlepptau die Freifrau. Gustavs Backen liefen rot an. Was ist das überhaupt, eine Freifrau, fragte ich mich, während die beiden Erwachsenen immer näher kamen.

«Alexandros, Wilhelm», hörten wir ihn sagen. «Stimmt es, dass ihr euch nicht bei Freifrau von Fürstenwerth und ihrem Sohn Gustav vorgestellt habt?»

Bum-Bum und ich schauten uns verdutzt an. Und bevor wir ihm eine Antwort geben konnten: «Bitte stellt euch vor.» Er machte eine Handbewegung in Richtung Gustav und Freifrau von Stiefmutter.

«Wir haben uns gerade eben vorge…», versuchte Gustav zu beschwichtigen. Aber seine Stiefmutter schnitt den Satz ab.

«Gustav, du bist jetzt still!»

Benedikt hob die Augenbrauen. Die Freifrau ihre Nase. Sekunden vergingen.

«Mein Name ist Frederike Theresa Henriette Freifrau von Fürstenwerth», sagte sie und zog die Silben ihrer vielen Namen, so weit es ging, in die Länge. Nach einer kurzen Pause fügte sie hinzu. «Baronin von Fürstenwerth geht auch. Das ist in etwa dasselbe.» Die Erklärung flüsterte sie in Richtung Direktor Benedikt. Benedikt kannte sich aber anscheinend mit Adelstiteln aus. «Danke, das ist mir bekannt», sagte er nur.

Bum-Bum verbeugte sich. «Ich heiße Wilhelm. Wilhelm Richter, Euer Hochwohlgeboren.»

Ich musste einen Lacher unterdrücken, aber Gustavs Stiefmutter schien die Ironie in den Worten und der Verbeugung Bum-Bums nicht zu erkennen. Bum-Bum war mir definitiv sympathisch.

Nun war ich an der Reihe. «Alexandros Stefanidis», sagte ich und deutete eine Verbeugung an. Freifrau von Fürstenwerth deutete im Gegenzug ein Lächeln an. Natürlich von oben herab.

«Gut», sagte Benedikt mit einem Seufzer und bat die Stiefmutter mit einem Handzeichen, ihm zu folgen. Wahrscheinlich war er heilfroh, dass die Szene nicht ausgeartet war. Nach ein paar Schritten wandte sich Benedikt aber noch mal zu uns um. «Denkt dran, in einer Stunde versammeln wir uns alle in der Aula.» Wir nickten.

Bum-Bum begann zu blubbern. Gustav ging in unser Zimmer und schloss die Tür hinter sich. Auf der Zimmertür klebte eine schwarze 3 auf goldenem Grund.

«Gustavchen hat's nicht leicht», stellte Bum-Bum fest.

«Drachen wäre noch 'ne Untertreibung», sagte ich.

Irgendwie hatte ich Mitleid mit Gustav. Die böse Stiefmutter gab es also nicht nur in Märchen. Mit diesen Gedanken füllte ich die Schubladen meines Schranks mit meinen Klamotten. Bum-Bum hatte den Schrank neben mir. Er packte seinen Tennisschläger aus und holte ein paar Mal trocken aus. Dann legte er ihn behutsam auf den Schrankboden.

«Es soll hier einen Tennisplatz geben», sagte er. «Spielst du Tennis?»

«Ich? Nee.»

«Schade», antwortete Bum-Bum.

«Ja, schade, WILHELM», sagte ich und grinste.

Er grinste zurück.

Zu diesem Zeitpunkt wusste ich noch nicht, dass auch ich meinen Vornamen bald einbüßen würde.

Mit der Zeit füllten sich der Gang, die Zimmer und die Schränke. Auf dem gebohnerten Linoleum quietschten immer wieder ein paar Schuhsohlen. Namen wurden gerufen, die letzten Eltern verabschiedeten sich von ihren Söhnen. Der eine oder andere Name wischte sich eine Träne von der Wange. Bum-Bum und ich stellten uns ein paar anderen Jungs vor. Überraschenderweise blieb das vierte Bett in unserem Zimmer unbesetzt.

Gustav erhob sich erst von seinem, als ein Gong ertönte und eine blechern klingende Frauenstimme alle «alten und neuen Schüler des Studienheims St. Pirmin» in die Aula bat.

Direktor Benedikt stand schon auf der Bühne hinter einem Pult mit Mikrophon, als Bum-Bum, Gustav und ich den Saal betraten. Etwa dreißig Stuhlreihen à zehn Sitzplätze. Da das Internat am Hang gebaut war, fiel der Raum ab. Wir mussten einige Stufen hinuntergehen, um in der neunten Reihe drei Plätze nebeneinander zu ergattern. Benedikt sagte: «Eins, zwei, drei, Test» und bat zuerst die Schüler, sich zügiger hinzusetzen, und dann um «Ruhe bitte». Da in der ersten Reihe ausnahmslos Erwachsene saßen, die Reihen jedoch nur bis in die zehnte oder elfte gefüllt waren, zählte ich höchstens neunzig Schüler. Kein anderer hatte schwarze Haare.

Nachdem Benedikt sich selbst nochmal kurz vorgestellt hatte, bat er zunächst zwei Sekretärinnen auf die Bühne. Beide sahen sich ähnlich. Zugeknöpfte Bluse, langer Rock bis zu den Knöcheln, trotz Augusttemperaturen dicke Strumpfhosen, beigefarbene Schuhe. Eine der beiden hatte Benedikt mein Schulzeugnis überreicht, ich erkannte sie von weitem an ihrem bläulichen Haar. Als Nächstes rief er die Erzieher nach oben. Nacheinander standen Herr Frieser, Herr Bartheim und ein Mann namens Fröhlicher auf. Bartheim hatte einen Bauch, auf dem er seine Arme verschränkte, und grinste verschmitzt, verantwortlich für die Oberstufe. Herr Frieser war ein hagerer, ernst dreinschauender Mann in Jeans, er war der Erzieher für die Fünft- und

Sechstklässler. Herr Fröhlicher trug eine dunkelbraune Cordhose und einen gepflegten Vollbart, aus dem zwei gutmütige Augen in den Saal schauten. «Fröhlicher ist unser Mann», sagte Bum-Bum. Ich nickte.

Komplettiert wurde die Reihe auf der Bühne vom Chefkoch Ulrich Knedel und dem Hausmeister Otto Braun. Der graue Overall war Brauns Markenzeichen, den trug er immer. Er blickte missmutig in die Runde, als hätte er Besseres zu tun. Knedel schien ebenso gelangweilt, er hatte die Hände in den Hosentaschen. Selbst aus der neunten Reihe war die Narbe, die seine rechte Wange in zwei Hälften schnitt, gut zu erkennen.

«Hoffentlich kocht er besser, als er aussieht», flüsterte Bum-Bum.

Benedikt bedankte sich bei seinen Mitarbeitern und schloss die Augen.

«Lasst uns beten», sagte er ins Mikrophon. Er meinte es ernst. Das «Vaterunser».

Natürlich kannte ich den Text. Nicht aus dem Religionsunterricht. Meine Tagesmutter «Mama Hedi», die mich als kleinen Jungen lange Zeit beaufsichtigte, weil meine Eltern den ganzen Tag im «Griechen» arbeiteten, hatte oft mit mir auf Deutsch gebetet. Zehn Mal und häufiger. Nicht nur das «Vaterunser», auch das Glaubensbekenntnis. Manchmal auch den Rosenkranz. Vergessen werde ich das nie.

Gegrüßet seist du, Maria,
voll der Gnade,
der Herr ist mit dir.
Du bist gebenedeit unter den Frauen,
und gebenedeit ist die Frucht deines Leibes,
Jesus, der in uns den Glauben vermehre.

Heilige Maria, Mutter Gottes,
bitte für uns Sünder
jetzt und in der Stunde unseres Todes.
Amen.

Ich nannte Hedwig Burgey zeit ihres Lebens «Mama Hedi», besuchte sie auch, als ich schon älter und im Internat war. Eine gottesfürchtige Frau. Sie war es auch, die mir im Beisein von Oma Theodora als Erste erklärt hatte, dass die meisten christlichen Gebete – ob nun katholisch oder griechisch-orthodox – demselben Wortlaut folgen. Oma Theodora bemühte sich dann immer festzustellen, dass sowohl das «Vaterunser» als auch das «Glaubensbekenntnis» aus dem Griechischen stammten und die römisch-katholische Kirche diese zentralen Gebete einfach übernommen hätte. Auch Oma Theodora war eine sehr fromme Frau. Die beiden liebten es, sich zu kabbeln. Oma Theodora pries die reine griechisch-orthodoxe Liturgie und die Stimmen der Psalmsänger, «Mama Hedi» erfreute sich an den Liedtexten aus ihren katholischen Gesangbüchern und an Papst Johannes Paul II.

Die Tatsache, dass ich auf einem katholischen Internat gelandet war, hat vielleicht auch mit ihr zu tun. Meine Eltern hatten großes Vertrauen in sie.

Wenn Oma Theodora und «Mama Hedi» ihren Zwist ausgefochten hatten, machten beide gleichzeitig ihr Kreuz. Dabei muss man eins natürlich wissen: Die Katholiken strecken die Finger ihrer rechten Hand aus, berühren Stirn, Brust und zuerst die LINKE Schulter, danach die rechte. In der griechisch-orthodoxen Kirche legt der Betende beim Bekreuzigen Daumen, Zeige- und Mittelfinger zusammen und streckt sie aus. Ring- und kleiner Finger bleiben auf der Handfläche kleben. Die zusammengelegten Finger symbolisieren die Dreifaltigkeit, die beiden gekrümmten Finger die zwei Naturen Christi sowie seine erste Erscheinung und seine Wiederkunft. Das Kreuzzeichen in der griechisch-orthodoxen Kirche: zuerst Stirn und Brust (aber etwas tiefer als in der katholischen Kirche), dann aber als Erstes die RECHTE Schulter und anschließend die linke.

Für mich als kleinen Jungen war das der größte Unterschied zwischen Oma Theodora und «Mama Hedi». Die eine bekreuzigte sich rechts-links, die andere links-rechts. Beiden ging es um Jesus Christus, seine Leiden, seinen Tod und seine Auferstehung.

Ich war also trotz meiner Gottesacker-Herkunft auch ein bisschen auf das kirchliche Bohei im St. Pirmin vorbereitet, war nicht ganz unbeleckt. Dafür hatten Oma Theodora und «Mama Hedi» gesorgt. Schon als zehnjähriger Ministrant in der griechisch-orthodoxen Kirchenliturgie in Karlsruhe konnte ich Weihrauch vom verwehten Hasch-Geruch auf dem Gottesacker gut unterscheiden.

Im Namen des Vaters
und des Sohnes
und des Heiligen Geistes.

«Amen», sagte Benedikt. Eine Klingel ertönte. 18 Uhr 30. Zeit fürs Abendbrot, wie ich von Gustav erfuhr.

«Abendessen? Um 18 Uhr 30?», fragte ich erstaunt.

Im «Griechen» gab es keine festen Essenszeiten. Wann immer ich etwas zu essen haben wollte, konnte ich aus einer Speisekarte mit knapp dreißig Hauptgerichten eins aussuchen, es nach meinen Vorstellungen variieren und bei meiner Mutter bestellen. Spätestens zehn Minuten später stand der gewünschte Teller auf dem Tisch. Auch trinken konnte ich dazu, was ich wollte. Meistens schenkte ich mir hinter der Theke eine Cola ein.

Gut, das war ein Privileg, das man als Sohn von Gastronomen genießt, zweifelsohne. Mich erstaunte auch nicht so sehr, dass es im Speisesaal für alle tatsächlich nur EIN Gericht zu essen gab. Das hatte ich befürchtet, auch wenn ich bis zuletzt hoffte, es gäbe eine größere Auswahl. Es war vor allem der frühe Zeitpunkt, der mir zu schaffen machte. Im «Griechen» aßen Ari und ich nie vor 20 Uhr – und das war für uns schon früh. Bei Oma Theodora zum Beispiel gab es gegen drei Mittagessen und erst gegen neun oder zehn Abendessen. Noch heute ist es so, dass wir als Großfamilie, wenn wir in Griechenland sind, nie vor 22 Uhr zu Tisch sitzen.

«Gott sei Dank! Ich bin am Verhungern», sagte Bum-Bum und strich sich mit der Hand über sein T-Shirt.

Der Speisesaal im obersten Stock des Westflügels war ein hoher Raum mit dunkel gebeizten Deckenbalken. Die Zwischentüren, die ihn in drei kleinere Räume unterteilen konnten, standen offen. Es gab eine klare Sitzordnung. Die Jüngsten – also die Fünft- und Sechstklässler, die sich von der Aula die Treppen hinauf ein Rennen geliefert hatten – saßen vorne am Eingang. Die Mittelstufe, zu der wir zählten, saß gewöhnlich im mittleren Raum, die ältesten Schüler saßen der Küche, die sich ans hintere Ende des Saals anschloss, am nächsten.

Das Erste, das man in einem Internat neben der festgeschriebenen Hausordnung lernt, ist, dass es noch eine zweite, ungeschriebene gibt. Es handelt sich hierbei weniger um eine Haus- als vielmehr um eine Hackordnung. Regel Nummer eins: Der Stärkere hat recht. Regel Nummer zwei: Leg dich mit niemandem an, den du nicht umhauen kannst.

Diese Regeln waren mir zwar seit langem bekannt. Nur

dachte ich, dass sich die Normen im katholischen Studienheim St. Pirmin vom Gottesacker unterscheiden würden. Ein grobes Fehlurteil, dessen Konsequenzen mir erst mit der Zeit klar wurden.

Kurz bevor Gustav und ich Platz nehmen wollten, spürten wir von hinten einen heftigen Stoß. Mich schleuderte er nur zur Seite gegen einen Stuhl, Gustav aber fiel hin. Ich sah wieder Tränen in seinen Augen und rief instinktiv: «Hey, kannst du nicht aufpassen?»

Ungelogen. Der Typ war groß. Wirklich groß. Breite Oberarme, breite Brust. Mehr Zeit hatte ich nicht für eine erste Einschätzung.

«Hast du was gesagt, du kleiner Pisser?»

Mir sackte das Herz sofort in die Hose. Gustav wimmerte noch auf dem Boden, das konnte ich hören, aber alles andere um mich herum schien wie erstarrt. Als hätte jemand die Zeit angehalten und meinen Körper gelähmt. Es wurde plötzlich so still, dass ich glaubte, das Holz an der Decke knacksen zu hören. Mir wurde kalt, mein Zeigefinger zitterte. Das tat er immer, wenn ich Angst hatte.

Ich kannte zwar die Regeln, aber für mich hatten sie auf dem Gottesacker nie wirklich gegolten. Ich hatte ja Ari. Der Gedanke, dass er jetzt nicht hinter mir stand, dass er nicht gleich auftauchen würde, um die Situation zu entspannen, drückte den Schweiß auf meine Stirn. «Lass dich nicht auf einen Streit ein», sagte meine innere Stimme, so laut sie konnte. «Der poliert dir die Fresse», fügte sie ermahnend hinzu.

«Ich hab gesagt: Kannst du nicht aufpassen, du Penner?»

Manche Entscheidung treffen wir so schnell, dass wir erst viel zu spät merken, wie falsch sie war – oder besser: wie sehr es sich gelohnt hätte, ein zweites Mal darüber nachzudenken.

Der erste Hieb traf meine linke Schulter, der zweite mein Brustbein. Als seine Faust mich in den Magen traf, sackte ich zusammen.

Sie nannten ihn Krüger. Eigentlich hieß er Frederik Kran. Im Kindergarten und in der Schule riefen sie ihn früher angeblich Freddy. Freddy Krüger. Nightmare on Elmstreet. Ich hatte die ersten drei Teile gesehen. Natürlich unerlaubt. Auf VHS. Ari hatte unseren ältesten Bruder Jorgo gebeten, die Filme in der Videothek auszuleihen. Damals musste man 18 Jahre alt sein, um eine Videothek betreten zu dürfen. «Nightmare on Elmstreet» und «Freitag, der 13.» waren die Horrorklassiker der Achtziger. Wer die nicht gesehen hatte, konnte nirgends mitreden und unter Freunden damit prahlen, wie «lustig» er es fand, wenn Jason den Kopf eines Sommerschullehrers zertrümmerte oder Freddy die Herzen kleiner Kinder zerschnitt.

Mein Vater hatte mich vorgewarnt. Er kannte das aus eigener Erfahrung. Und auch wenn diese fast ein halbes Jahrhundert zurücklag: Sie war offensichtlich so aktuell wie zu seiner Zeit im Waisenhaus.

«Ältere Schüler hacken gern auf jüngeren herum. Sie stehen ganz oben in der Hierarchie und werden dich das auch spüren lassen.» Ich runzelte die Stirn. «Ich sage ja nicht, dass du jedem Streit aus dem Weg gehen sollst. Aber mach dich nicht gleich am ersten Tag zu ihrer Zielscheibe. Okay?»

Plötzlich packte mich Krüger an den Schultern und richtete mich wieder auf. Er zischte: «Kein Wort.»

Gerade waren die Erzieher im dritten Stock angekommen. Herr Frieser blieb im ersten Raum bei seinen Fünft- und Sechstklässlern. Krüger hielt mich im Arm und grinste. Bartheim ging an uns vorbei.

«Seit wann nehmen wir hier eigentlich auch Türken auf,

68

Herr Bartheim?», fragte Krüger seinen Erzieher. Bartheim schaute mich erstaunt an. Dann winkte er ab.

«Das ist kein Türke. Das ist ein Grieche», sagte Bartheim trocken. Fröhlicher tauchte hinter ihm auf.

«Frederik?», fragte er.

«Hab mich nur mit den Neuen bekannt gemacht», sagte Krüger und ließ mich stehen.

«Und seit wann nehmen wir hier Griechen auf?», fragte Krüger in Richtung Bartheim. Der machte aber nur eine schnelle Handbewegung, begleitet von einem kurzen Zischen. «Ab auf deinen Platz.»

«Alles in Ordnung, Alexandros?», fragte Fröhlicher.

Krüger blickte zurück.

Ich nickte. «Ja», antwortete ich. «Alles gut.»

Die anderen Schüler, auch Gustav, hatten sich bereits hingesetzt, als die Erzieher im Speisesaal erschienen waren. Auf den langen Tischen standen je drei Eisenkannen. Sie waren mit kaltem Schwarztee gefüllt. Dazwischen standen drei ovale Platten, belegt mit Kochschinken, geschnittenem Brot, Butter, portionierter Marmelade. Das Besteck lugte aus tiefen grauen Krügen hervor, ebenso die Servietten. Abendbrot.

Bum-Bum hatte den Platz neben sich frei gehalten.

«Gratuliere, du Held», flüsterte er, «du hast gerade dein Todesurteil unterschrieben.»

Ich schaute ihn ungläubig an. Er biss ein Stück seines Schinkenbrotes ab, kaute, schluckte.

«Dieser Typ wird dich ab heute nicht mehr in Ruhe lassen. Das ist dir doch klar, oder? Der macht dir das Leben zur Hölle.» Es klang, als wüsste Bum-Bum sehr genau, wovon er spricht.

Krüger und seine Kameraden saßen an ihrem Oberstufen-Tisch, als wäre nichts passiert. Sie griffen abwechselnd nach dem Essen und begannen laut über den 1. FC Kaiserslautern zu reden. Über Wolfram Wuttke, Bruno Labbadia und das erst neunzehnjährige Talent Mario Basler.

Auch das noch, dachte ich. FCK-Fans. Für einen KSC-Fan wie mich war der FCK der größte Feind nach dem VFB Stuttgart. Mir war so schlecht, dass ich keinen Bissen runterbekam. Noch schlimmer aber fühlte ich mich, als Krüger mich dabei ertappte, wie ich ihn anstarrte. «Er wird dir das Leben zur Hölle machen», sagte meine innere Stimme.

Fröhlicher saß mit uns am selben Tisch. Ich beobachtete, wie behutsam er die Butter auf sein Brot strich, wie langsam er kaute, wie viel Zeit er sich nahm, um ein paar Fragen von anderen Schülern zu beantworten. Jede seiner Bewegungen, jedes seiner Worte schien durchdacht, als plane er sie lange im Voraus. Die Ruhe, die von ihm ausging, besänftigte mein nervöses Fingerzittern. Ich trank ein Glas kalten Tee. Das erste von geschätzt 6000 Gläsern kaltem Tee. Ich mag keinen kalten Tee.

KAPITEL 3

An die Wand gestellt

Im Untergeschoss, gleich wenn man zur Eingangstür hereinkam und die Treppen hinunterging, hing ein Münztelefon an der Wand. Ich nahm den Hörer ab und warf 20 Pfennig in den Schlitz.

Er hatte gesagt, wenn «irgendetwas ist», soll ich ihn anrufen.

Ich wählte die Nummer des «Griechen». Es klingelte. Ein Mal, zwei Mal, drei Mal. Es war Sonntagabend. Vielleicht war gerade viel los.

Beim fünften Klingeln hob jemand ab. Ich hörte Aris Stimme:

«Taverne ‹Der Grieche›, guten Abend?»

Meine innere Stimme schrie, aber meine Stimmbänder schwangen nicht. Was sollte ich ihm auch sagen? Dass mich einer in den Magen geboxt hat, weil ich ihn «Penner» genannt habe? War das überhaupt ein Grund, zu Hause anzurufen? War das nicht eher etwas, was ich selbst klären musste? Was hätte Ari getan? – Er hätte den Typ krankenhausreif geprügelt und wäre schon am ersten Tag vom Internat geflogen.

«Hallo?!», sagte Ari etwas lauter in den Hörer.

Im Hintergrund waren viele unterschiedliche Stimmen zu hören, Gläser klirrten gegeneinander, ich hatte sofort den Geruch von Holzkohle in der Nase, es zischte, hatte mein Vater gerade einen Spritzer Zitrone auf die Suvlaki fallen lassen? «Χριστο! Ετοιμα τα σουβλακια;» Meine Mutter! Sie fragte meinen Vater, ob die Spieße fertig sind.

Ich legte meine Hand auf das untere Ende des Hörers. Eine Träne kullerte mir über die Wange.

«Haaaallooo!?!», rief Ari ein zweites Mal. Dann legte er mit einem Grummeln auf.

Ich sah auf die schwarze Sprechmuschel und wischte mir mit der freien Hand die Träne aus dem Gesicht. «Hattest du ihm nicht versprochen, dein Bestes zu geben?», fragte meine innere Stimme. «War das etwa schon dein Bestes?», bohrte sie weiter. «Jetzt reiß dich zusammen.»

Als ich auflegte, purzelten aus dem grauen Kasten zehn Pfennig ins Rückgeldfach.

Ich hielt die Münze ins Licht. In der Mitte eine große «10», darunter das Wort «Pfennig». Damals habe ich – immer wenn es mir einfiel – nachgeschaut, wo die Münze gedruckt worden war. D stand für München, F für Stuttgart, J für Hamburg und G für Karlsruhe. Und tatsächlich: G! Ich lächelte. Aber es wurde noch besser: Unter dem eingeprägten Eichenlaub und der Aufschrift «Bundesrepublik Deutschland» stimmte auch das Prägejahr mit meinem Geburtsjahr überein: 1975.

Das musste ein Zeichen sein, oder?

Ich ballte die Faust und schwor: Falls ich jemals wieder in Versuchung kommen sollte, im «Griechen» anzurufen, weil ich nicht weiterwusste, müsste ich diese Münze benutzen. Diese Münze würde mich daran erinnern, dass ich schon einmal daran gescheitert war. Ich steckte sie in meine Jeans. Und dort blieb sie. Für viele, sehr viele Jahre.

Gustav hatte schon seinen Pyjama an und ging gerade ins Bad, als ich den Flur entlangkam. Bum-Bum folgte ihm mit einer Zahnbürste im Mund. Wortlos öffnete ich mit dem Schlüssel meinen Schrank und kramte aus der Tasche meine Badutensilien hervor. Hatte vergessen, sie ins Bad zu legen, eins der acht Waschbecken zu reservieren. Als ich den Waschraum betrat, waren alle bis auf zwei mit Kulturbeuteln belegt. Ich wählte das Waschbecken ganz hinten links. Im Spiegel sah ich Bum-Bum, wie er seine stark abgenutzte Zahnbürste wild in seinem Mund hin und her rieb. Gustavs Pyjama sah so aus, als hätte er ihn gerade erst gekauft. Er glänzte rot. War das Seide? Auf dem Rot sprangen braune Pferde über ein Hindernis. Seine Pantoffeln waren ebenfalls braun und sahen eigentlich sehr kuschelig aus.

Meine Mutter wollte mir auch einen Pyjama einpacken, aber ich schlief seit zwei, drei Jahren nur in T-Shirt und Unterhose, manchmal auch ohne T-Shirt. Zu Hause hatte ich auch ein gutes halbes Dutzend verschiedene Pantoffeln: Altherrenhausschuhe, die mir «Mama Hedi» mal geschenkt hatte, selbstgestrickte dicke Wollsocken von Oma Theodora, die geerbten alten Pantoffeln meines Vaters und so weiter. Auch Pantoffeln trug ich nie.

Gustav legte einen eiförmigen Gegenstand auf die Waschbeckenablage. Das Ding begann zu ticken.

«Willst du dir jetzt ein Ei kochen?», fragte ihn Bum-Bum, nachdem er ausgespuckt hatte.

Gustav drehte sich um und zeigte auf die Zahnbürste in seinem Mund.

Bum-Bum hatte ein Fragezeichen im Gesicht und kratzte sich am Hinterkopf. Er schaute zu mir herüber. Ich zuckte mit den Schultern.

Als das Ei nach zwei Minuten klingelte und Gustav seinen Mund ausgespült hatte, sagte er: «Ist ein Zeitmesser zum Zähneputzen. Habt ihr so was nicht?»

Bum-Bum und ich lachten.

«Man sollte sich mindestens zwei Minuten die Zähne putzen», erklärte Gustav sehr ernst. «Ich meine, Zahnärzte empfehlen, dass man sich zwei Minuten die Zähne putzt.» Er schaute auf Bum-Bums abgenutzte Zahnbürste. «Du brauchst eine neue. Die Borsten von der sind ja völlig plattgedrückt.»

Bum-Bum erwiderte nichts. Er hatte im Spiegel einen noch nicht ganz reifen Pickel auf seiner rechten Wange entdeckt. Mit beiden Zeigefingern kam er dem kleinen Eiterbläschen immer näher, bis er in einer konzertierten Aktion – den Oberkörper so weit wie möglich über das Waschbecken gebeugt, das seinen Bauch eindellte – das gelbliche Zeug auf den Spiegel spritzen ließ.

«Volltreffer!», jubelte er und zeigte mit einem schiefen Grinsen abwechselnd auf seine gerötete Wange mit dem blutroten Punkt und den Spiegel mit dem hellgelben Eiterpünktchen.

«Das ist ja eklig!», rief Gustav, dessen Gesichtshaut so rein war wie die eines Babys. «Wisch das weg!»

Aber Bum-Bum dachte gar nicht daran. «Das bleibt bis morgen früh.»

Angewidert wandte Gustav sich ab.

Herr Fröhlicher erschien in der Tür. «Noch fünf Minuten», sagte er und lächelte uns an. Es war 20 Uhr 55. Um neun war Nachtruhe für Siebtklässler wie uns. Hausordnung, Mittelstufe, Punkt fünf.

Ich drehte den Hahn auf und ließ das kalte Wasser in die Mulde fließen, die ich mit meinen Händen geformt hatte. Kurz nachdem ich das Wasser in mein Gesicht hatte klatschen lassen, blickte ich in den Spiegel. «Denk an dein Versprechen», sagte meine innere Stimme.

Exakt fünf Minuten später stand Fröhlicher in der Tür. «Gute Nacht.» Er knipste das Licht aus. Schloss die Tür.

An Einschlafen war natürlich nicht zu denken. Ich lag wach in meinem Bett, auch auf dem Flur erlosch wenig später das Licht. Irgendwie hatte ich gehofft, die Scheinwerfer vorbeifahrender Autos würden Schatten an die Zimmerdecke werfen. Aber ich war ja nicht zu Hause. In Karlsruhe wohnten wir im dritten Stock über dem «Griechen» mitten in der Innenstadt. Nachts fuhren da nicht nur Autos, sondern auch die Straßenbahn. Manchmal, zum Beispiel am Wochenende, konnte man auch volltrunkenen Studenten von der benachbarten Universität dabei zuhören, wie sie auf dem Heimweg in ihr Studentenwohnheim Lieder grölten. Aber hier? Dahn war ein Kaff. Und das Internat lag am Waldrand oberhalb des Ortes. Hierher fuhr kein Auto, außer es verfuhr sich. Niemand grölte. Es war beängstigend still.

«Dein Deutsch ist echt gut», platzte Gustav in die Stille hinein.

«Danke!», entgegnete ihm Bum-Bum und blubberte.

Sie schliefen beide nicht.

«Dich meine ich nicht!», fügte Gustav mit einem Seufzen hinzu.

Das kam häufig vor. Ob Gäste in unserem Restaurant, neue Lehrer an der Schule oder Wildfremde auf der Straße, im Café oder Supermarkt – sie alle lobten mein Deutsch. Anfangs empfand ich das auch als Kompliment, es verschaffte mir ein diffuses Gefühl der Zugehörigkeit. Aber mit der Zeit wurde mir klar, dass es nicht nur eine Feststellung war, die hier ausgesprochen wurde. Es war eine *überraschte* Feststellung.

Für mich, in Deutschland geboren und aufgewachsen, war es selbstverständlich, dass ich «gutes» Deutsch sprach. Für andere war es eine Überraschung. Wie konnte das sein?

Ich hatte eine subjektive Untersuchung gestartet und setzte dabei zwei Dinge voraus. 1. Dass allein mein Aussehen zu Fragen führte. Die Gleichung war einfach: schwarze Haare, dunkle Augen, mediterrane Haut = kein Deutscher. 2. Darauf aufbauend: kein Deutscher = spricht kein oder nur schlecht Deutsch.

Ich bildete mir irgendwann ein, im Gesicht meines Gegenübers erkennen zu können, ob diese Überraschung auf einer positiven oder negativen Annahme beruhte. Positiv stufte ich all jene Mikroexpressionen von Mimik und Gestik ein, die mir aufrichtiges Interesse oder ehrliche Freude signalisierten: ein Lächeln, das die Augen mit einschloss, ein anerkennendes Kopfnicken oder manchmal auch beides zusammen. Als negativ klassifizierte ich ein gequältes Lächeln, das nur für Sekundenbruchteile die Mundwinkel umspielte, ein Naserümpfen oder ein Stirnrunzeln ohne weiterführende Fragen.

Meine Untersuchung lief über mehrere Jahre. Das Ergebnis war ambivalent. Im «Griechen» erkannte ich fast ausschließlich positive Beweggründe. In der Schule (Lehrer und Schüler) und überall sonst hielt es sich meist die Waage.

100 Prozent sicher war ich mir allerdings nie. Weder im «Griechen» noch sonst wo.

Obwohl, das stimmt nicht: Auf dem Gottesacker gab es keine Überraschungen dieser Art. Dieser Satz fiel dort einfach nicht.

In unserem dunklen Zimmer konnte ich Gustav nicht erkennen.

«Danke, du auch», sagte ich.

Bum-Bum blubberte erneut.

«Wie meinst du das?», fragte Gustav.

«Du bist doch in Deutschland geboren und aufgewachsen, oder?»

«Nein», antwortete Gustav. «Ich bin in Namibia geboren, in Windhuk.»

«Wo?», fragte Bum-Bum. «Windhuk? Noch nie gehört.»

«Das ist in Südwestafrika», erklärte Gustav.

«Dann bist du also Afrikaner?», fragte ich.

«Nein, nein, ich habe einen deutschen Pass. Und einen südafrikanischen», sagte Gustav.

«Wie jetzt? Du hast zwei Pässe?!» Bum-Bum hatte sich in seinem Bett aufgesetzt. Da er das Bett am Fenster hatte, konnte man die Konturen seines runden Körpers im einfallenden Mondlicht sehen.

«Genau», antwortete Gustav ruhig. «Namibia war mal eine deutsche Kolonie. Mein Vater besitzt dort eine große Farm.»

«Aha», entfuhr es mir. Ich hatte noch nie von einer deutschen Kolonie gehört. Und Bum-Bum anscheinend auch nicht.

«Und was machst du dann hier, wenn dein Vater in Afrika lebt?», fragte er.

Gustav antwortete nicht. «Gustav?»

«Ich will nicht darüber reden», entschied Gustav.

«Komm schon», stocherte Bum-Bum. «Wir sagen's auch keinem.»

Gustav schien ernsthaft über Bum-Bums Worte nachzudenken. Nach einer kurzen Pause sagte er:

«Meine Eltern haben sich vor zwei Jahren scheiden lassen, und mein Vater hat vor einem Jahr meine Stiefmutter geheiratet …»

«O ja, tolle Frau, wir hatten schon die Ehre», blubberte Bum-Bum.

«Jetzt quatsch nicht dazwischen», sagte ich. «Erzähl weiter, Gustav.»

«Mein Vater wollte eigentlich, dass ich auf ein Schweizer Internat komme. Aber das ist meiner Stiefmutter zu teuer. Ihre Schwester wohnt hier irgendwo in der Nähe und hat ihr dieses Internat empfohlen.»

«Und was ist mit deiner Mutter?», fragte Bum-Bum.

Gustav antwortete wieder nicht.

«Schon okay, du musst nicht antworten, wenn du nicht willst», sagte ich.

Gustav blieb stumm.

«Was ist mit dir, Bum-Bum? Warum bist du hier?», fragte ich.

«Och, das Übliche. Meine Eltern haben sich scheiden lassen, da war ich drei oder vier. Seit ich sechs bin, schicken sie mich von einem Internat zum anderen.»

«Was? Warum das denn?», entfuhr es mir.

«Sie können sich nicht leiden. Und ich kann Internate nicht leiden. Alles klar?»

«Verstehe ich nicht», sagte Gustav.

«Ist ganz einfach», antwortete Bum-Bum. «Dieses Internat hat meine Mutter ausgesucht. Sobald ich mich bei meinem Vater melde und ihm sage, dass es mir hier nicht gefällt, sucht er mir ein neues.»

«Auf wie vielen Internaten warst du denn bis jetzt?», fragte ich neugierig.

Im Mondlicht sah ich, wie er seine Finger zu Hilfe nahm, um zu zählen.

«Fünf. Nein, warte. Das ist das sechste.»

«Wow.» Ich war wirklich erstaunt, obwohl mir schon den ganzen Abend aufgefallen war, dass Bum-Bum viel lockerer war als alle anderen neuen Schüler. Kein Wunder, dachte ich, der kennt sich aus. Und vielleicht weiß er auch, dass er nicht lange bleiben wird.

«Und keins hat dir bisher wenigstens ein bisschen gefallen?», fragte Gustav.

«Nee», sagte Bum-Bum. «Ich war auch schon mal in der Schweiz. Aber empfehlen kann ich dir das nicht. Lauter Vollidioten.»

Gustav seufzte.

«Und was ist deine Geschichte, Grieche?», fragte mich Bum-Bum und blubberte wieder.

Grieche? Ich brauchte ein paar Sekunden, um mich zu sammeln.

«Hm, das ist mein erstes Internat. Meine Eltern sind aber nicht geschieden», sagte ich.

«Und warum haben sie dich dann hierhergeschickt?», fragte Gustav.

«Wegen der Schule», antwortete ich wahrheitsgetreu. «Ich bin nicht gerade ein fleißiger Schüler, wenn ihr versteht, was ich meine.»

Jetzt lachte Gustav zum ersten Mal. Es klang zwar eher wie ein unterdrücktes Kichern. Aber immerhin.

«Echt? Nur wegen der Schule?», fragte Bum-Bum ernsthaft nach.

«Ja», sagte ich seufzend. «Letztes Jahr hatte ich für alle Fächer ein einziges Heft. Hausaufgaben habe ich entweder immer kurz vor dem Unterricht hingekritzelt oder von anderen abgeschrieben.»

«Ein einziges Heft für *alle* Fächer?!», raunzte Gustav.

«Mein Vater ist Steuerberater», sagte Bum-Bum. «Er nennt so etwas ‹kreative Buchführung›. Der sagt, dafür kann man schon mal im Knast landen. Also: herzlich willkommen!»

Ein Grinsen befiel mein Gesicht. «Kreative Buchführung.» Ja, so hätten Ari und ich das auch nennen können. Mein Grinsen verschwand jedoch so schnell, wie es gekommen war. Ich dachte an meinen Vater. An mein Versprechen. Ich dachte an meine Mutter. Und wie sie mir über die Wange gestrichen hatte.

Gustav gähnte laut. Und steckte Bum-Bum an. «Mann, bin ich auf einmal müde. Ich glaub, ich schlaf gleich ein.»

«Ich auch», sagte Gustav.

«Okay, gute Nacht», sagte ich, lag aber noch ein paar Minuten mit offenen Augen auf dem Rücken und hörte, wie meine innere Stimme immer wieder einen Satz wiederholte: «Keine kreative Buchführung mehr.»

Bei der x-ten Wiederholung muss ich irgendwann eingeschlafen sein. Ich träumte, wie Oma Theodora dem Busfahrer für die sichere und angenehme Fahrt zum Strand dankte. Die Sonne brannte auf der Haut, Ari trug einen hellgelben Strohhut, ich ein rotes Käppi mit dem Aufdruck «NΔ». Das war die Abkürzung für die konservative Partei «Nea Dimokratia». Obwohl fast alle meine Onkel und Tanten in Griechenland linksgerichtet waren und die sozialdemokratische PASOK oder gar die kommunistische Partei KKE wählten, machte Oma Theodora ihr Kreuz bei der griechischen Nationalwahl im Feld der Nea Dimokratia. Zu Hause gab es deshalb immer lange und hitzige Debatten. Denn nichts lieben meine Onkel und Tanten mehr, als beim Essen über Politik zu reden. Es wird gegessen, getrunken, gerufen und geschimpft, zusammen angestoßen und wieder von vorne angefangen.

Dass die meisten linksgerichtet waren, hängt mit dem Ausgang des Zweiten Weltkriegs zusammen. Meine beiden Großväter fielen im Kampf. «Nieder mit den Faschisten» war eine Parole, die ich als Kind am Tisch oft zu hören bekam.

Lediglich der Vater meiner Mutter, also Oma Theodoras Mann, überlebte das Kriegsende. Allerdings nur für ein

Jahr. «Euer Opa Georgios war Unteroffizier in der griechischen Armee: groß, breite Schultern, welliges schwarzes Haar, Schnurrbart», so beschrieb ihn Oma. «Nachts hatte er Albträume, er schrie im Schlaf.»

Opa Georgios wurde erschossen, als er unser Dorf verteidigte, so geht die Familiengeschichte. Nach dem Zweiten Weltkrieg brach in Griechenland ein blutiger Bürgerkrieg aus. Zwischen 1946 und 1949 kämpften von den Amerikanern unterstützte rechte Nationalisten gegen von der Sowjetunion mit Proviant und Waffen gefütterte linke Partisanen. Griechenland war zum Spielball der zwei Supermächte geworden. Es ging um die Frage, ob die Griechen in Zukunft vor oder hinter dem Eisernen Vorhang leben würden. «Der Abend war schon angebrochen, der Mond aufgestiegen, als jemand die Kirchenglocken des Dorfes läutete», sagte uns Oma. «Ich erinnere mich nicht mehr, wer es war, aber er schrie: ‹Die Kommunisten kommen! Die Kommunisten kommen!› Dein Opa und ich saßen am Tisch. Er stand sofort auf und griff nach seinem Gewehr, das neben der Tür an der Wand lehnte. – ‹Geh nicht›, bat ich ihn. Ich schnappte nach seinem Unterarm. ‹Bitte, geh nicht.› – Aber er schaute nur auf mich herab und sagte leise: ‹Theodora, es ist meine Pflicht. Ich bin Soldat. Ich muss gehen.› Er strich mit seiner Hand über mein Haar, eure Mutter hatte ich fest an meine Brust gepresst. ‹Verriegle die Tür und die Fenster. Ich bin bald wieder da.›»

«Er kam aber nicht mehr, oder?», fragte Ari. Wir saßen mit unseren Schwimmhosen auf der Decke, die Oma auf dem Sand ausgebreitet hatte. Sie hatte unsere Oberkörper und Beine schon mit Sonnenöl eingecremt. Es roch nach dem Öl, aber auch nach gewürzten Frikadellen, Schafskäse und Wassermelone. Alles lag häppchenweise in Plastikdosen bereit. Oma Theodora hatte sich – wie immer in der Sonne – ein

Tuch um den Kopf gewickelt. Sie sah damit aus wie eine Partisanin.

«Nein», antwortete sie. «Er war aus dem Haus gegangen, um sich den Kommunisten zu stellen. Außer ihm ist nur ein weiterer Soldat rausgegangen, die anderen sechs blieben in ihren Häusern. Die Kommunisten haben die beiden umstellt und ihnen schließlich von hinten in den Rücken geschossen. Euer Opa hatte keine Chance.»

Ari und ich schluckten. Oma Theodora hat nicht oft von ihrem Mann gesprochen. Alles, was ich von ihm kannte, waren Fotos. Eins hing bis zum Tod von Oma Theodora im November 2004 über dem Eingang unseres Hauses in Thessaloniki: helle Uniform, Pistole im Halfter, salutierend. Meine Mutter, im Mai 1946 knapp eineinhalb Jahre alt, verlor damals ihren Vater, blieb ein Einzelkind. Oma Theodora hat nie wieder geheiratet.

Wir schmiegten uns für Sekunden an den weichen Körper unserer Großmutter. Sie saß auf ihrem Po, hatte die Beine von sich gestreckt und versuchte mit ihren beiden Armen, uns noch fester an sich zu drücken. Dann lachte sie auf: «Ich weiß, was ihr jetzt am liebsten machen wollt. Auf! Los! Springt ins Wasser! Aber geht nicht zu tief rein. Und Ari: Pass auf deinen kleinen Bruder auf!»

Ari nickte und rannte sofort los. Ich gab meiner Oma einen Kuss und spurtete hinterher. Die Wellen am Strand von Epanomi schlugen zwar nicht hoch, aber für einen Zehn- oder Elfjährigen hoch genug. Ari hatte mir gezeigt, wie man unter ihnen hindurchtaucht. Doch ich war zu spät dran. Das Wirbelwasser hob mich an, schnell verlor ich die Orientierung, ein Salto rückwärts, eine Linksdrehung …

… mit krachendem Lärm schlug ich auf dem Linoleumboden auf. Träumte ich noch? Wo bin ich? Mein Ellbogen schmerzte, meine Schulter pochte, mein Kopf versuchte, sich zu orientieren. Der Sturz hatte mich auf jeden Fall aus meinem Traum gerissen, der Nachttisch war umgekippt, das Bett stand auf der Längskante, die Matratze lag auf mir, Bettdecke und Kissen auf dem Boden. Jemand hatte das Licht angeknipst. Es war Herr Fröhlicher. Im braun-weiß karierten Pyjama. Bum-Bum und Gustav saßen aufrecht in ihren Betten.

«Alles in Ordnung?», fragte er.

Sah das so als, als wäre «alles in Ordnung»?

«Ich … ich muss wild geträumt haben», stotterte ich. «Dabei habe ich wohl … das … das Bett und den Nachttisch umgeschmissen?» Es erschien mir schon unglaubwürdig, als ich es aussprach.

«Du warst das nicht», sagte Fröhlicher. Gustav nickte. Bum-Bum rieb sich noch den Schlaf aus den Augen. «Hast du gesehen, wer es war, Gustav?», fragte Fröhlicher.

Gustav schüttelte den Kopf. «Nur zwei große Schatten», antwortete er, piepsig.

«Hm», sagte Fröhlicher.

«Wie? Was?» Ich verstand nichts. Mein Kopf war immer noch dabei, eine plausible Erklärung für das Chaos zu ergründen – und scheiterte.

Fröhlicher half mir dabei, das Bett wieder auf die Beine zu stellen, die Matratze aufzulegen.

«Wenn ich das nicht war – wer war es dann?», fragte ich ihn. «Und, warum?»

Fröhlicher sah mich an. Sein dicker Bart lächelte. Ich vertraute ihm auf der Stelle. «Lass uns morgen Mittag nach der Schule darüber sprechen. In Ordnung?»

Ich nickte.

«Gut, leg dich wieder hin und versuch zu schlafen. Das

gilt auch für euch zwei», sagte er in Richtung Bum-Bum und Gustav. «Morgen geht's früh raus.»

Fröhlicher hatte seine kleine Zweizimmerwohnung am Ende des Ganges, in der er unter der Woche übernachtete. Ein Schlafzimmer, ein Zimmer mit Schreibtisch, Sofaecke und ein Wandschrank mit Ordnern. Ich hörte, wie er leise aus unserem Zimmer und den Gang entlangging.

An Einschlafen war wieder nicht zu denken.

«Das war sicher dieser Krüger», sagte Bum-Bum leise. «Hast du ihn erkannt?», fragte er Gustav.

Gustav rührte sich nicht. War er so schnell schon wieder eingeschlafen?

«Gustav!», sagte ich etwas lauter.

«Ja?»

«Hast du die Typen erkannt?»

Es kam keine Antwort.

«Ich will keinen Ärger», sagte Gustav.

«Du hast also jemanden erkannt?», fragte ich nach.

«Bin mir nicht sicher.»

«Wen hast du gesehen? Krüger?», pulte Bum-Bum.

Wieder nichts.

«War es Krüger?», bohrte ich nach.

Gustav räusperte sich. Er flüsterte kaum hörbar: «Ich glaube, ja.»

An Einschlafen war überhaupt nicht mehr zu denken. Mit offenen Augen starrte ich in die Dunkelheit. «Versuch, dich nicht gleich am ersten Tag zu ihrer Zielscheibe zu machen», hatte mein Vater gesagt.

«Hat ja wunderbar geklappt», dachte ich. Irgendwie war der Tag nicht so gelaufen, wie ich es mir vorgenommen hatte.

Die Klingel auf dem Flur schrillte um 6 Uhr 15. Drei Stunden zuvor waren mir die Augen zugefallen. Jetzt bekam ich sie kaum auf. Mit dem letzten Klingeln betrat Fröhlicher unser Zimmer. Er schob die Gardinen beiseite.

«Guten Morgen! Zeit aufzustehen!!!»

Aus dem Augenwinkel erhaschte ich Gustav, wie er in seine Pantoffeln stieg.

«Guten Morgen», sagte er.

Ich lugte rüber zu Bum-Bum. Er hatte sich die Decke über den Kopf gezogen. Noch fünf Minuten, dachte ich. Bitte. Nur fünf Minuten.

«Denkt dran: um 6 Uhr 45 ist Frühgottesdienst in der Kapelle», sagte Fröhlicher und verließ unser Zimmer.

«Frühgottes – was?», fluchte eine Stimme. Es war Bum-Bum unter seiner Decke.

Ich dachte auch, ich hätte mich verhört. Frühgottesdienst? Das war nicht ernst gemeint, oder? Gerade als ich meine Augen wieder schließen wollte, erinnerte ich mich plötzlich an gestern Nacht. An meinen Traum mit Oma und wie ich in diesem Chaos aus umgestürzten Möbeln, Matratze und Bettzeug lag. «Es ist wirklich passiert», dachte ich. Schlagartig war ich wach.

Der Boden unter meinen Füßen war kalt, aber ich lief ohne Zögern ins Bad und stellte mich hinter Gustav. Wir sahen uns über den Spiegel in die Augen, er drehte sich um. «War es Krüger – ja oder nein?», fragte ich ihn.

«Aber du verrätst ihm nicht, dass ich ihn erkannt habe, oder?»

«Danke, das ist alles, was ich wissen wollte.» Ohne seine Gegenfrage zu beantworten, kehrte ich ins Zimmer zurück.

Bum-Bum saß auf der Bettkante und suchte eine Socke. Die andere hatte er bereits übergestreift.

«Es war ganz klar Krüger», murmelte ich. «Gustav hat ihn eindeutig erkannt.»

Bum-Bum schaute auf. «Ich hab dir gesagt, dass er dich ab jetzt auf dem Kieker haben wird.» Er fand seine zweite Socke. «Wenn du mich fragst, hast du nur drei Möglichkeiten.»

«Ach? Und die wären?», fragte ich.

«Erstens: Du gehst jetzt sofort zu ihm hoch und entschuldigst dich für gestern.»

«Entschuldigen? Ich!? *Er* hat doch ...»

«Ich weiß», antwortete Bum-Bum. «Aber das ist noch nicht alles: Nachdem du dich entschuldigt hast, bist du für die kommenden Wochen und Monate sein Neger. Er wird dich herumkommandieren, dir Aufgaben zuteilen, vor seinen Kameraden erniedrigen und so weiter.»

Ich glotzte Bum-Bum an. «Niemals.»

«Dachte ich mir schon.» Bum-Bum schien trotz der frühen Stunde erstaunlich scharfsinnig. Er hatte in seinem schwarzen T-Shirt geschlafen, machte aber keine Anstalten, es zu wechseln. Und: Da er schon in vielen Internaten war, sprach er also aus Erfahrung.

«Wie lauten die anderen Möglichkeiten?», fragte ich ihn.

«Zweitens: Du gehst jetzt sofort zu ihm hoch, stellst ihn zur Rede und vereinbarst für heute Nachmittag auf dem Internatsvorplatz eine Uhrzeit für einen Kampf. Mann gegen Mann.»

Ich zog meine Augenbrauen hoch und neigte meinen Kopf zur Seite. Bum-Bum verzog keine Miene. «Okay», sagte ich, «die dritte Möglichkeit, bitte.»

Bum-Bum blubberte.

«Möglichkeit Nummer drei: Du gehst ihm in nächster Zeit, so gut es geht, aus dem Weg. Wenn er auftaucht, verschwindest du. Wenn er schon da ist, gehst du nicht hin. Wenn er ...»

Ich hob die Hand. «Schon verstanden», sagte ich.

«So wie es aussieht, hast du nur eine Möglichkeit», urteilte Bum-Bum.

«Möglichkeit Nummer drei, hm?»

Bum-Bum nickte mehrmals.

In der Kapelle war es kalt. Gänsehautkalt. Die dicken Steinmauern hielten der morgendlichen Augustsonne stand. In der ersten Reihe knieten neben dem Internatsdirektor auch Herr Frieser und Herr Fröhlicher, die Hände zum Gebet gefaltet. Ich nahm in einer der hinteren Reihen Platz und sah Jesus Christus ein paar Minuten dabei zu, wie er am Kreuz litt.

Für die Unter- und Mittelstufe galt Anwesenheitspflicht, für die Oberstufenschüler war die Teilnahme freiwillig. Ich war mehr als froh, dass ich Krüger nicht im Frühgottesdienst sitzen sah.

Im Grunde war es gar kein richtiger Gottesdienst. Er hieß nur so. Es gab keinen Priester und keine Liturgie. Wir beteten einmal gemeinsam das «Vaterunser», und danach durfte jeder beten, was er sich wünschte. Ich glaube, in der erzieherischen Vorstellung blieb man sitzen und ging am frühen Morgen in sich, fragte sich, wie man den Tag begehen möchte, welche Ziele man heute hat, kurz: ob man ein besserer Mensch werden wollte.

Ich dachte an «Mama Hedi» und Oma Theodora: «Jesus ist für uns gestorben.» Da waren sich beide einig. Ich erinnerte mich:

«Warum?», hatte ich «Mama Hedi» vor Jahren mal in einem richtigen Gottesdienst gefragt, da war ich vielleicht sechs oder sieben Jahre alt.

«Weil wir Sünder sind», hatte sie flüsternd geantwortet.

«Ich auch?»

«Jeder von uns», sagte sie und legte den Zeigefinger auf ihre Lippen: «Psst!»

Das Wort «Höllenqualen» fiel mir ein und gleich darauf Oma Theodora. «Christus ist für uns gestorben, aber er lebt in uns weiter», hatte sie mir erklärt.

«Auch in mir?», hatte ich sie gefragt.

Sie schaute auf mich herab, legte mir ihre weiche Hand auf die Wange. «Besonders in dir», hatte sie gesagt und gelächelt.

Ich hatte nicht die geringste Ahnung, woher diese Gedanken kamen. Über Jesus hatte ich mir seit Jahren keinen Kopf mehr gemacht. Meine Erinnerungen glichen dem Weihrauchnebel, den ich mal roch und dem ich dann wieder mit der Nase nachspüren musste, weil ich ihn nicht mehr zu riechen glaubte.

Um fünf vor sieben bekreuzigten sich alle. Auch ich. Nur andersherum.

Benedikt und die Erzieher gingen als Erste aus der Kapelle, die Schüler folgten.

«Hey, Grieche», rief ein Neuntklässler, den ich noch nicht kannte, «hab gehört, du bist gestern Nacht an die Wand gestellt worden.» Er grinste und boxte seinem Kompagnon mit dem Ellbogen in die Seite. Beide lachten. Ich spürte, wie auch die anderen Schüler tuschelten, sogar einige der kleinen Fünftklässler.

«An die Wand gestellt worden»? Ich kam nicht gleich darauf. Bis ich die fehlende Verbindung wiederherstellen konnte, vergingen ein paar Sekunden. Mein Großvater war an die Wand gestellt und erschossen worden. Von einem Exekutionskommando. Aber was hatte das mit … erst langsam dämmerte es mir: Das, gestern Nacht, das war ein Ritual. Das war keine einmalige Aktion. Und jeder im Haus weiß davon.

«Mein Name ist Alex», sagte ich in Richtung des Neunt-klässlers. Aber er beachtete mich nicht weiter. Meine Augen suchten Halt bei Bum-Bum und Gustav, sie standen doch eben noch neben mir. Aber nun liefen sie vor mir, gingen die Treppen zum Speisesaal hoch, als wäre nichts geschehen. Ich blieb als Einziger stehen und sah zu, wie sich alle immer wei-ter von mir entfernten – bis nicht einmal mehr ihr Gelächter zu hören war.

Ich drehte mich um und sah Jesus Christus, wie er am Kreuz hing und litt. Die beiden schweren Holztüren zur Ka-pelle standen noch offen. Ich griff an meine Brust. Unter dem T-Shirt spürte ich die Konturen des goldenen Kreuzes an der Kette, die mir mein Vater gestern geschenkt hatte. Ich schloss die Augen. «Sie wird dich dein Leben lang beschüt-zen», hatte er gesagt.

Mein Magen knurrte. Gestern Abend hatte ich keinen Bis-sen runterbekommen. Frühstück. Ich ging ein paar Schritte und stellte mir vor, wie mich gleich alle anglotzen werden, wenn ich die Tür des Speisesaals öffne, weil es den Schülern eigentlich nicht gestattet war, den Saal nach den Erziehern zu betreten.

Die Tür zum Speisesaal knarzte. Ich lief durch den Raum der Unterstufe und suchte dahinter nach Bum-Bum. Aber diesmal hatte er mir keinen Platz freigehalten. Alle drei 10er-Tische der Mittelstufe waren voll besetzt. Der vierte Tisch war zwar für zwei gedeckt, aber unbesetzt. Ich spürte die Bli-cke der anderen auf mir haften. Herr Fröhlicher nickte mir zu.

Zum Frühstück gab's immerhin Kakao. Aber den Unter-schied zum Abendbrot machte nur das Obst, das in einer Schale lag. Grüne Äpfel, Bananen. Ich schmierte mir Butter auf eine der Brotscheiben und sah den Salzstreuer. Ein Lächeln huschte mir über den Mund. Butterbrot mit Salz – Ari liebte das. Erst vor ein paar Wochen im Sommerurlaub bei Oma Theodora in Thessaloniki war seine Unterlippe wegen einer kurzzeitigen Salzallergie über Nacht so stark angeschwollen, dass er fast aussah wie der alte Schuhmacher Kiriakos bei uns in der Straße.

Schuhmacher Kiriakos war eine nachbarschaftliche Institution. Der Legende nach war er bereits vor der Nachbarschaft da und hatte die Schlacht gegen die Perser bei Salamis miterlebt. Jedenfalls hatte er eine so fette Unterlippe – man hatte gar keine andere Wahl, als ständig nur darauf zu starren, wenn man sein winziges Werkstattkabuff neben dem Kiosk von Kira Marika betrat. Oma hatte uns erzählt, dass diese Geschwulst schon lange Zeit an ihm hing. Und natürlich machten wir Nachbarskinder uns über ihn lustig. Χιλιανθρωπος nannten wir ihn. Das war doppeldeutig und hieß sowohl «Lippenmensch» als auch «Tausendjähriger». Für uns war Kiriakos so alt wie kein anderer Mensch auf der Welt. Über tausend Jahre, ganz sicher, dachten wir. Er war hager und ging gebeugt. Das ließ ihn noch kleiner erscheinen, als er ohnehin schon war. Seine Brillengläser waren so dick wie seine Unterlippe – und wenn ich sage, dass seine Unterlippe dick war, dann meine ich dick. Sie war so dick, dass er einerseits kaum den Mund öffnen konnte und andererseits kein Kinn zu haben schien. Oma hatte uns immer wieder ermahnt, ihn nicht anzustarren. Sie wurde richtig böse und hatte einen seltenen Zorn im Gesicht. Aber die Versuchung war stets zu groß.

Bevor «die Sonne die Spitze des Himmels» erreichte (so teilte Oma die Zeit ein, nach der Sonne), setzte er immer seinen Stuhl auf die Straße, um eine Pause vom Sohlenbeschlagen zu machen. Anfang der achtziger Jahre fuhren in unserer

Straße so gut wie keine Autos. Es war im Grunde eine Spiel-, Sitz- und Tratschstraße. Kiriakos nahm einen zweiten Stuhl, stellte ihn vor sich und legte ein sauberes weißes Tuch darauf. Auf dem Tuch breitete er sein Mittagessen aus. Meist griechischen Joghurt. Mal mit frischgeschnittenen grünen Paprika. Mal nur mit Honig. Den Joghurt genoss er von einem kleinen silbernen Teelöffel. Manchmal brachten ihm auch Oma oder andere Nachbarn etwas. Dann versuchte er zu lächeln und bedankte sich artig. Er stand von seinem Stuhl auf und verbeugte sich kopfnickend. Weder das Lächeln noch das Sprechen fiel ihm mit dieser monströsen Unterlippe leicht. Ich habe so gut wie nie ein Wort verstanden, wenn er mit anderen gesprochen hat. Nur einmal, als ich ihm Omas alte Hausschuhe brachte, schaute er mich durch die dicken Gläser an, studierte mein Gesicht und sagte nach einer halben Ewigkeit, während ich auf seine Unterlippe glotzte: «Du bist Theodoras Enkel aus Deutschland, oder?»

Ich war so erstaunt, dass seine Worte verständlich klangen, ich benötigte ein paar Sekunden, um sie zu ordnen, weil ich nicht erwartet hatte, dass sie so schnell nacheinander bei mir ankommen würden.

«Ja, Herr Kiriakos, mein Name ist …»

Er ließ mich den Satz nicht zu Ende sagen.

«Alexandros, ich weiß. Jorgo ist der Älteste, Ari der Mittlere, und du bist der Jüngste.»

Ich nickte.

Er nickte. «Du bist es doch auch, dem ich den Spitznamen ‹Χιλιανθρωπος› zu verdanken habe, oder?»

Diese Frage hatte ich nicht erwartet.

«Äh», stammelte ich und wusste nicht, wohin. Meine Augen fuhren im Raum zickzack, suchten nach einem Punkt, an dem sie sich festhalten konnten, fanden aber keinen.

«Ist schon gut», sagte er. «Komm, ich verrate dir etwas.» Als er merkte, dass ich mich nicht bewegte: «Komm her, Alexandre.» Ich machte einen winzigen Schritt, um ihn zu besänftigen.

Er schob eine Schublade auf und hielt ein Foto in der Hand, das er mir unter die Nase hielt.

«Was siehst du?», fragte er.

«Einen Mann mit einem Gewehr», sagte ich.

«Gut. Und was siehst du noch?»

Der Mann auf dem Foto trug eine Uniform. Er erinnerte mich an meinen Großvater, an das Lieblingsfoto meiner Oma über dem Eingang unseres Hauses.

«Sieht aus wie Opa Georgios», sagte ich.

«Sehr gut», sagte der alte Schuhmacher Kiriakos. «Schau genauer hin. Erkennst du noch etwas?»

Es war ein Schwarzweißfoto. Der junge Mann mit dem Gewehr stand auf einem Schotterweg, rechts und links kleine Häuser. Doch dann fiel mir der Kirchturm auf. Den kannte ich.

«Das Foto wurde in unserem Dorf gemacht!», platzte es aus mir heraus.

Der Tausendjährige hob den Kopf und nahm seine Brille ab. Seine Augen waren gespenstisch klein, seine Tränensäcke voll, er rieb sie mit seinem Handrücken rot.

«Bravo», sagte er leise. «Weißt du auch, wann das Foto entstanden ist?»

Ich schüttelte den Kopf.

«Am Tag, an dem dein Opa Georgios erschossen worden ist. 1946.» Ich schaute ihn mit großen Augen an. Damals kannte ich die Geschichte von Opa noch nicht. Oma hatte uns noch nicht davon erzählt. Ich fühlte plötzlich eine ungewohnte Nähe zu Herrn Kiriakos. Doch bevor ich nach dem

Foto greifen konnte, um es mir noch genauer anzusehen, legte er es zurück in die Schublade und schob sie zu.

«So, und jetzt zeig mir mal, was du da hast.» Er nahm mir Omas alte Hausschuhe aus der Hand.

«Bist du wirklich tausend Jahre alt?», fragte ich ihn.

Seine Unterlippe vibrierte, er kicherte, zog dabei seine Schultern schützend an seine Ohren. Als hätte er etwas ausgeheckt. Als wäre er ein Kind.

«Sehe ich denn so aus?»

«Mein Kumpel Ilias sagt, du kennst Aristoteles.»

Wieder vibrierte seine Unterlippe, diesmal sogar heftiger.

«Ich kenne viele Aristoteles», antwortete er. «Welchen meint dein Freund?»

«Na, den berühmten», rief ich, weil mir nicht einfallen wollte, wie ich ihn hätte besser charakterisieren sollen.

«Den Lehrer von Alexander dem Großen?»

Kopfnicken.

«Nein, diesen Aristoteles kenne ich wie du nur aus Büchern», sagte der Tausendjährige, der wohl doch nicht tausend Jahre alt zu sein schien.

«Ilias sagt auch, dass du in vielen Schlachten gekämpft hast. Salami oder so», versuchte ich meine Angaben zu erläutern.

«Oh, die große Schlacht bei Salamis meinst du, als wir die Perser vernichtend geschlagen haben?»

Erwartungsfroh lächelte ich ihn an.

«Nein, tut mir leid. Auch da war ich nicht dabei.»

Enttäuscht blickte ich auf das Paar Hausschuhe, das er immer noch in seinen Händen hielt. Eigentlich hatte ich schon vor, mich umzudrehen und zu gehen. Aber der junge Tausendjährige setzte sich vor mich auf seinen Drehstuhl, legte die Schuhe beiseite und schaute mir mit seiner – direkt vor meinen Augen noch größer wirkenden – Unterlippe direkt in die Augen.

«Ich habe an vielen Schlachten teilgenommen», sagte er nach einer kurzen Pause. «Auch an der großen Schlacht um Sarva.»

Sarva liegt gut 40 Kilometer von Thessaloniki entfernt. Omas und Mamas Geburtsort. «Sarva? Unser Dorf? Da gab es eine große Schlacht?», fragte ich neugierig.

«Ja. 10. April 1946. Dein Opa und ich gegen feige Kommunisten.» Seine Stimme klang plötzlich schneidend. Und zornig. Er sprach nicht weiter.

«Was ist ein Kommunist?», fragte ich in die eingetretene Stille.

«Ein Mann voller Illusionen», sagte der junge Tausendjährige und griff sich an die Unterlippe. «Und jetzt lass mich in Ruhe. Geh, sag deiner Oma, dass sie ihre Hausschuhe morgen abholen kann.» Mit einer fegenden Hand trieb er mich aus seinem Werkstattkabuff.

«Alexandros?» Die Frage katapultierte mich aus meinem Tagtraum. Herr Fröhlicher stand neben mir.

«Ja?»

«Denkst du bitte daran, dass wir uns heute Mittag nach der Schule treffen?»

«Äh, ja, natürlich», antwortete ich.

«Gut», sagte Fröhlicher. Seine Stimme klang weich und freundlich.

Ich sah mich um. Fast alle Schüler hatten den Speisesaal schon verlassen. Vor mir lag ein Butterbrot. Ich nahm den Salzstreuer und schüttete so viel auf den gelblichen Belag, dass er bald zu glitzern begann.

KAPITEL 4
Ein seltsames Gefühl

Küche, Mitternacht

Meine Frau ist kurz nach den Tagesthemen ins Bett. Habe eben die zwei kalten Brotscheiben aus dem Toaster mit Nutella bestrichen. Mein Handydisplay leuchtete vor etwa einer halben Stunde auf, es war Ari. Schon merkwürdig: Ich denke an ihn, und prompt ruft er an. In der Regel telefonieren wir etwa alle zwei Wochen einmal, schreiben uns eher Kurznachrichten. Er wohnt in Karlsruhe, ich in München. Habe ihm von meinen Gedanken und dem Krümel Brot erzählt, ihn gefragt, ob er sich an die Zeit erinnert. «Machst du Witze?», hat er zurückgefragt und mir gleich erzählt, wie er den Tag an der Theke im «Griechen» erlebt hat, als die beiden Briefe vom Kant-Gymnasium kamen.

«Sie wollten uns beide ins Internat schicken, weißt du das nicht mehr?» Er schaltete auf FaceTime. Auf dem Display erschien sein rundes Gesicht, in der oberen rechten Ecke meins.

«Nee. Echt?»

«Ja, klar. Aber ich wollte ums Verrecken nicht, habe Papa angebrüllt und geschrien, geflucht, gefleht und gebettelt – bis er endlich nachgab.»

«Daran erinnere ich mich gar nicht mehr», sagte ich.

«Du standst daneben und hast geheult. Wie immer», sagte Ari und lachte in die Kamera.

Ich fragte ihn: «Hast du mich damals eigentlich vermisst?»

Sein Gesicht wurde zunächst ernst, aber plötzlich grinste er von einem Ohr zum anderen. «Spinnst du, ich war froh, endlich ein eigenes Zimmer zu haben!»

Ari lässt sich nicht gern anmerken, was er wirklich denkt. Als wir aufgelegt haben, denke ich kurz darüber nach, wie viele Dinge, Geschehnisse, Erlebtes ich wohl noch vergessen habe.

Sollte ich vielleicht Daniel anrufen?, frage ich mich jetzt. Aber was bringt das? Daniel war nie auf dem Internat, er kam aus Dahn, war in der Schule mein Klassenkamerad und wurde erst später zum Freund. Bum-Bum? Wir haben seit Jahren nicht mehr miteinander gesprochen. Gustav? Lebt in Südafrika. Herr Fröhlicher? Ich habe seine Nummer nicht, und es ist Mitternacht. Der würde sich schön freuen, wenn ich ihn nach zwanzig Jahren Funkstille plötzlich aus dem Bett klingele.

Wo sucht man nach 25 Jahre alten Erinnerungen, wenn sie einem nicht gänzlich unaufgefordert zufliegen?

Ich könnte jetzt einen Whisky vertragen. Etwas, das schnell schießt, nix für den Gaumen. Johnny. Mit Cola. Perfekt. Das Platzen der Kohlensäurebläschen an der Oberfläche kitzelt in der Nase. Schmeckt nach Party, Studium, Heidelberg, den Neunzigern. Schmeckt nach bubenhaften, schlüpfrigen Pointen und einer noch mehr als ungewissen Zukunft.

Fotoalben. Das mag jetzt verwundern, aber aus der Zeit im Internat habe ich so gut wie keine Fotos, geschweige denn ein Album. Das Internat besaß zwar ein Fotolabor. Aber das wurde ein Jahr nach meiner Ankunft aufgelöst. Zu teuer.

Briefe. Hm. Die sind während meines Studiums alle bei einem der zahlreichen Umzüge von oder nach Heidelberg verlorengegangen.

Erinnerungen sind keine Einzelnachweise, sie hängen mit anderen Erinnerungen zusammen, knüpfen Verbindungen zu Menschen, Orten und Zeiten, die im Moment vielleicht noch unbemerkt irgendwo schlummern.

Konzentrier dich.

Das Frühstück war vorbei, das sonst übliche 15-Minuten-Frühstudium fiel aus, weil es am ersten Schultag nach den Sommerferien noch nichts zu studieren gab. Was kam dann?

21. August 1988

Das Otfried-von-Weißenburg-Gymnasium war eine öffentliche Schule, die nur ein paar Gehminuten vom Internat entfernt lag. Das OWG, so die gängige Abkürzung, war im Gegensatz zum 125 Jahre alten Kant-Gymnasium in Karlsruhe, einem ehrwürdigen Sandsteinbau aus dem Jahr 1863, eine noch recht junge Schule aus den fünfziger Jahren. Das Gebäude glich auf den ersten Blick einem mehrstufigen rechteckigen Bunker: grauer Beton, dunkle Fensterrahmen. Doch während mein altes Kant-Gymnasium in der architektonischen Enge der Karlsruher Innenstadt zu ersticken drohte, schmiegte sich der weitläufige Pausenhof des OWG mit den angrenzenden Sportanlagen (Hartgummiplatz, Weitsprung- und Kugelstoßanlage, Rasenfußballplatz) in die ansteigenden Hügel rund um die Burg Altdahn. Als hätte es schon immer dort gestanden.

Die einzige Schnittmenge des OWG mit dem Studienheim St. Pirmin waren wir Internatler, die das OWG besuchten. Die meisten Schüler kamen jedoch aus Dahn und den umliegenden Dörfern: Erfweiler, Busenberg, Bruchweiler, Bundenthal, Rumbach, Ludwigswinkel, Hinterweidenthal, Wilgartswiesen oder Hauenstein. Das OWG fungierte als eine Art regionales Sammelbecken für Schüler und offenbar auch als überregionales für Lehrer. Manche, so kursierte eines der ersten Gerüchte, das ich im Klassenzimmer aufschnappte, waren hierher – aufs Land – strafversetzt worden, weil sie an ihren früheren Schulen untragbar geworden waren. Ob das wirklich so war? Ich weiß es nicht – doch die Gerüchte sind nie verstummt. Im Gegenteil: Sie wurden über die Jahre immer wieder aufgewärmt. Und bei näherem Betrachten des einen oder anderen Lehrers schien die Vermutung auch nicht völlig aus der Luft gegriffen zu sein. Es gab zum Beispiel einen, der gern seinen schweren Schlüsselbund oder andere Gegenstände durchs Klassenzimmer warf; es gab einen anderen, der unter seiner durchsichtigen Leinenhose leopardengemusterte Tangas trug und scheinbar beiläufig anzügliche Bemerkungen machte. Aber an meinem ersten Schultag am OWG war ein leopardengemusterter Tanga nicht mein Problem.

Über die vergangenen Jahrzehnte hinweg hatten sich auch die Internatler im OWG einen eher zweifelhaften Ruf erarbeitet. Viele waren Scheidungskinder, die keine große Lust verspürten, ihre Eltern mit herausragenden Schulnoten zu überraschen. Manche waren impulsiv, andere hatten Schwierigkeiten, sich zu konzentrieren oder Lehrer als Autorität anzuerkennen. Es kam schon vor, dass Internatler oder auch deren Erzieher beim Schuldirektor antanzen mussten. Dementsprechend skeptisch reagierten viele Lehrer auf Neuankömmlinge. «Ah, ein weiterer St.-Pirmin-Schüler. Mal sehen, wie lange du es bei uns aushältst», begrüßte mich die großgewachsene, dürre und stark geschminkte Physiklehrerin, als ich mich – wie alle neuen Schüler der Klasse – am ersten Tag vorstellte.

Doch natürlich waren nicht alle Lehrer und Internatler verhaltensauffällig. Die meisten fielen gar nicht auf. Aber die Unauffälligen sind ja selten diejenigen, die für bemerkenswerte Geschichten sorgen.

Einigen Lehrern des OWG habe ich auch viel zu verdanken. An erster Stelle vielleicht unserem Klassenlehrer: Walter Bohn, einem strengen, aber gerechten Deutschlehrer. Oder Holger Rysek, der die Basketball-AG ins Leben rief. Herrn Heinrich, Herrn Naßhan, sogar Herrn Sprotte, der Latein so sehr liebte, dass selbst ich es nicht mehr abstoßend langweilig fand.

An den ersten Schultag in Dahn habe ich keine weitere Erinnerung. Auch die folgenden Schultage und -wochen kamen und gingen, ohne dass sie einen bleibenden Eindruck bei mir hinterließen. Aber an das erste Gespräch mit Johannes Fröhlicher, gleich nach meinem ersten Schultag im OWG, erinnere ich mich noch so genau, als wäre es gestern gewesen.

«Nimm Platz», sagte er, als ich nach dem Mittagessen in seinem Büro am Ende des Ganges erschien. «Wie geht's dir?»

«Gut», antwortete ich. Krüger hatte mich im Speisesaal nicht beachtet.

«Ausgeschlafen?»

«Nicht wirklich.» Ich musste sofort gähnen. «'tschuldigung.»

«Schon in Ordnung. Ich nehme an, du weißt mittlerweile, was gestern Nacht passiert ist?», fragte Fröhlicher.

«Ja. Ich wurde an die Wand gestellt.»

Fröhlicher nickte. «Weißt du auch, wer es gewesen ist, der dein Bett umgeschmissen hat?»

Natürlich hätte ich es am liebsten sofort ausgeplaudert, aber ein nicht näher definierbares Gefühl hielt mich zurück.

«Gustav hat nur Schatten gesehen und keinen erkannt», sagte ich stattdessen.

«Wirklich nicht?», bohrte Fröhlicher nach.

«Nicht, dass ich wüsste», log ich.

Die Sonne fiel direkt durch das Fenster, vor dem Fröhlicher saß, in mein Gesicht. Deshalb hatte es den Anschein, als trüge er einen Heiligenschein. Ich blinzelte. Natürlich hatte er keinen. Es sah nur so aus. Und wenn er seinen Kopf zwischen Sonne und mich hielt, sah ich sein Gesicht nur als runden Schatten mit haarigem Rand.

«Hm, schade», sagte er.

Um nicht direkt in die Sonne sehen zu müssen, blickte ich mich in Fröhlichers Büro um. Holzmöbel mit blassgrünen Polstern aus den fünfziger oder sechziger Jahren, ein Schreibtisch und ein Regal, deren Lack an den Kanten abblätterte. An der einen Wand hing ein dunkelbraunes Kreuz und an der gegenüberliegenden der gerahmte Kreuzstich einer farbigen Landschaft, wie man sie oft in offiziellen Räumen der katholischen Kirche oder bei gläubigen Menschen zu Hause sieht: mit der Kirche als Mittelpunkt. Erst Sekunden später erkannte ich, dass es sich um das Areal rund um das Internat handelte und die Kirche in der Mitte die internatseigene Kapelle war. Der Künstler hatte eine Perspektive eingenommen, die ich noch nicht kannte.

«Schade», wiederholte Fröhlicher, «aber das ist auch nicht der Grund, warum ich dich hergebeten habe. Jedenfalls nicht ausschließlich», sagte er.

Ich war wirklich gespannt, was jetzt kommen würde.

«Dein Vater hat mir erzählt, dass er in einem Waisenhaus aufgewachsen ist», sagte Fröhlicher. Ich schaute ihn erstaunt an. Wann hatten die beiden gesprochen? «Wir haben vor ein paar Tagen telefoniert», beantwortete er die unausgesprochene Frage. «Er hat lange mit sich gerungen, ob er dich in unsere Obhut geben soll», fuhr er fort, «und ich kann ihn sehr gut verstehen. Er hat mich gebeten, ein Auge auf dich zu werfen.»

Ich hörte, wie die Wörter aus seinem Mund kamen, aber ich konnte mir immer noch keinen Reim darauf machen. Das Wort «Obhut» blieb haften. Klang ein bisschen nach Strafkolonie, dachte ich. Stand ich nun unter besonderer Beobachtung?

«Keine Angst, das bedeutet nicht, dass du dich jetzt täglich bei mir melden musst», sagte Fröhlicher. Er schien meine Gedanken lesen zu können. «Du wirst deshalb keinen besonderen Status genießen. Ich möchte nur, dass du weißt, dass du jederzeit zu mir kommen kannst, wenn du etwas auf dem Herzen hast. In Ordnung?»

Ich räusperte mich.

«In Ordnung», sagte ich leise.

«Die ersten Wochen und Monate sind für jeden schwer», urteilte Fröhlicher. Seine Stimme klang ernst und auch ein bisschen besorgt. «Etwas schwieriger vielleicht für dich nach diesem Start. Aber ich bin für dich da. Jederzeit.» Die Sonne flocht ihm den gleißend grellen Heiligenschein, und ich sah nur seinen Bart.

Wusste Fröhlicher auch von unserem Vater-Sohn-Gespräch im Auto? Von meinem Versprechen?

«Was hat Ihnen mein Vater noch erzählt?», fragte ich nach einer kurzen Pause.

Fröhlicher neigte den Kopf zur Seite, und die Sonne fiel in mein Gesicht. «Was meinst du?»

«Hat er Ihnen von der Kette erzählt?»

«Welcher Kette?», fragte Fröhlicher.

Er wusste nichts.

«Ach, nicht so wichtig», sagte ich und wollte aufstehen.

«Eins noch», sagte Fröhlicher.

Ich sackte in den Sessel zurück. «Ja?»

«Sind wir uns einig, dass wir offen und ehrlich miteinander umgehen?»

War das eine Anspielung auf Gustav und Krüger? Wollte er mich testen?

«Ja, klar», sagte ich. «Gilt ab sofort», schob ich nach, um so elegant wie möglich mein Gewissen zu entlasten.

Fröhlicher lächelte in seinen Bart. «Abgemacht», sagte er, stand auf und reichte mir seine Hand. Sie war weich. Der Händedruck fest und trocken.

Als ich die Tür hinter mir schloss, sah ich Krüger auf dem Gang vor meinem Zimmer stehen. Er hatte die Arme vor seiner Brust verschränkt und überragte Gustav um etwas mehr als einen Kopf. Das Knarren der Tür hatte seine Aufmerksamkeit auf mich gelenkt. Sofort kroch ein seltsames Gefühl über meine Haut, als spanne sich ein Netz über meinen Körper. Furcht. Gegen den Widerstand, der jeden Schritt erschwerte, begann ich auf ihn zuzugehen.

Er rührte sich nicht von der Stelle, blickte mich gezielt an. Gustav erhaschte die Sekunden seiner Unaufmerksamkeit und verschwand wortlos in unserem Zimmer. Zwanzig Schritte, und ich stand Krüger gegenüber.

«Und?», fragte er die Nase hebend.

«Was und?», fragte ich zurück. Das Netz um meinen Körper schien immer enger zu werden, es presste mir die Luft aus den Lungen.

«Hast dich beim Fröhlicher ausgeheult?»

Fragend schaute ich ihn an und erinnerte mich an dieses diffuse Gefühl, das mich zuvor zurückgehalten hatte, Krügers Namen zu nennen.

«Nein», sagte ich nur.

«Und das soll ich dir glauben?»

«Glaub, was du willst.» Ich wollte an ihm vorbei, aber er streckte seinen Arm aus.

«Dein Zimmernachbar hat mir gerade erzählt, du weißt, wer dich heute Nacht besucht hat.»

«Ach, hat er das?» Ich wusste nicht, was mich mehr aufregte. Dass ich mich Krüger gegenüber hilflos fühlte oder dass Gustav sein eigenes Versprechen gebrochen hatte.

«Grieche, du spielst gern den harten Burschen, was?», zischte Krüger und legte seine Hand auf meine Schulter. Plötzlich war das Netz wie weggesprengt. Ich fühlte nur noch, wie sich sein Daumen in mein Gelenk bohrte, und wollte reflexartig einen Schritt zurück, um seiner Umklammerung zu entfliehen. Mein Zeigefinger zitterte.

«Ich habe Fröhlicher deinen Namen nicht genannt», sagte ich.

«Das will ich für dich auch hoffen, du Pisser.»

Krüger kam mir einen halben Schritt entgegen. «Das ist eine Sache zwischen dir und mir», fauchte er. «Ist das klar!?»

Ich hob den Kopf und sah ihm in die Augen. Graublaue Augen. Rechte Iris an einer Stelle ein bisschen ausgebeult.

«Klar», sagte ich. Sein Atem roch nach ungeputzten Zähnen. «Willst du ein Tictac?»

Ich griff in meine Hose und zeigte ihm den rechteckigen Plastikbehälter mit dem grünen Etikett.

Er riss mir die Packung aus der Handfläche und schleuderte sie den Gang entlang. Er stand jetzt so nah bei mir, dass mir schlecht wurde. Nicht wegen seines Mundgeruchs. Nur wegen der Erinnerung an den Faustschlag, den ich gestern im Speisesaal hatte einstecken müssen.

«Ich hab dich gefressen, Grieche», schnaubte Krüger und packte mich am Kragen. «Dich mach ich fertig.»

Zwanzig Schritte entfernt ging die Tür von Fröhlichers Büro auf. Sofort ließ mich Krüger los, drehte sich um und ging. Fröhlicher stand am Ende des Ganges und sah ihm hinterher. Er hob leicht den Kopf, als würde er mich fragen, ob alles okay sei.

Natürlich war ich froh, dass Fröhlicher aufgetaucht war, schenkte ihm aber nur ein Nicken, ging ins Zimmer und ließ mich aufs Bett fallen. Das mit Krüger und mir – das wird nicht gut ausgehen, dachte ich. Ich brauchte einen Plan. Einen guten Plan abseits der drei Möglichkeiten, die Bum-Bum aufgezählt hatte.

Der kam gerade zur Tür herein und frohlockte: «Hey, Leute, hab gerade auf dem Gang 'ne volle Packung Tictac gefunden. Will jemand?»

Gustav tat so, als würde er schlafen. Ich starrte nur an die Decke und antwortete ihm nicht.

«Gut, dann nicht», sagte er, und ich sah, wie ein paar der weißen Kügelchen auf seine Hand fielen. Er warf sie sich alle auf einmal in den Rachen.

In der zweiten Nacht hielt ich Wache bis um zwei, in der dritten schlief ich schon um Mitternacht, in der vierten, kurz nachdem das Licht ausging. In der fünften Nacht, der Nacht zum Freitag, kamen sie um kurz vor eins. Dieses Mal allerdings ließen sie es nicht krachen, sie schütteten mich eher wie Abfall aus dem Bett. Ich versuchte mich noch an der Kante festzuhalten, aber mein schläfriger Griff rutschte ab, und ich landete mit einem dumpfen Klang auf dem Boden. Krüger und seine rechte Hand, eine Hohlfrucht namens Franz, legten das Bett behutsam auf die Kante und leuchteten mir mit ihren Taschenlampen ins Gesicht.

«Hey, Grieche», flüsterte Franz, «habt ihr in Griechenland keine Pyjamas, oder was?» Krüger beugte sich zu mir herunter, grinste und sagte nur: «Schönes Wochenende, denk an mich, du Dreckskanake.»

Dann schalteten beide ihre Taschenlampen wieder aus und verließen unser Zimmer.

Ich lag noch ein paar Sekunden auf dem kalten Linoleumboden und ärgerte mich über mein eigenes Versagen. Hatte ich etwa geglaubt, sie würden nicht mehr kommen? Warum war ich nicht wach geblieben?

Bum-Bum schaltete seine Nachttischlampe an. «Willst du auf dem Boden schlafen?», fragte er.

«Klar, solltest du auch mal probieren», antwortete ich und rappelte mich kurze Zeit später auf, stellte das Bett wieder waagrecht und legte die Matratze auf den Rost. Als ich nach dem Kissen griff, kam mir die Idee. Warum nicht?, dachte ich und zerrte die Matratze wieder auf den Boden. Ich könnte ab sofort auf dem Boden schlafen. Damit würde ich ihnen die Möglichkeit nehmen, mich wieder und wieder an die Wand zu stellen. Ich beschloss, den Rest der Nacht Probe zu liegen. Auf der Matratze, auf dem Boden. Beglückt von der vermeintlich genialen Idee, schlief ich schneller ein als erwartet.

Vielleicht war es aber auch nicht die Strahlkraft der Idee, die mich glücklich einschlafen ließ. Ich dachte an den nächsten Morgen. Freitag.

«Freitag, 15 Uhr, bin ich wieder da und hol dich ab», hatte mein Vater versprochen.

Noch vor dem Frühgottesdienst hatte ich meine Tasche reisefertig. Die meisten Väter oder Mütter kamen unmittelbar nach Schulende, um ihre Kinder abzuholen. Ich saß schon um kurz vor 14 Uhr auf der Mauer neben dem gusseisernen Eingangstor. Bum-Bum nahm den Zug. Gustavs

Stiefmutter, die Freifrau, wurde in einem Mercedes 560 SEL chauffiert. Wir staunten nicht schlecht.

«V8-Motor mit knapp 300 Pferdestärken», sagte einer.

«Hubraum 5547 cm³», ein anderer, «Automatikgetriebe.»

«Höchstgeschwindigkeit 250 km/h, gedrosselt», sagte ich.

«0 auf 100 in 6,9 Sekunden», sagte der Letzte.

Wir kannten die Details alle auswendig. Quartett-Kartenspiel «Serien-Personenwagen». Der 560 SEL war der leistungsstärkste bis dahin gebaute Personenwagen von Mercedes-Benz. Nur in einem einzigen Feld zu schlagen: 1830 Kilogramm Leergewicht. Der Wagen war doppelt so schwer wie ein Golf II.

Obwohl seine Stiefmutter nicht ausstieg, um ihn zu begrüßen, umspielte ein merkwürdiges Lächeln Gustavs Mundwinkel. Er öffnete die schwere Hintertür der Limousine, krabbelte hinein, ließ die Tür aber offen, sodass wir einen Blick auf die hellgraue lederne Innenausstattung erhaschen konnten. Gustav genoss das. Das sah man ihm jetzt an. «Mach bitte die Tür zu, Gustavchen, wir wollen los», sagte seine Stiefmutter auffällig freundlich und erst nachdem wir unsere Hälse gereckt hatten. Wahrscheinlich genoss sie es auch. Gustav winkte uns zu und zog am Griff. Die Tür schloss mit einem satten metallischen Ton. «So klingt nur ein S-Klasse-Mercedes», sagte einer. Ich dachte an das Geräusch, das der Kofferraum unseres älteren Mercedes machte, und sehnte meinen Vater herbei.

Nach und nach wurden die anderen von VW-Golfs, Opel-Kombis, Audis und anderen Mittelklassewagen abgeholt. Jedes Mal, wenn ein Auto um die Ecke bog, schauten wir alle gemeinsam rüber. Jeder hoffte, dass nun er an der Reihe wäre. Ich verabschiedete jeden Einzelnen – bis ich allein auf der Mauer zurückblieb. Es war kurz nach 15 Uhr.

Da die tägliche Mittagspause im «Griechen» erst um 14 Uhr 30 begann, wird er sich wohl ein bisschen verspäten, dachte ich. Die Minuten vergingen. Eine nach der anderen. Ich folgte dem Sekundenzeiger auf meiner blauen Swatch. 15:12:04, 15:12:05, 15:12:06, 15:12:07 … Um 15 Uhr 34 hörte ich einen Automotor näher kommen. Ich sprang erfreut auf und sattelte meine Tasche, aber um die Ecke bog der Kleinlaster eines Handwerksbetriebs. Direktor Benedikt hatte erwähnt, dass am Wochenende einige Arbeiten im oder am Haus stattfanden. Deshalb durfte auch keiner der Schüler übers Wochenende im St. Pirmin bleiben. Ich sah, wie der Wagen parkte und drei Männer ausstiegen. Zwei gingen – ohne auf mich zu achten – sofort zur hinteren Tür und kramten ihr Werkzeug hervor. Der dritte, ein älterer Herr im Blaumann, stemmte seine Hände in die Hüfte und spannte seinen Rücken.

«Na», sagte er, als er mich erblickte, «haben dich deine Eltern vergessen?»

Es sollte wohl ein Spaß sein. Die anderen beiden, um viele Jahre jünger, lachten. Ihre Werkzeugkästen klackerten.

Ich antwortete nicht, stand wie angewurzelt da, immer noch mit der Tasche auf der Schulter.

Der ältere Herr sah zuerst mich an, dann seine Lehrlinge. Die hörten auf zu lachen, wie auf Befehl. Aus seiner Hosentasche zog der Alte einen grünen Bonbon. «Eukalyptus», sagte er. «Möchtest du?»

Ich schüttelte den Kopf. Doch der Alte nahm meine Hand und steckte mir den Bonbon in die Handfläche. «Dann vergeht die Zeit schneller», sagte er. Es klang ein bisschen nach Entschuldigung.

Ich ging zurück zur Mauer. Schaute den Handwerkern hinterher, wie sie am Eingang von Direktor Benedikt in

Empfang genommen wurden. Nachdem sie im Gebäude verschwunden waren, zog ich an beiden Enden der Bonbonverpackung. Eukalyptus schmeckt mir nicht besonders. Aber das Studium des öligen Papiers lenkte mich ab. Für ein paar Sekunden dachte ich nicht daran, dass mein Vater mich vielleicht vergessen hatte.

Angeblich verbringt ein Mensch 374 Tage seines Lebens mit Warten. Mehr als ein Jahr. Und viele Menschen halten Wartezeit für vergeudete Zeit. An der Ampel, im Bahnhof, am Flughafen, beim Arzt, im Stau, an irgendwelchen Automaten, vor Supermarkt- und Abendkassen. Ich wartete einen Großteil meiner Jugend darauf, dass mein Vater mich vom Internat abholt.

Anfangs machte mich das wütend. Aber allmählich begann ich diese Zeit zu genießen. Allein auf der Mauer. Die Ruhe. Öliges Bonbonpapier in der Hand, Bonbon im Mund. Ich beobachtete Vögel beim Nisten, ritzte meinen Namen in den roten Sandstein. Meistens saß ich aber nur da, glotzte in die Welt und dachte an nichts.

Das mache ich übrigens noch heute. Ich bin ein Tagträumer. Manchmal schalte ich einfach ab und glotze in die Welt. So habe ich vorhin diesen Brotkrümel auf dem Küchentisch entdeckt. So kommen mir manchmal Ideen in den Sinn. Wie aus dem Nichts. Meiner Frau, meinen Freunden ist das manchmal ein Rätsel. Wir sitzen gemeinsam am Tisch oder machen einen Ausflug – und plötzlich bin ich in einer anderen Welt, reagiere nicht mehr auf Zurufe, beteilige mich nicht mehr an der Diskussion. Schalte ab und schweige. Oft nur für Sekunden, manchmal aber auch länger. Viel länger. Sie nehmen es mir nicht mehr übel. Sie halten es für eine Marotte.

Manche halten das sogar für eine Gabe. Ist es nicht. Über

Jahre antrainiert. In diesen Wartestunden am Eingang des Internats St. Pirmin.

Der alte weinrote Mercedes bog um 16:11:26 Uhr um die Ecke. Mein Vater lachte hinter dem Steuer, er freute sich, mich zu sehen. Das sah ich ihm an. Dass er sich über eine Stunde verspätet hatte, schien ihn nicht besonders zu belasten. Er erwähnte seine Verspätung nicht mit einem einzigen Wort. Typisch, dachte ich.

Aber komischerweise war auch meine anfängliche Wut wie weggeblasen. Mein Vater stieg aus und nahm mich in den Arm. Ich drückte mich gegen seinen Körper. Zusammen gingen wir zum Kofferraum, öffneten ihn. Er nahm mir die Tasche ab und legte sie hinein.

Zeit hat bei uns zu Hause nie eine große Rolle gespielt. Es gab nur zwei wichtige Zeitpunkte im Alltag meiner Eltern: Die Restauranttür des «Griechen» musste morgens spätestens um 11 Uhr aufgeschlossen werden und noch einmal um 17 Uhr – nach der Mittagspause. Alles andere befand sich mehr oder weniger im Fluss. Frühstück, Mittag- oder Abendessen, Aufstehen, Schlafengehen – alle jene Dinge, die im Internat auf die Sekunde genau reglementiert wurden, waren bei uns zu Hause an keine Regeln gebunden. Auch wenn ich mich bemühe: Das Leben im Internat und das Leben zu Hause bei meinen Eltern hatten nicht die geringste Schnittmenge. Das oberste Ziel zu Hause war, dass der «Grieche» läuft. Diesem Ziel ordneten sich alle unter: meine Eltern, Jorgo, Ari – und letztlich auch ich. Wie dieses Ziel erreicht wurde, war jedem selbst überlassen. Wir sprachen uns ab. Aber diese Art des Zusammenlebens förderte bei uns Jungs eine innere Freiheit, zu tun und zu lassen, was wir für richtig hielten. Mein Vater liebte seine Freiheit. Und dieses Gefühl gab er an uns weiter.

Die Regeln des Internats erinnerten mich dagegen daran, dass nicht jeder in der Lage war, aus seiner persönlichen Freiheit die richtigen Schlüsse zu ziehen. Deshalb wurde das Leben in Tageszeiten, die Tageszeiten in kürzere Zeitabschnitte unterteilt und die Einhaltung dieser kürzeren Zeitabschnitte obendrein von den Erziehern überwacht.

Kurz nachdem ich auf dem Beifahrersitz Platz genommen hatte, fragte mein Vater: «Und? Wie war die erste Woche?» Er startete den Motor.

Die Frage kam zwar nicht überraschend, aber ich wusste nicht so recht, was ich ihm sagen wollte. Also gab ich ihm die bestmögliche Antwort. Kurz und gelogen: «Gut», sagte ich.

Er schaute mich aus den Augenwinkeln mit einem Stirnrunzeln an, verkniff sich aber die Nachfrage, was «gut» denn bedeute.

Seinen Tipp, mich nicht mit älteren Schülern anzulegen, hatte ich ja ignoriert. Dass der Frühgottesdienst wirklich früh stattfand, erschien mir als Nachricht nicht wichtig genug. Zu sehr beschäftigte mich der Moment, als ich mich gleich am ersten Tag so elend fühlte, dass ich im «Griechen» angerufen und wortlos aufgelegt hatte. Auch der Moment, als sich alle von mir entfernten, kam mir in den Sinn. Sogar Bum-Bum und Gustav, meine beiden Zimmergenossen. Beide fand ich zwar – jeden auf seine Weise – nicht unsympathisch, aber sie hatten mir damit klar zu verstehen gegeben, dass im Internat jeder für sich selbst kämpft und ich nicht auf sie zählen kann. Wenn man es genau nahm, und ich nahm es in dem Moment im Auto sehr genau, als wir das Ortsschild «Dahn» passierten, war ich nichts anderes als der klassische Außenseiter. Nicht nur vom Aussehen her. Und: Es würde wohl schwerer werden als erwartet. Das hatte auch Herr Fröhlicher angedeutet. Herr Fröhlicher! Mein Vater hatte mit ihm telefoniert, ihm erzählt, dass er selbst in einem Waisenhaus aufgewachsen war. Ihn gebeten, ein «Auge auf mich» zu werfen. Durfte ich das ansprechen? Oder war das ein geheimes Telefonat zwischen zwei Erziehungsberechtigten gewesen? Sollte ich Vater vielleicht von Krüger erzählen? Die Fragen rauschten nun im Sekundentakt an mir vorbei. Wie das Dahner Felsenland. Plötzlich freute ich mich mit jedem Meter, den wir zurücklegten, mehr und mehr auf meine Mutter, Jorgo und Ari. Ich lehnte mit dem Kopf gegen das Autofenster und lächelte.

«Alexandre?», fragte mein Vater. Ich drehte meinen Kopf zu ihm. «Wovon träumst du?»

«Ich träum nicht», antwortete ich. «Ich freu mich auf zu Hause.»

Mein Vater streckte seine Hand nach meinem Hinterkopf aus und streichelte mich. «Mama kann's kaum erwarten, dich zu sehen», sagte er.

«Wirklich?», fragte ich zurück.

«Ja, klar. Was denkst du denn?»

Ich hatte mir oft die Frage gestellt, wie es sein würde, wenn ich das erste Mal wieder nach Hause zurückkehre. Nachts, im Bett, macht man sich als Junge viele Gedanken. Auch abstruse. Ich dachte zum Beispiel daran, dass mich die Jungs vom Gottesacker nicht mehr mitkicken lassen, wenn ich ohne Ari dort auftauchen würde.

«Also, jetzt mal ehrlich. Wie war die erste Woche?», wiederholte mein Vater seine Frage ohne Vorwarnung. Wir waren schon fast auf der A65, nur noch etwa zwanzig Minuten von zu Hause entfernt. Ich kramte in meinen Erinnerungen nach den Lichtblicken der ersten Woche.

«Herr Fröhlicher, unser Erzieher, ist ein sehr netter Mann», sagte ich. «Er hat mich zu einem Gespräch in sein Büro geladen und gesagt, dass ich jederzeit zu ihm gehen kann, wenn was ist.»

Mein Vater nickte. «Ja, ich habe mit ihm gesprochen», gab er unumwunden zu.

«Ach?», fragte ich. «Wann denn?»

«Vor ein, zwei Wochen. Deine Mutter meinte, ich soll ihn anrufen.»

Das war also geklärt. Meine Mutter war die treibende Kraft hinter diesem Anruf. Ich hatte mich schon gewundert. Es sah meinem Vater nicht ähnlich, dass er sich zu offensichtlich um uns sorgte. Er überließ das immer gern meiner Mutter.

Das erste Wiedersehen mit ihr fühlte sich an, als wäre ich gerade aus der Schule gekommen: Sie stand in der Küche – blaue Schürze, weißes Kopftuch – vor dem großen Gasherd mit den acht Flammen und rührte mit einem langen Holzlöffel in einem dunklen Topf, dem vertraute Düfte entstiegen. Thymian, Minze, Knoblauch. Ich rannte ihr entgegen und schmiegte mich an ihren Bauch. Ihre Arme umklammerten mich für Sekunden so fest, dass mir die Luft kurz wegblieb, und ich spürte ihre Küsse auf meinem Kopf. Endlich zu Hause.

Mein Vater und meine Mutter wechselten ein paar Blicke, er nickte, sie lächelte. Das war ihre Signatur. Er signalisierte ihr, dass alles in Ordnung ist. Ari und Jorgo kamen die Drehtür zur Küche herein.

«Hey, Kleiner», sagte Ari, «da bist du ja wieder.»

Ich rannte auch ihnen entgegen. Jorgo drückte mich, Ari gab mir gleichzeitig einen Klaps auf den Hinterkopf.

«Ah, es riecht nach frischen grünen Bohnen und gefüllten Paprika», sagte Jorgo. Neben dem Topf, in dem meine Mutter wieder rührte, brutzelten Hackfleischbällchen in einer großen Pfanne; ein paar lagen schon auf einer Lage Zewa-Tüchern bereit.

«Gibt's das jetzt immer, wenn der Kleine kommt?», fragte Ari und verbrannte sich die Finger an einem der Hackbällchen.

«Vorsicht! Die sind noch heiß», sagte meine Mutter.

Ari pustete sich den Zeigefinger kalt.

So schön sich die Rückkehr auch anfühlte, es war ein seltsames Gefühl, wieder im «Griechen» zu sein. Ich schlenderte nach dem Essen durchs Lokal, schaute mir die Vasen und Statuen an, inspizierte zum tausendsten Mal das expressionistische Gemälde der Akropolis an der Wand, ging hinter die Theke, schenkte mir eine Cola ein, trank einen Schluck und sah mich um: Zum ersten Mal im Leben kam mir diese Umgebung fremd vor. Als würde ich von außen in diese Welt eintauchen, als wäre ich vorübergehend Gast. Und sosehr ich mich auch anstrengte, es gelang mir nicht, dieses diffuse Gefühl, das sich im Internat um mich herum aufgebaut hatte, zu Hause wieder abzubauen.

Die ersten Gäste saßen schon im «Griechen». Ari zapfte gerade ein Pils – und ich prägte mir ein, wie er aussah. Seine weiße Schürze mit dem «Griechen»-Emblem an der Seite reichte ihm fast bis zu den Knöcheln, er trug schwarze Lederschuhe, ein hellblaues Hemd und eine dunkelblaue Krawatte. Sein Gesicht war frisch rasiert. Er sah aus wie ein erwachsener, gutaussehender Kellner, der alles im Griff hatte.

Draußen war es noch hell, und ich fragte ihn, ob er mit zum Gottesacker kommt. Aber er winkte ab.

«Kleiner, glaubst du, ich hab mich umsonst so rausgeputzt? Ich muss jetzt arbeiten.»

Meine Frage war eigentlich nur ein verzweifelter Versuch, das Augenscheinliche zu ignorieren. Unsere gemeinsame

Zeit auf dem Gottesacker gehörte der Vergangenheit an. Ari sah wohl meine Enttäuschung. Er stellte das frischgezapfte Pils auf das Tablett, balancierte das Tablett elegant auf der Hand. «Vielleicht am Sonntagmorgen. Okay?», sagte er und ging.

Der Weg zum Gottesacker führte die Waldhornstraße entlang. An deren Ende stand das Tor zum ehemaligen Friedhof. Ich überquerte die Kapellenstraße und setzte einen Schritt vor den anderen. Gleichzeitig kniff ich die Augen zusammen, um schon von Weitem zu sehen, welche Jungs gerade auf dem Bolzplatz kickten. Ich erkannte Tayfun an seiner schmalen Statur und Gianni an der Haltung, wie er mit dem Ball am Fuß Dario umkurvte. Als er mich sah, stoppte er, grinste, hob die Hand – und schoss den Ball aus dem Stand in weitem Bogen über die Zuschauer in meine Richtung. Der Ball schlug ein Mal auf, ich nahm ihn mit der Brust an, ließ ihn auf dem Knie abtupfen und knallte ihn volley zurück. Was für ein großartiges Gefühl. Ich legte alle Kraft in den Schuss. Beinahe hätte ich Mel getroffen, die am Spielfeldrand stand. Der Ball rauschte an ihr vorbei, direkt auf Tayfun zu. Er machte einen Schritt nach rechts und spielte ihn mit der Hacke weiter zu Gianni. Seine Technik war wirklich beneidenswert.

«Hey! Du bist wieder da!», rief Tayfun. Gianni und ich klatschten uns eingeübt ab: Handinnenfläche, Handrücken, Faust. Der gängige Gruß auf dem Gottesacker. Tayfun kam hinzu. Sie hatten das Spiel eigens unterbrochen. Für die beiden stiegen zwei Andere ins laufende Spiel ein. Wir setzten uns in Gras.

«Und, wie läuft's?», fragte ich.

«Wie immer, nix Besonderes», sagte Tayfun.

«Esra wurde zu Sozialarbeit verdonnert», sagte Gianni.

«Echt?»

«Ja, der Depp hat sich dabei erwischen lassen, wie er nachts einen Zigarettenautomat knacken wollte.»

«Hat er nicht schon einmal einen geknackt?», fragte ich.

«Ich sag doch: alles wie immer», erklärte Tayfun lächelnd.

«Ja, schon öfter. Deshalb die Arbeitsstunden. Er muss jetzt bei der Müllabfuhr aushelfen oder so was», setzte Gianni fort.

Wir lachten bei der Vorstellung, dass Esra jetzt die orangefarbenen Klamotten der Müllabfuhr trug.

«Und bei dir?», fragte Tayfun. «Wie ist es dort?»

Ich nahm tief Luft. Und seufzte.

«Ist halt eine andere Welt», sagte ich. «In dem Ort wohnen gerade mal 5000 Leute, ist voll das Mini-Kaff», sagte ich.

«So wie die Waldstadt oder Hagsfeld?», versuchte Gianni eine Einordnung. Er ging in der Waldstadt auf die Europaschule und sprach immer davon, dass er «außerhalb der Stadt» zur Schule geht.

«Nee, da ist gar nix. Keine Straßenbahn, kein Kino, nix. Nur eine Schule und das Internat.»

«Keine Straßenbahn, kein Kino, echt?», staunte Tayfun. «Wie in dem Dorf meiner Großeltern in der Türkei. Da gibt's auch nix.»

«Und wie ist das Internat?», fragte Gianni.

«Wie ein Kloster!», sagte ich. «Morgens um sechs muss man zum Frühgottesdienst.»

«Zum Früh- was?!», prustete Gianni.

«Früh-Gottesdienst. Da kommen alle zusammen und beten in einer Kapelle.»

Tayfun und Gianni tauschten einen Blick – und schauten mich mit großen Augen an. «Wirst du jetzt Priester, oder was?», fragte Gianni.

«Quatsch!», blaffte ich zurück.

«Aber da sind nur Jungs, keine Mädchen. Richtig?»

«Im Internat sind nur Jungs, aber die Schule ist ganz normal. Mit Mädchen.»

«Ah», sagte Gianni. «Und? Geht da was?» Er lachte und klopfte Tayfun auf die Schulter.

Natürlich waren mir ein paar der Mädchen gleich in der ersten Woche am OWG aufgefallen. Ein Mädchen sogar besonders. Aber noch war es entschieden zu früh, sie Gianni und Tayfun zu präsentieren. Ich kannte ja gerade mal ihren Namen.

«Nee. Noch geht da gar nix», sagte ich.

Für ein paar Sekunden schwiegen wir und schauten den anderen beim Ausschiffer zu.

«Kicken?», warf Tayfun in die Runde.

«Kicken», sagte ich.

Als ich gegen neun wieder im «Griechen» ankam, platzte der Laden gerade aus allen Nähten. Ari und Jorgo nahmen Bestellungen entgegen, mein Vater stand hinter der Theke. Wenn er keine Souvlaki oder Lammfilets auf der Holzkohle liegen hatte, rauchte er gern eine Zigarette und sah seinen Söhnen bei der Arbeit zu. Manchmal gab er Anweisungen, wenn ihm etwas auf- oder missfiel. Zum Beispiel: «Ari, der Aschenbecher, Tisch acht.» Das bedeutete, dass Ari ihn ersetzen sollte. Oder: «Jorgo, die Leute an Tisch zwölf haben schon gegessen. Bring ihnen endlich einen Ouzo!»

Er liebt es, zu dirigieren.

«Ah, gut, dass du kommst! Hilf deinen Brüdern», sagte er.

«So?», fragte ich. Ich trug meinen grünen Adidas-Trainingsanzug, der an den Knien ein bisschen verdreckt war.

Er sah mich von oben bis unten an. «Du stehst doch nur hinter der Theke», sagte er, drückte seine Zigarette aus und ging zum Grill.

Kaum hatte ich mich hinter dem Zapfhahn postiert, rief

Ari: «Zwei Demestica weiß, ein Athos rot und zwei Pils, Tisch fünf!»

Während er rief, schrieb er die Bestellung auf seinen Zettel.

Jorgo begrüßte an der Tür die neu eintretenden Gäste.

Mein Gefühl, im «Griechen» fremd zu sein, löste sich im Qualm des Grills für kurze Zeit auf. Ich wusch mir die Hände an der Spüle und schenkte im Minutentakt Getränke aus. Gäste, die zum ersten Mal bei uns waren, schauten mich etwas merkwürdig an. Gehört der zur Familie? Die meisten jedoch kannten mich. Sehr gut sogar. Einer der im «Griechen» gern gastierenden Journalisten der *Badischen Neusten Nachrichten*, Lokalchef Jürgen Gottmann, fragte mich über die Theke hinweg, wie es mir in der ersten Woche im Internat gefallen hatte. Er war eingeweiht. Wie viele unserer Stammgäste. Hatte mit meinen Eltern über Vor- und Nachteile eines Internats gesprochen, sie gefragt, wie sie sich damit fühlten, meine Mutter aufgemuntert, meinen Vater bestärkt. Und jetzt war ich dran.

«Ganz gut», sagte ich laut, um den Lärm im Lokal zu übertönen.

Gottmann hob sein Glas. «Schön», sagte er. «Kommst du auch gut mit deinen neuen Mitschülern zurecht?»

Die Frage erwischte mich unerwartet. Und heftig. Ich dachte sofort an Krüger.

«Klar», log ich. In meinem Bauch grummelte es plötzlich.

Gottmann lächelte nichtsahnend und wandte sich wieder seinen Freunden zu. Mir wurde augenblicklich schlecht. Ich dachte an Sonntag. Sonntag ging es wieder zurück.

Jeder Tisch im «Griechen» war besetzt. Gläser klirrten beim Anstoßen. Ein Paar feierte seinen Hochzeitstag. Mein Vater hatte sich wieder am offenen Holzkohlegrill vor der

Küche postiert. Es zischte, Rauch stieg auf und wurde von der Abluft eingesogen. Ari und Jorgo hatten sich zu Gästen gesetzt, eine Zigarettenpause eingelegt, jeder war versorgt. Im Lokal lag diese unvergleichlich angenehme Stimmung, die sich nur dann offenbarte, wenn jeder Einzelne zufrieden, vielleicht sogar glücklich war.

Nur in meinem Kopf lief ein anderer Film. Ich fühlte weder das eine noch das andere. Eine Leere machte sich in mir breit. Es war jenes Gefühl, das ich aus dem Internat mitgeschleppt hatte und nun zum ersten Mal bewusst registrierte. Einsamkeit. Ein Gefühl, das ich in den kommenden Monaten und Jahren nie wirklich loswurde.

KAPITEL 5
Kein Ausgang (1988–1989)

Die meisten Jungen im Internat empfanden Einsamkeit als etwas, gegen das sie ankämpfen mussten. Bum-Bum stellte seine Einsamkeit zum Beispiel auf eine imaginäre Waage. Als Gegengewicht fungierte die Zuneigung, die ihm seine Mutter oder sein Vater abwechselnd entgegenbrachten. Je mehr Zuneigung er erfuhr, desto gelöster wirkte er, und desto weniger lag ihm die Einsamkeit wie ein schwerer Brocken im Magen. Die Zuneigung seiner Eltern war zu einer Art Währung geworden, deren Wert er nach Belieben nach oben treiben konnte. Je höher der Preis, desto stärker die Dosis. Schenkte ihm seine Mutter Nike-Schuhe, konterte sein Vater mit dem neuesten Walkman-Modell der Firma Aiwa. Bum-Bum besaß alles, was man sich als Dreizehnjähriger wünschte.

Gustav dagegen bildete sich ein, wenn er es nur allen recht machte, würde ihn die ganze Welt lieben. Und er war am Boden zerstört, wenn sich diese Annahme als falsch herausstellte. Gustav gehörte zu jenen, die sich in ihrer Einsamkeit suhlten, die eigenen Eltern brandmarkten, vor Selbstmitleid zerflossen, ja, die ganze Welt schlecht fanden und deshalb manchmal den ganzen Tag im Bett verbrachten.

Andere stemmten sich in der Muckibude im Untergeschoss gegen ihre Einsamkeit. Bankdrücken gegen das Gefühl, zu Hause nicht erwünscht zu sein. Muskelaufbau für die Vorherrschaft im St. Pirmin.

Für mich war dieses Gefühl erst mal neu. Ich war erstaunt, welche Wucht Einsamkeit bei den anderen entfaltete. Und ich war erstaunt, welche Kraft sie mir gab. Ich begriff intuitiv und schnell, dass ich nicht gegen sie ankämpfen wollte. Nicht einmal das Gewusel im «Griechen», der Lärm, die Gläser, die Götterfiguren, der Geruch von Béchamel auf dem Moussaka, nicht mal der Anblick meines Vaters hinterm rauchenden Grill oder meiner Mutter, wie sie aus dem kleinen Küchenfenster schaute, auch nicht Jorgos oder Aris Gegenwart, konnte sie vertreiben. Sie war stark genug, all dem zu trotzen. Sie trat zwar zurück, wie hinter einen Vorhang. Unsichtbar für andere, weil sie nicht ahnten, dass sie sich dort versteckt. Aber ein ständiger Begleiter für mich.

Fröhlicher hatte recht. Es war nicht leicht, ich brauchte Wochen oder gar Monate, um mich an meinen neuen Alltag zu gewöhnen.

6 Uhr 15: Aufstehen. Morgentoilette. Anziehen.

6 Uhr 45: Frühgottesdienst (in der internatseigenen Kapelle)

7 Uhr 00: Frühstück (im großen Saal)

7 Uhr 15: Frühstudium (Vorbereitung auf den Schultag)

7 Uhr 30: Zur Schule gehen (bis 13 Uhr)

13 Uhr 30: Mittagessen (im großen Saal)

14 Uhr bis 16 Uhr: Freizeit

16 Uhr bis 19 Uhr: Studium (Zeit, um Hausaufgaben zu erledigen und den Unterrichtsstoff des Tages zu wiederholen; das Studium wurde unterbrochen durch zwei zehnminütige Pausen jeweils zur vollen Stunde)

19 Uhr 05: Abendbrot (im großen Saal)

19 Uhr 30 bis 20 Uhr 45: Freizeit

21 Uhr: Licht aus.

Am Wochenende gab es allerdings kaum Regeln. Meine Eltern gingen noch nachsichtiger als zuvor mit mir um. Vielleicht, weil sie ein schlechtes Gewissen hatten. Vielleicht, weil sie froh waren, mich am Wochenende bei sich zu haben. Vielleicht wegen beidem. Jedenfalls stand ich auf, wann ich wollte, schaute Ari beim Arbeiten zu oder trieb mich auf dem Gottesacker rum, wo ich meine Freunde von früher traf. Kein Frühgottesdienst, kein Frühstudium, nur Freizeit. Die einzigen beiden Regeln, die mir meine Eltern auferlegt hatten, lauteten: Sie wollten immer wissen, wo ich bin. Und sie wollten, dass ich spätestens um 21 Uhr zu Hause bin. Beide Regeln habe ich so gut wie nie beachtet. Nicht als Dreizehnjähriger und schon gar nicht, als ich älter wurde.

Im Internat dagegen gab es neben den Alltagsbestimmungen auch strenge Ausgangsregeln. Das Wort «Ausgang» kannte ich bis zu diesem Zeitpunkt gar nicht. Es definierte den Umstand, dass man sich ohne eine besondere Erlaubnis vom Internatsgelände entfernen durfte. Als Siebentklässler hatte man nur mittags Ausgang, nie abends.

Es war November, als ich diese Regel zum ersten Mal brach.

Der Grund war eine überraschende Einladung. Bettina Fänger, eine Klassenkameradin, hatte mich um 18 Uhr zu ihrem 14. Geburtstag eingeladen. Das war einerseits toll, andererseits jedoch gleich mehrfach problematisch: 1. Ich hatte abends keinen Ausgang. 2. Sie wohnte in Busenberg, etwa acht Kilometer entfernt. 3. Ich hatte nicht einmal ein Fahrrad, um nach Busenberg zu kommen.

Das Ganze erforderte also einen ausgeklügelten Plan. Und Bum-Bums Mithilfe. Herr Fröhlicher war an dem Abend glücklicherweise selbst auf einer privaten Feier, Herr Bartheim war für ihn eingesprungen. Und Herr Bartheim war nicht annähernd so regelgetreu wie die anderen Erzieher im

Haus. Manchmal war er stundenlang nicht zu sehen. Gegen 18 Uhr, noch während des täglichen Studiums, meldete ich mich bei ihm bauchkrank: Magen-Darm. Ich legte mich ins Bett und wartete darauf, dass Bartheim unser Stockwerk verließ, um bei seinen Oberstufenschützlingen nach dem Rechten zu sehen. Als er weg war, schlich ich in den Keller, schnappte mir Bum-Bums nigelnagelneues Mountainbike und verließ das Gebäude exakt zu dem Zeitpunkt, als sich alle fürs Abendbrot im großen Saal einfanden. Natürlich war ich aufgeregt, das hatte alles ein bisschen was von Abenteuer, aber schön war es nicht: Es war dunkel, es war kalt, es hatte geregnet – und ich trug lediglich ein Sweatshirt über meinem geliebten blauen «think pink»-T-Shirt, das sich schon auf halber Strecke zwischen Dahn und Busenberg vollgesogen hatte. Den Weg, der einer Tour-de-France-Etappe ähnelte, hatte ich, wie die Kälte, unterschätzt. Zwar besaß Bum-Bums Fahrrad eine dieser neuen Shimano-Schaltungen mit 28 Gängen, aber da ich nicht sicher war, wie man sie bedient, und ich auch nichts kaputt machen wollte, radelte ich in ein und demselben Gang die acht Kilometer mit 10-prozentiger Steigung rauf – und wieder runter.

Als ich gegen 19 Uhr 20 das Haus der Fängers erreichte, hatte ich plötzlich Bammel. Mein T-Shirt war verschwitzt, das Geschenkpapier pappte an meiner Hand (ich hatte Bettina ein kleines Notizbüchlein gekauft und eingepackt), und weil ein Fenster offen stand, konnte ich jede Menge Stimmen hören. Ich kam ohnehin schon mehr als eine Stunde zu spät. Vielleicht war mein Wegbleiben gar nicht aufgefallen? Vielleicht würde ich nur stören? Ich stand im Regen und war kurz davor, wieder umzukehren. Da ging die Tür auf.

«Willst du nicht reinkommen?», fragte sie.

Es gibt Momente im Leben, die bleiben ewig in Erinnerung. Obwohl wir in derselben Klasse waren, hatte ich noch nie ein Wort mit ihr gewechselt. Hatte mich nicht getraut. Zu abwegig erschien mir die Idee, ich könnte ihr gefallen. Sie schien unantastbar. So hübsch war sie. Mit Sicherheit das hübscheste Mädchen am OWG. Hübscher als jedes Mädchen, das ich kannte. Hübscher als Michaela.

Sie stand in der Haustür, die Deckenlampe der Fängers leuchtete hell, ihr Gesicht war kaum zu erkennen. Musste es auch nicht. Ich kannte es auswendig, hatte es in den Wochen zuvor heimlich aus den Augenwinkeln studiert – in Mathe, Physik, Musik oder bildender Kunst. Schulterlanges, lichtblondes Haar, eine wunderbar glatte Haut, leicht gerötete Wangen, weich geformte Lippen, einzelne Sommersprossen rund um und ein paar auf ihrer Nase, meerblaue Augen und ein Lächeln, über das man Lieder schreiben könnte: Ella.

Ich dagegen muss fürchterlich komisch ausgesehen haben. Sie lachte. Meine Haare klebten am Kopf, ich war durchnässt, ein Gesichtsbach rann mir über die Nase, bildete einen Tropfen und juckte. Ich wischte ihn mit dem feuchten Ärmel meines Sweatshirts weg.

«Doch. Äh. Klar. Wollte nur das Rad irgendwo abstellen, wo es nicht nass wird.»

Sie zeigte mit dem Finger zum Garagentor. Bettina, ihre beste Freundin, erschien hinter ihr. «Oh, hallo! Dachte nicht, dass du noch kommst», sagte sie.

«Ja, Entschuldigung. Ich bin ein bisschen spät.»

Ich hielt ihr das Geschenk – oder besser das, was vom Geschenk übrig geblieben war – hin. Das Papier war aufgerissen, das Büchlein wohl ebenso nass wie ich.

Ihre Gesichtszüge verzerrten sich: «Äh, danke», sagte sie.

«Der Regen hat's etwas aufgeweicht», versuchte ich eine

Erklärung. «Vielleicht kannst du es trocken föhnen?» Als ich den Satz ausgesprochen hatte, kam er mir so dumm vor, dass ich gleich nachlegte. «Ich hab dir eine Widmung reingeschrieben.»

Bettina blätterte die erste Seite auf. Die Tinte war zu einem unleserlichen blauschwarzen Klecks angewachsen, der sich tief ins geriffelte Papier eingegraben hatte.

«Was steht denn da?», fragte sie. Ella schaute neugierig in meine Richtung.

Ich lehnte das Rad gegen das Garagentor und wollte ihr eine schmeichelnde Antwort geben, aber die Widmung fiel mir ums Verrecken nicht ein. Sie lag mir auf der Zunge. Auf der Zungenspitze. Fast eine Stunde hatte ich gegrübelt, sogar einen Reim verfasst. Aber der Wortlaut war weg, wie weggeschwemmt.

«Na, ‹Alles Gute, liebe Bettina›, was sonst?», sagte ich stattdessen, wohl wissend, dass mir das keine Bonuspunkte einbringen würde. Ich grinste blöd. Ziemlich blöd.

«Aha», sagte Bettina nur. Sie hatte wohl mit etwas Feierlicherem gerechnet. Ella lächelte. Wie immer: zum Liederschreiben.

«Willst du ihn jetzt da draußen stehen lassen?», fragte sie Bettina, die vielleicht wirklich mit dem Gedanken spielte.

«Ach so, nein, natürlich nicht. Komm rein!»

Ich reichte ihr die Hand.

«Herzlichen Glückwunsch!»

«Danke. Da vorn ist das Gäste-WC, da kannst du dich abtrocknen», sagte sie.

«Oh, ja, danke», erwiderte ich und schaute mich nach Ella um. Sie war aber schon mit einem «Bis gleich» in der Küche verschwunden.

Im Gäste-WC rubbelte ich mir mit einem Miniaturhandtuch das Gesicht trocken, fuhr mir damit durch die Haare, versuchte sie neu zu organisieren, aber mit einem Lockenkopf wie meinem ist das so eine Sache.

Zeitlebens wollte ich immer so eine coole Surferlook-Frisur: lange, glatte Haare, die im Wind flattern, wenn er weht. Aber das war mir nicht gegeben. Stattdessen standen sie mir in alle Richtungen ab. «Du siehst aus wie ein Pudel», sagte ich zu meinem Spiegelbild.

Es klopfte an der Tür.

«Wie lang dauert das denn noch?», rief jemand, und die Stimme kam mir beängstigend bekannt vor.

Krüger.

Was zum Teufel hatte der hier verloren?

Es klopfte wieder.

«Ja, gleich», rief ich und versuchte, meine Stimme zu verstellen.

Ich zögerte ein paar Augenblicke und betätigte die Klospülung, obwohl ich das Klo nicht benutzt hatte. Wahrscheinlich ein Reflex. Dann sah ich wieder in den Spiegel. «Ella», dachte ich und drehte den Schlüssel. Krüger würde nicht lange brauchen und begreifen, dass ich das Internat ohne Erlaubnis verlassen hatte. Er würde mich sicher anschwärzen.

Doch als ich die Tür aufmachte, stand keiner davor. Ich lugte in den Flur. Auch niemand. Ich hatte weiche Knie. Eins führte ich auf Krüger zurück, das andere auf Ella.

Ich hatte nun zwei Möglichkeiten. Entweder ich verließ das Haus auf der Stelle und radelte so schnell wie möglich zurück. Wahrscheinlich würde keiner bemerken, dass ich ausgebüxt war. Alles wäre in Ordnung. Oder ich würde bleiben und Gefahr laufen, Krüger zu begegnen. Die Folgen dieses Wiedersehens wollte ich mir gar nicht erst ausmalen.

Haustür oder Küchentür.

Haustür oder Küchentür.

Wie bei einem Tennismatch von Boris schaute ich nach rechts, nach links, wieder nach rechts, wieder nach links.

Ich ging in die Küche.

Ella lehnte an der Spüle. Neben ihr stand ein älteres Mädchen mit sehr langem, glattem Haar. Sie sahen sich ähnlich.

«Hallo», sagte ich, froh, Krüger nicht anzutreffen.

Ella lächelte.

«Hallo, ich bin Sophie», sagte das ältere Mädchen. «Ellas Schwester.»

Daher die Ähnlichkeit, dachte ich und gab ihr die Hand. «Du musst Alexandros sein. Hab schon von dir gehört», sagte sie.

Ich brachte nur ein gekrächztes «Echt?» heraus. Mir war nicht klar, wie ich das einordnen sollte. Sophie schätzte ich ungefähr aufs selbe Alter wie Krüger. Hatte er über mich gesprochen? Die Möglichkeit, dass ihre Schwester von mir erzählt hatte, verdrängte ich vollkommen. Ich stand etwas verloren in der Küchenmitte und schielte immer mal wieder über meine Schulter. Krüger konnte jeden Moment auftauchen. Das machte mich hibbelig.

«Alles in Ordnung?», fragte Ella. Mein nervöser Blick fiel ihr wohl auf.

«Ja, klar, alles bestens», log ich und ergriff die Flucht nach vorn. «Was hast du denn so gehört?», fragte ich Sophie.

Sie kicherte. «Ach, dein Name ist mal gefallen. Und da er sich nicht wie die üblichen Namen aus der Gegend anhört …» Sie brachte den Satz nicht zu Ende, begann aber einen neuen. «Und du bist also Grieche?», fragte sie.

«Ja», antwortete ich nicht ohne Stolz und steckte meine Hände bis auf die Daumen in die Jeanshosentaschen. Ich wusste nicht, wohin damit.

«Ella hat erzählt, du bist auf dem Internat in Dahn. Ich kenne ein paar Internatler aus meiner Klasse», sagte Sophie, und ihre Stimme klang so rein und freundlich, dass ich mich nicht entscheiden konnte, ob ich mich freuen oder heulen sollte. Denn kurz darauf sagte sie neben anderen auch den Namen «Frederik Kran». «Kennst du die alle?»

Natürlich kannte ich die. Nur zu gut. Krügers Clique. Meine «An-die-Wand-Steller». Diese Arschlöcher.

«Ja, klar», sagte ich. «Nur nicht so besonders gut. Wir wohnen auf unterschiedlichen Etagen, laufen uns selten über den Weg.» Im Kopf ergänzte ich «Gott sei Dank».

Sophie nickte und zog an ihrem Strohhalm. Genau wie zuvor Bettina schaute sie etwas irritiert auf Ella.

Irgendwie schien mein bisheriger Auftritt in Busenberg nicht besonders glänzend verlaufen zu sein.

«Wo findet eigentlich die Party statt?», fragte ich scheinbar unbefangen.

«Unten», antwortete Ella karg. Sie klang ein bisschen enttäuscht. «Willst du zu Bettina?»

Bettina hatte ich völlig vergessen. Auch die Tatsache, dass ihr Geburtstag gefeiert wurde und nicht etwa der erste Wortwechsel zwischen Ella und mir, war mir kurz entfallen.

«Die sind alle im Hobbykeller», sagte Sophie. «Da steht eine Theke und eine Riesenbowle. Sollen wir runtergehen?»

Wenn ich irgendwo nicht hinwollte, dann war es dieser Keller.

«Bettina? Äh, nein», antwortete ich verlegen. «Ich glaube, sie hat heute genug von mir», sagte ich mit einem Lächeln, das Ella überraschenderweise erwiderte.

Mein Mund war trocken. «Kann ich vielleicht ein Glas Wasser haben?», fragte ich.

«Klar», antwortete Sophie.

Sie fragte mich weiter, warum meine Eltern mich aufs Internat geschickt hatten, und ich erzählte ihr vom Kant-Gymnasium, meiner Lernfaulheit und natürlich vom «Griechen». Ella sagte nicht viel, manchmal ertappte ich sie aber dabei, wie sie mich an- und schnell wieder wegsah. Mal trafen sich auch unsere Blicke, aber besonders lang hielt ich ihrem nie stand. Sophie erzählte mir im Gegenzug von ihrem Freund, der in einem afrikanischen Land zur Schule ging, von dem ich noch nie gehört hatte. Swasiland. Er hatte wohl ein Stipendium oder so. Für mich klang das alles märchenhaft, wie Takatuka-Land, sagte ich und fasste zusammen, was ich über Afrika wusste: dass es dort mal eine deutsche Kolonie gab und dass mein Zimmernachbar dort geboren sei. In einem Ort namens Windhuk.

Zwischen Swasiland und Windhuk hörten wir plötzlich, wie sich Schritte von der Kellertreppe näherten. Nicht nur von einer Person, von mehreren.

Meine gelöste Stimmung schlug sofort um. Ich schaute auf die Uhr.

Aber statt Krüger erschien Daniel in der Tür, unser Klassenkamerad. Meine erste Erinnerung an ihn, der später zu einem meiner besten Freunde wurde: Deutschunterricht bei Walter Bohn, kurz nach meiner Ankunft in Dahn. Noch hatte ich mir kein abschließendes Urteil über meinen neuen Lehrer erlaubt. Dafür kannte ich ihn zu wenig. Ich folgte unauffällig seinen Vorgaben, machte brav meine Hausaufgaben, schrieb mit. Bohn konnte – wenn er wollte – fies sein, ein richtiges Ekel. Er warf redselige Schüler gern aus dem Klassenzimmer oder ließ sie – altmodisch, wie er war – in einer Ecke des Zimmers schmoren, bis der Gong ertönte. Er hatte aus lauter Wut schon mal einen Schüler an den Haaren gezogen, einen anderen gar geohrfeigt – so erzählte man sich. Er hatte aus

Zorn sogar schon mal – wie seinerzeit Nikita Sergejewitsch Chruschtschow in der UN-Vollversammlung – seinen Schuh ausgezogen und damit auf sein Pult gehämmert. Es war also besser, ihn gar nicht erst wütend oder zornig zu machen. Ich erinnere mich, dass ich am äußersten Rand der ersten Reihe saß. Neben mir hockte ein Junge namens Jürgen. Bohn wollte prüfen, ob wir alle unsere Hausaufgaben gemacht hatten. Er bat uns, die Hefte aufgeschlagen auf unsere Tische zu legen, sodass er durch die Reihen gehen und sie mit einem Blick kontrollieren konnte. Jürgen suchte in seinem Ranzen hektisch nach seinem Deutschheft. Er murmelte etwas Unverständliches. Ich hatte sofort Mitleid mit ihm. Er murmelte es lauter: «Oh, nein, bitte nicht, bitte nicht.» In seiner Hektik erreichte er schnell den Zustand eines Ertrinkenden, der mit den Händen etwas greifen will, das nicht existiert. Jedenfalls nicht dort, wo er es vermutete. Jürgen hatte sein Deutschheft vergessen. Walter Bohn begann seinen Kontrollgang am anderen Ende der Bankreihe, kam aber schnell näher. Sehr viel näher. Der einzige Tisch, auf dem kein aufgeschlagenes Heft lag, war der von Jürgen. Bohn blieb stehen. Jürgen sah ihn an. Jedes Wort wäre zu viel gewesen. Aber Bohn wollte den Moment wohl zelebrieren.

«Na?»

Jürgens Gesichtsfarbe wechselte in Sekundenschnelle ins Hellrote. Jeder im Raum wusste, was ihm jetzt blühte. Eine Tirade, eine Wutrede, ein grundsätzlicher Exkurs über Disziplin, Fleiß und faule Ausreden. Wenn nicht sogar Schlimmeres.

«Herr Bohn, ich glaube, ich habe mein Heft zu Hause liegen lassen.»

Totenstille.

Ich war auf alles gefasst.

Nur nicht auf das, was wirklich geschah.

Aus der zweiten Reihe schoss ein dunkelblonder Junge mit runder Nickelbrille empor, den ich bis dahin gar nicht registriert hatte. Er hatte seinen Arm ausgestreckt und zeigte mit dem Finger auf Jürgen. Er rief einen Satz, dessen doppelte Bedeutung ich erst in der Wiederholung begriff. Der Junge rief, so laut er konnte:

«Hängt ihn! Hängt ihn! Hängt ihn!!!»

Daniel.

Über meine linke Schulter hinweg sah ich sein verzerrtes Gesicht. Es sah so aus, als würde er es ernst meinen und gleichzeitig eine Rolle spielen.

Noch mal: «Hängt ihn! Hängt ihn! Hängt ihn!»

Zuerst war ich entsetzt. Warum schrie er? Was wollte er? Doch ich konnte nicht anders: Ich musste so sehr lachen, dass mir mein Zwerchfell wehtat. Auch über Bohns Gesicht, das ich mir natürlich ebenfalls nicht entgehen ließ.

Bohn hatte Daniels messerscharfe Kritik an ihm, an seinem autoritären Stil sofort durchschaut. Er brauchte keine drei Sekunden, um die Konsequenz daraus zu ziehen.

«Daniel. Raus!», sagte er nur.

Als Daniel das Klassenzimmer verließ, sah ich ihm nach und war aufrichtig erstaunt. Er wusste, dass er dafür einen Preis zu zahlen hatte. Und trotzdem: Er hatte sich die Chance nicht entgehen lassen. Daniel, das war mir in dem Moment sofort klar, war anders als alle anderen. Trotzdem dauerte es noch ein paar Jahre, bis aus einer der üblichen Schulfreundschaften eine echte, lebenslange wurde.

«Ach du Scheiße», entfuhr es mir. «Schon Viertel nach acht!», rief ich.

«Musst du schon los?», fragte Ella.

«J-ja», stammelte ich.

Hinter Daniel erschien Bettina in der Tür. Hinter ihr eine ältere Frau, wahrscheinlich ihre Mutter.

«Hier seid ihr!», schnaubte Bettina. «Hab euch schon gesucht. Warum kommt ihr nicht runter zu uns?»

«Wir kommen gleich», sagte Ella.

«Haben uns verquatscht», sagte Sophie wahrheitsgetreu. Ich mochte sie vom ersten Moment an.

Ich bedankte mich bei Bettina nochmals per Handschlag für die Einladung, hob für Daniel die Hand zum High Five und bedankte mich auch bei Frau Fänger, die mich neugierig, aber freundlich bestaunte.

Sophie umarmte ich zum Abschied. Ich hätte auch Ella gern umarmt, aber dafür fehlte mir doch der Mut.

«Tschüs!», rief ich noch in den Raum und öffnete schon kurz darauf die Haustür. Es regnete in Strömen.

Da Bum-Bums Mountainbike zwar eine beeindruckende Gangschaltung, aber kein Lämpchen hatte, orientierte ich mich an der Straßenmarkierung. Sie reflektierte das Licht der vorbeifahrenden Autos. Ich trat wie in Trance in die Pedale. Viertel vor neun stand ich vor dem Internat. Doch die Tür zum Keller war verschlossen. Hatte Bum-Bum unsere Abmachung vergessen? Er sollte einen kleinen Gegenstand in den Rahmen klemmen und so verhindern, dass die Tür ins Schloss fällt. Ich rüttelte noch mal am Griff. Nichts. Zu. Aus. Basta. Ich war geliefert.

Die Sekunden auf meiner Swatch rannten. In ein paar Minuten würde Bartheim in unserem Zimmer stehen und das Licht ausschalten. Ich schloss das Rad ab und stellte es neben die Tür. Im Kopf ging ich die verbliebenen Möglichkeiten durch.

Haupteingang. Wird um acht von einem der Erzieher abgeschlossen.

Lieferanten- und Verwaltungseingang. Wird von einer der beiden Sekretärinnen bei Dienstschluss um 17 Uhr 30 verriegelt.

Ich blickte zu den Fenstern im ersten Stock hinauf. Alles dunkel. Die Fünft- und Sechstklässler mussten ja bereits um 20 Uhr 30 ins Bett.

Mir blieb nichts anderes übrig. Ich musste ums Gebäude gehen und am Haupteingang klingeln.

Kurz bevor ich dort ankam, näherte sich ein Wagen. Ich sah schon von weitem die Lichter und versteckte mich hinter der großen Tanne, die auf dem Vorhof stand. Immerhin hatte der Regen aufgehört. Das Auto hielt, die Beifahrertür ging auf – Krüger stieg aus.

Na toll, dachte ich. Der hat mir gerade noch gefehlt.

Krüger näherte sich dem Haupteingang, er drückte den Klingelknopf. Es schellte. Kurz darauf ging das Licht im Treppenhaus an.

Ich fror und bewegte meine Beine und Füße. Ein Ast knackte unter meiner Schuhsohle. Krüger drehte sich um und sah in meine Richtung. Konnte er mich etwa sehen? Ich hielt die Luft an.

Bartheim erschien an der Tür. Ich hörte, wie er seinen Schlüssel ins Schloss steckte, die Tür aufstieß.

«Na, Frederik, wieder zurück?»

Krüger wandte sich ihm zu. Was er antwortete, konnte ich nicht hören. Als er an Bartheim vorbeigegangen war, zog der Erzieher die Tür wieder zu. Die beiden entfernten sich gemeinsam vom Eingang. Eine halbe Minute später ging im Treppenhaus das Licht wieder aus. Zehn Minuten vor neun.

Mich würde Bartheim sicher nicht so freundlich empfangen. Ich hatte die Hand fast schon an der Klingel, als ich erneut Schritte hörte. Diesmal kamen sie aber von schräg hinten. Bildete ich mir das ein? Ich drehte mich um und schaute ins Dunkel.

«Wer ist da?», fragte ich und dachte an einen der Jungen, der Jason in «Freitag, der 13.» mit derselben Frage begrüßt hatte. Das war kurz bevor Jason, der Killer mit der Eishockeymaske, dem Jungen mit einem Baseballschläger den Kopf zertrümmerte und seine Leiche zerstückelte, um sie in einem mit Steinen beschwerten Sack im See zu versenken.

«Hey!», legte ich nach. Was auch nicht viel mutiger oder cleverer klang.

Hinter der Tanne kam eine rundliche Gestalt hervor.

«Ich bin's», flüsterte Bum-Bum und sagte seinen Spitznamen, um Verwechslungen jeder Art zu vermeiden. «Bum-Bum!»

«Mann!», rief ich fast etwas zu laut. «Du hast mich zu Tode erschreckt.»

«'tschuldigung», sagte Bum-Bum. «Hab das vergessen, das mit der Kellertür, und dich gesucht. Komm, wir können jetzt unten rein.»

Mir fiel ein Sack Steine vom Herzen. Wir stellten das Rad in den Keller und schlichen uns mit pochendem Herzen in den zweiten Stock.

Bartheim stand drei Minuten vor neun in unserem Zimmer. Ich kam gerade aus dem Bad, hatte schnell die nassen Klamotten aus- und ein frisches T-Shirt übergezogen. Mit einem Handtuch rubbelte ich mir das Haar trocken.

«Geht's dir wieder besser?», fragte Bartheim.

«Ja, danke, geht schon», sagte ich. «Hab noch geduscht.»

Bartheim nickte mehrmals. Vielleicht hätte mir das gleich merkwürdig vorkommen müssen.

Ich ging an ihm vorbei und legte mich ins Bett. Eine seltsame Spannung lag in der Luft. Er legte seine Hand auf den Schalter.

«Gute Nacht.»

Bum-Bum, Gustav und ich wiederholten: «Gute Nacht.» Dann ging das Licht aus.

«Ach, Alexandros», sagte Bartheim im Dunkeln. «Meldest du dich morgen bitte bei Herrn Fröhlicher und erzählst ihm, wo du heute Abend warst?»

Er wartete nicht einmal meine Antwort ab, schloss wortlos die Tür und ließ mich wie erstarrt zurück.

Bum-Bum murmelte nur ein leises «Scheiße», Gustav machte keinen Mucks.

Doch ich brauchte nicht lang, um die fehlende Verbindung zu knüpfen.

Krüger.

Wahrscheinlich hatte ihn jemand bei den Fängers auf mich angesprochen. Vielleicht Bettina, vielleicht Bettinas Mutter. Sophie und Ella schloss ich aus. Ich hatte ihnen zu verstehen gegeben, dass Krüger und ich uns nicht besonders mochten. Krüger hatte mich also brühwarm an Bartheim verpetzt. «Was für ein Arschloch», dachte ich. Er hatte den ungeschriebenen Kodex gebrochen, dass sich Internatler nicht gegenseitig bei den Erziehern ans Messer liefern.

«Er hat das Gesetz gebrochen», sagte ich laut.

«Hm?» Bum-Bum malte ein großes Fragezeichen ins Zimmer.

«Krüger! Er war heute Abend auch auf dieser Geburtstagsfeier, er hat mich bei Bartheim verpfiffen.»

«Er war dort?», fragte Bum-Bum ungläubig.

«Ja, er ist mit Ellas Schwester Sophie in einer Klasse.»

«Das heißt, ihr seid euch da über den Weg gelaufen?» Gustav klinkte sich überraschend ins Gespräch ein.

«Nein, aber woher sollte Bartheim sonst wissen, dass ich heute Abend nicht …» In diesem Moment begriff ich, dass es noch eine andere Möglichkeit gab. Ich setzte mich auf und schaltete das Licht an.

«Hat mich einer von euch verraten?»

«Bist du blöd? Warum sollte ich? Ich hab den ganzen Abend unten im Keller Tischtennis gespielt und auf dich gewartet», sagte Bum-Bum aufgeregt. Auch er saß jetzt aufrecht in seinem Bett.

Gustav schwieg. Er verkroch sich unter seine Decke.

«Gustav?», rief ich und war kurz davor, aufzustehen und ihn aus dem Bett zu zerren. «Gustav!?» Er rührte sich immer noch nicht. «Das ist jetzt nicht wahr, oder?»

Langsam kam sein Kopf unter der Decke hervor.

«Es … es war keine Absicht», hörte ich ihn sagen.

«Ach?! Was war es dann?», fragte ich.

«Bartheim hat mich nach dem Essen gefragt, ob du noch im Bett liegst.»

«Ja, und?»

«Ich … ich» Gustav stockte. «Ich habe einen Moment nicht dran gedacht und gesagt: ‹Nee.› Dann kam ein Wort zum anderen, und ehe ich mich rausreden konnte, wusste er Bescheid», sagte Gustav. «Tut mir leid. Wirklich.»

Ich fasste mir an die Stirn.

«Mann, du bist sooo ein …» Ich sah Gustavs trauriges Gesicht und brachte keine richtige Schimpftirade zusammen, ließ mich nur rücklings auf die Matratze fallen.

Fröhlicher war natürlich alles andere als erfreut über meinen Abendausflug. Trotzdem sagte er meinen Eltern nichts. Ich hatte ihm erklärt, dass ich die Sache nie durchgezogen hätte, wenn es nicht um Ella gegangen wäre. Ich beschrieb ihm, wie sie aussah, wie hilflos ich mich in ihrer Gegenwart fühlte. Er hörte mir geduldig zu und lächelte in seinen Bart. Dennoch brummte er mir einen Monat Hausarrest auf. Außerdem musste ich eine Woche nach der Schule täglich Laub rechen auf dem Vorhof, während die anderen Fußball spielten oder sich in der Dahner Eisdiele auf einen Milchshake trafen. Als Krüger mich das Laub rechen sah, sagte er zu seinen Kumpels: «Endlich haben wir für unseren Griechen die richtige Arbeit gefunden. Einmal Gastarbeiter, immer Gastarbeiter.» Ihr verächtliches Kichern kroch mir in die Knochen. «Bleib ruhig», sagte meine innere Stimme. Meine Handmuskeln verkrampften sich am Rechenstiel.

Küche, 1 Uhr 23

Wenn ich an die ersten Winter im Internat zurückdenke: Blass wie Schnee sind die meisten Erinnerungen. Nur dieser eine Moment, als Ella in der Tür der Fängers stand und mich fragte, ob ich nicht reinkommen wolle, geht so tief, strahlt so warm, dass ich ihn wohl nie vergessen werde.

Mittlerweile habe ich mir ein drittes Glas Whisky-Cola eingeschenkt. Wenn ich trinke – da geht es mir wohl wie vielen –, fließen meine Gedanken schneller, lösen sich Barrieren auf. Ich hab das mit der Leber also nicht völlig aus der Luft gegriffen. Manche Erinnerungen liegen tiefer verborgen als andere. Da muss nachgeholfen werden.

Der aktuelle Stand der Wissenschaft besagt, dass unsere Erinnerungen in verschiedenen Arealen unseres Gehirns sitzen. Hippocampus, Schläfenlappen, Zwischenhirn. Neurologen sagen, man soll sich das so vorstellen wie eine riesige Landkarte: Es gibt Städte, Straßen, Dörfer, Wege, Flüsse, brachliegende Felder, Wald, vielleicht auch kilometertiefe

Ozeane. Kurz: Unser neuronales Netzwerk ist nichts anderes als ein mehr oder weniger gut kartographierter Planet in unserem Kopf.

Unsere Fähigkeit, diesen Planeten jederzeit ganz überblicken zu können, ist jedoch nicht besonders gut entwickelt. Warum? Weil es uns im Alltag nicht nötig erscheint. Es ist ein bisschen so wie bei Google Maps. Sinnvoll finden wir die global anwendbare App erst, wenn wir nach einer bestimmten Adresse suchen. So funktioniert unser Gedächtnis. Dörfer, Städte, Strände, Wald und Wiesen werden zu Adressen und einzelnen Bildern; diese Bilder werden zu abgespeicherten Empfindungen und Gefühlen und erst dann wieder aktiviert, um uns zu schützen, um denselben Fehler nicht zwei Mal zu machen, um uns zu belohnen, uns in Sicherheit zu wiegen oder Gefahr zu erkennen. Banal, aber effektiv.

Ich sitze jetzt seit knapp drei Stunden in der Küche und habe viel Zeit damit verbracht, mich möglichst detailgenau an die ersten Tage, Wochen und Monate im Internat zu erinnern. Ich habe bei meiner Gehirn-App die Adresse des Studienheims St. Pirmin eingegeben – Pirminiusstraße 1, 66994 Dahn – und alles abgerufen, was die vorhandene Landkarte in meinem Kopf so über die Anfänge im Internat hergab. Die blauen Briefe aus dem Kant-Gymnasium, die Entscheidung meiner Eltern, mich aufs Internat zu schicken, die Einsamkeit, den Verlust meines geliebten Gottesackers, die neue Umgebung in Dahn, die dazugehörigen Gesichter und Personen, Fröhlicher, Krüger, Bum-Bum, Gustav – und Ella.

Ich glaube, die Straßen und Wege dieses Ausschnitts aus meinem Gedächtnis liegen nun einigermaßen gut kartographiert und offen da. *Man kann jetzt auf ihnen reisen.* Und ich habe das Gefühl – und daran ist der Whisky nicht unbeteiligt –, dass meine Reise in die Vergangenheit erst jetzt richtig beginnt.

Das liegt sicher an Ella. Die Begegnung mit ihr veränderte mein Leben in Dahn.

«Trink nie, ohne etwas zu essen», hat mir mein Vater viele Jahre später eingebläut, als ich schon in Heidelberg studierte. Er wusste, dass es keinen Sinn haben würde, mir das Trinken an sich madig zu machen. «Und wenn du Alkohol trinkst, trink parallel auch immer viel Wasser. Das hilft für den Morgen danach.»

Deshalb stehen neben dem Whisky nun auch zwei Schälchen mit Erdnüssen und Pistazien. Und neben den Schälchen eine Flasche Volvic und ein halbvolles Glas. Und denke ich an morgen früh, ist es nicht übertrieben zu sagen: Kaum ein Tipp meines Vaters ist so wertvoll wie dieser.

Doch neben jenem strahlenden Moment vor der Tür der Fängers gab es im Winter 1989 noch einen weiteren. Einen düsteren. Ich hatte ihn jahrelang verdrängt. Der Whisky hat ihn gerade an die Oberfläche gespült, und nun treibt er vor meinen Augen, als würde die Last, die er auslöst, noch schwerer wiegen als damals.

KAPITEL 6

Wie ich Bernd Wimper, Krügers rechter Hand, den Tod wünschte (1989–1990)

Bernd gehörte damals zur Krüger-Gruppe, die mich in meiner ersten Nacht «an die Wand gestellt» hatte. Ich konnte ihn ebenso wenig leiden wie Krüger selbst. Ich war zwar kein schmächtiger Junge für einen Siebentklässler, aber gegen einen Neuntklässler wie Bernd, der fast täglich mit Krüger im Fitnessraum Hanteln stemmte, war ich kein echter Gegner. Selbst Zehnt- und einige Elftklässler begehrten nie gegen ihn auf. Er war Krügers rechte Hand. Krüger gab den Befehl, Bernd Wimper führte ihn ohne Nachfragen aus. Außerdem glaubte er, nur weil er größer und stärker war, dürfte er sich am Tisch im Speisesaal immer als Erster die Fleischplatte schnappen.

Die Erinnerung, hat ein niederländischer Schriftsteller einmal geschrieben, ist wie ein Hund, der sich hinlegt, wo er will. Meine Erinnerung müsste demnach einem Dalmatiner ähneln. Denn sie ist ja blass wie der Schnee, der sich zum Jahreswechsel zum ersten Mal auf die Anhöhe vor dem Internat gelegt hatte, und manchmal erwische ich mich dabei, wie ich versuche, die ins Weiße platzierten dunklen Erinnerungsflecken meines Gedächtnisses mit fröhlicheren Ereignissen auszufüllen als mit den Einzelheiten jener Geschichte, die mich zeitlebens begleitet hat.

Ich habe sie noch nie jemandem erzählt. Es ist keine Kindergeschichte, die man an Weihnachten erzählt, eher eine, die man verdrängen will. Aber eine, die sich nicht verdrängen lässt.

Ende Dezember 1989. Es ist Freitag, der letzte Tag vor den Weihnachtsferien. Fast alle Internatler warten mit ihrem Gepäck vor der Eingangshalle auf ihre Eltern. Jemand formt den ersten Schneeball der Saison und wirft ihn auf Bernd. Bevor ich mich auch nur umdrehen kann, fliegen die weißgrauen Eisklötze kreuz und quer über den Hof.

Zack!

Keine Sekunde später trifft mich ein harter Eisball ins Gesicht. Ich schreie auf, fühle, wie meine Backe rot wird, wie sie brennt. Am liebsten würde ich losheulen. Ich habe Bernd nicht kommen sehen. Er hat sich von hinten angeschlichen, ist an mir vorbeigerannt und hat aus kürzester Entfernung gezielt. Jetzt steht er mir lachend gegenüber und äfft meine Tränen nach. «Heul doch, Grieche! Heul doch!», ruft er, und obwohl ich nicht aufsehe, spüre ich die Blicke der Umstehenden. Ein weiterer Schneeball flockt an meine Daunenjacke. Dann noch einer. Und noch einer. Wie von der brennenden Backe gelähmt, stehe ich da und fühle mich zu klein, zu schwach, um in die Schlacht zu ziehen, die sich schnell von mir abgewendet und um die hohe Tanne vor der Eingangstür verlagert hat. Lachen ist zu hören, kurze Schreie, die kaum wahrnehmbaren Geräusche, die Schneebälle machen, wenn sie, am Ziel vorbeisausend, wieder Teil der Schneedecke werden, die unbeteiligt daliegt, rein und unschuldig.

Ich kratze meinen Mut und einen Schneeball zusammen, presse ihn so lange zwischen meinen Handschuhen, bis alle Luft aus ihm gewichen ist. Ich schreite auf Bernd zu, nein, vielmehr pirsche ich mich an ihn heran. Ein kleiner Schritt nach dem anderen. Ich will einen perfekten Schuss abfeuern, einen, der den Schnee bis in seine Nasenlöcher oder vielleicht ins Ohr dringen lässt. Ich bin immer noch wütend, und während ich Bernds Rücken hinter den schneebedeckten Tannenzweigen suche und finde, pocht mein Herz.

Doch Bernd dreht sich um. Wie in Zeitlupe erkenne ich zuerst, dass er mich höhnisch angrinst und einen fertigen Ball in der rechten Hand hält. Es ist, als ob ich aus meinem Körper heraustrete und das Geschehen beobachte. Ich hebe nicht meine Hand zum Wurf, gehe nicht in Deckung, stehe einfach nur da – und warte. Mein Zeigefinger beginnt zu zittern. Bernd holt weit aus. Er sieht wie ein Pitcher aus einem amerikanischen Baseballfilm aus. Ich sehe mich auf seinen Baseballarm starren. Minuten scheinen zu vergehen. Bewegungslos. Und zack! Zweiter Treffer. Fast ohnmächtig vom Schock des Stirntreffers, sacke ich nach hinten, plumpse mit dem Hintern auf den Boden, lasse meinen Schneeball fallen. Mir schießen sofort wieder Tränen in die Augen. Ich ziehe einen meiner Handschuhe aus, fahre mit dem zitternden Zeigefinger über meine Stirn. Dort wölbt sich eine Beule. Sie fühlt sich an, als wäre sie so groß wie mein Kopf, als könnte man sie meilenweit sehen. Bernd steht noch immer vor mir, bückt sich zu mir herunter. «Grieche, du solltest nicht mit Maschinen spielen, wenn du nur ein Ersatzteil bist, du Pimpf», brüllt er mir ins schmerzverzerrte Gesicht und zerstampft mit seinem Schuh meinen unbenutzten Möchtegern-Racheball.

Zum Glück ruft ihn in diesem Moment sein Vater, der mit einem Kombi in der Einfahrt steht. Daneben Bernds Mutter, eine zierliche, freundlich dreinschauende Frau mit blonden Haaren, die sie zu einem Zopf zusammengebunden hat. Auf dem Gepäckträger erkenne ich Skier, auf dem Rücksitz sitzt noch ein Kind, glaube ich. Bernd dreht sich, bevor er zum Kombi schreitet, noch einmal zu mir um, sagt mit einem breiten Grinsen, dass er jetzt zwei Wochen lang in Skiurlaub fahre und dort bestimmt noch besser Werfen lerne – und weg ist er. Ich wische mir erst mal den Rotz von der Nase. Bernd ist noch nicht im Auto seiner Eltern verschwunden. Noch wäre Zeit. Und ich höre mich mit der Hilflosigkeit eines Verzweifelten rufen: «Ich hoffe, du fährst mit deinen Scheißskiern gegen einen Scheißbaum, du Arsch!» Er hat das wahrscheinlich gar nicht mehr mitbekommen. Nur Krüger, der neben mir steht, schaut auf mich herab. «Halt bloß die Fresse, Grieche!», brüllt er und kickt mir mit seinen Winterstiefeln einen Haufen Schnee ins Gesicht.

Mein Vater taucht ohne Skier auf dem Autodach, aber mit einer Stunde Verspätung auf. Als er mich auf dem Nachhauseweg fragt, was ich während des Wartens getan hätte, sage ich: «Ich habe mir tausend Mal gewünscht, dass Bernd mit seinen Skiern im Urlaub gegen einen Baum fährt.» Ich erinnere mich noch, dass Vater lächelte und irgendwas von Erwachsenwerden sagte. Den Rest der Fahrt nach Karlsruhe sprachen wir kein Wort. Ich sah nur aus dem Fenster und wiederholte meinen Wunsch. Vielleicht eintausend Mal.

Zweieinhalb Wochen später, Anfang Januar, wieder im Internat, rennt gleich nach meiner Ankunft Gustav auf mich zu:

«Weißt du's schon?», fragt er.

«Was denn?»

«Der Bernd ist tot. Er ist im Skiurlaub gegen einen Baum gefahren und war sofort tot.»

Ich bringe keinen Ton heraus.

Eine halbe Stunde später versammeln wir uns in der Internatskapelle. Direktor Benedikt steht neben dem Altar, er sieht müde aus. «Liebe Schüler», sagt er, «ihr habt es wahrscheinlich schon gehört. Während der Ferien ist einer eurer Mitschüler, unser lieber Bernd, tödlich verunglückt. Lasst uns für ihn beten.» Vaterunser.

Ich sitze in der letzten Reihe, falte meine Hände und blicke auf Jesus am Kreuz. Zum ersten Mal in meinem Leben fühle ich mich schuldig.

Ich frage tatsächlich Gott, ob es meine Schuld ist, dass Bernd jetzt nicht mehr lebt. Aber er antwortet nicht. Zwar ist unsere Kapelle bis auf den letzten Platz gefüllt, auch die Sekretärinnen und die Küchenangestellten beten mit uns, aber ich fühle mich, als wäre das Kirchlein leer und ich der einzige Gast. Ich wiederhole meine Frage auf Griechisch. Wieder keine Antwort.

Benedikt stellt sich ans Mikrophon. «Liebe Schüler, ein tragischer Unfall hat uns aus unserem Alltag gerissen. Der Herrgott hat Bernd zu sich gerufen …» Der Direktor spricht weiter, aber seine Worte kommen nicht mehr bei mir an. Sie klingen verzerrt, als kämen sie aus einer anderen Welt. Vorne rechts, in der zweiten Reihe, sitzt Krüger. Unsere Blicke kreuzen sich. Seine Augen hat er zu Schlitzen gepresst. Starrt er mich an? Ich erinnere mich, dass er als Einziger meinen Ausruf gehört hatte. Erst als er seinen Kopf wieder nach vorn dreht, komme ich zu mir. «… falls einer von euch den Wunsch hat, darüber zu sprechen: Wir sind jederzeit für euch da.» Während seiner Rede umklammerten seine Hände das Rednerpult, die angedeutete Kanzel. Nun breitete er sie aus.

Benedikt: «Oh Herr, gib ihm und allen Verstorbenen die ewige Ruhe.»

Wir: «Und das ewige Licht leuchte ihnen.»

Benedikt: «Lass sie ruhen in Frieden.»

Alle: «Amen.»

Ich hatte gleich ein mieses Gefühl. Nicht nur wegen meines Schuldbewusstseins. Darüber nachzudenken, blieb mir kaum Zeit. Kurz nach der Zusammenkunft in der Kapelle standen Krüger und zwei seiner Freunde bei mir im Zimmer.

Ich hatte damit gerechnet, dass er mich vielleicht wieder nachts an die Wand stellt, aber dass er sich sofort um mich «kümmern» wollte, kam unerwartet. Ich lag auf meinem Bett, als die drei das Zimmer betraten. Bum-Bum und Gustav waren im Bad.

«Steh auf, Grieche», befahl Krüger.

«Was wollt ihr?», fragte ich zurück.

«Wir machen einen kleinen Spaziergang», sagte Krüger kalt lächelnd.

«Ich hab keine Lust auf einen Spaziergang.» Die Erwiderung kam nur leise aus meinem Mund und ohne Nachdruck.

«Du weißt genau, warum wir hier sind», sagte einer der beiden anderen.

Mein eigenes Schuldgefühl, ein Kloß in meinem Hals. «Keine Ahnung, was ihr von mir wollt», sagte ich. Nun etwas trotziger.

Krüger kam die letzten paar Schritte auf mich zu und packte mich am Kragen, sodass mir für einen Augenblick die Luft wegblieb, hob mich hoch.

«Ich habe gehört, was du Bernd vor den Ferien hinterhergerufen hast. Du hast wohl gehofft, ich hätte es vergessen, was?»

Das Eigenartige an der Situation war, dass ich ausnahmsweise einer Meinung mit ihm war. Krüger hatte vielleicht recht. Vielleicht war ich wirklich schuld. Vielleicht hatte ich eine Strafe verdient für den ausgesprochenen Todeswunsch.

Vielleicht hatte mir Gott in der Kapelle keine Antwort geschickt, weil Krüger seine Antwort war?

Die Frage ließ mich in seinen Händen erschaudern. Meine Augen füllten sich mit Tränen, aber ich konnte sie zurückhalten, sodass sie nicht an meinen Wangen hinunterkullerten. «Schon gut», flüsterte ich. «Ich komme mit.» Mein Wille war heute schwach, beugsam, gebrochen.

Doch überraschend war auf dem Gang Fröhlichers weiche Stimme zu hören. Er rief die Mittelstufe zusammen. «Kommt ihr bitte alle?»

Krüger ließ von mir ab, ich fiel zurück auf die Matratze.

«Glaub ja nicht, dass ich dir das durchgehen lasse!», fauchte er. «Bald bist du fällig. Und zwar richtig!»

Mit einer Handbewegung machte er seinen Freunden ein Zeichen, mein Zimmer zu verlassen. Ich legte mich auf den Bauch und ließ meine Tränen vom Kissen trocknen. Kurz darauf erschien Fröhlicher im Türrahmen.

«Kommst du, Alexandros? Ich würde gern mit allen noch mal über Bernd sprechen.»

«Ja, ich komme gleich», murmelte ich in die Daunen.

«Was wollte Frederik von dir?», fragte er.

«Nichts», antwortete ich und wartete darauf, dass seine Schritte sich aus meinem Zimmer entfernten.

Fröhlicher versammelte uns in einem der Studienzwischenräume. Wir nahmen an den Schreibtischen Platz, er setzte sich auf einen Stuhl zwischen uns. Sein Blick war ernst, ernster als sonst. Trotzdem konnte diese Ernsthaftigkeit die Güte in seinem Gesicht nicht übertrumpfen. Fröhlicher hatte etwas Tröstliches. Das war es. Tröstlich. Ich vergaß Krüger innerhalb von Sekunden, hing nur noch an den Lippen unseres Erziehers und hörte ihn sprechen.

Er stellte uns die Frage, warum es den Tod überhaupt gibt.

Wir schauten uns gegenseitig ungläubig in die Augen. Die Frage war so simpel. Aber keiner hatte eine Antwort darauf, nicht mal eine komplizierte.

Den genauen Wortlaut seiner Aussagen habe ich nicht mehr im Kopf. Ich glaube, es ging Fröhlicher darum, dass wir begreifen, welche Bedeutung der Tod für das eigene Leben hat. «Der Zeitpunkt, das Wann und Wo des Todes ist nicht entscheidend, sondern das Wissen um seine Unausweichlichkeit», sagte er. Er zitierte Psalm 90, Vers 12: «Unsere Tage zu zählen, lehre uns! Dann gewinnen wir ein weises Herz.» Er klang wie ein Religionslehrer, dem es nicht um gute Noten, wohl aber um einen besonderen Wert ging, den er uns vermitteln wollte. «Jeder Augenblick eures Lebens ist unwiederbringlich, eine Chance und ein kostbares Geschenk», sagte er zum Schluss. Zugegeben: Ich habe das alles damals nicht auf Anhieb verstanden, aber in Erinnerung blieb mir, dass dieses Treffen mich in irgendeiner Weise aufgebaut hatte.

Krüger war in den nächsten zwei Wochen auf Klassenfahrt – und ich musste mich nicht vor ihm fürchten und verstecken.

Am Freitag nahm ich zum ersten Mal den Zug nach Karlsruhe. Das Internat bot den Schülern an, sie in einem orangefarbenen VW-Bus zum Bahnhof in Hinterweidenthal zu fahren. Von dort fuhr ein Regionalzug über Annweiler a. Trifels oder Landau nach Karlsruhe. Fahrtzeit: etwas mehr als eine Stunde. Mein Vater hatte mich gefragt, ob ich mir das vorstellen könnte. Den Zug zu nehmen. Und ich wusste keinen Grund, der dagegensprach. Zwar genoss ich unsere Autofahrten durch die Südwestpfalz, aber nach fast eineinhalb Jahren kannte ich die Strecke fast auswendig.

Im Zug lag ein vergessener Gedichtband auf dem Sitz. Ein

blassgrünes Büchlein mit der goldenen Aufschrift «Rainer Maria Rilke». Die Widmung auf der nächsten Seite galt einer Frau namens Edeltraud. «Für meine liebe Edeltraud, Georg, 1986.»

Ich blätterte und las als Erstes lauter Gedichte, die der kleine Rainer Maria wohl an seine Eltern geschrieben hatte, an die Mutter, an den Vater. Von Rilke hatte ich schon gehört, aber mir war neu, dass er sich mit so banalen Dingen beschäftigte wie dem Hochzeitstag seiner Eltern oder einem Jesuskreuz, das er am Wegrand stehen sah. Ich weiß nicht mehr, in welchem Gedicht genau diese Zeilen zu lesen waren, aber sie waren unterstrichen und brannten sich mir ein:

«Und manchmal, während wir so schmerzhaft reifen,
dass wir beinahe daran sterben,
erhebt sich aus allem, was wir nicht begreifen,
ein Gesicht und sieht uns strahlend an.»

Ich dachte an Ella – und lächelte. Seit der Geburtstagsparty ihrer Feundin Bettina plauderten wir in den Pausen öfter als zuvor über den Lernstoff, ärgerten uns gemeinsam über unangekündigte Tests, lästerten über Lehrer. Schulalltag, eigentlich. Aber mit Herzkammerflimmern. Manchmal kreuzten sich im Unterricht unsere Blicke und blieben aneinander hängen – bis einer nach wenigen Sekunden verlegen wegsah und wieder so tat, als würde er konzentriert den Worten des Lehrers an der Tafel lauschen. Am liebsten wäre ich jedes Mal mitten im Klassenzimmer aufgestanden, zu ihr gegangen und hätte sie fest umarmt. So fest, dass sie verstand, wie wichtig sie mir war. Doch getraut habe ich mich natürlich nicht. Noch nicht.

Das Rilke-Büchlein steckte ich ein. Erst ein paar Jahre später – während meines ersten Zeitungspraktikums bei den *Badischen Neusten Nachrichten* – fand ich bei der intensiven

Lektüre der Todesanzeigen heraus, dass anscheinend viele Menschen diese Zeilen gern abdrucken ließen, weil sie Trost darin suchten. Ich hatte diese Zeilen nicht gesucht. Sie hatten mich gefunden. Und getröstet. Aber der Anlass war nicht der Tod. Es war der Beginn einer Liebe, die gute sechs Jahre dauerte.

Die wöchentlichen Zugfahrten von Karlsruhe nach Hinterweidenthal und zurück wurden für mich zu einer Art schwebenden Zeit. Ich gewöhnte mich daran, während der Fahrt nichts anderes zu tun, als zu lesen. Anfangs meist nur Gedichte. Schön kurz. Von Rilke, Goethe, Heine, den deutschen Klassikern. Später kamen der Schule wegen Paul Celan oder aus Vergnügen Robert Gernhardt dazu. Als mir Gedichte nicht mehr genügten, begann ich, Kurzgeschichten zu lesen, hauptsächlich die Amerikaner. Hemingway, Poe, Irving, Faulkner, Wolfe.

Ich ließ die Zeit zerfließen, legte die Fahrkarte als Lesezeichen zwischen die Seiten, um ja keine Sekunde wegen des Schaffners zu verlieren, händigte ihm unaufgefordert und auch etwas unhöflich – nämlich ohne ihn anzublicken – das Ticket aus und nahm es gestempelt wieder entgegen. Im Internat fand ich nie diese Ruhe, in die ich während der Zugreisen fallen konnte. Zwar war ich im Großraumabteil nie allein. Doch die fremden Mitfahrer waren – zumindest nach der bloßen ersten Betrachtung – nie so interessant wie ein Faulkner-Universum, handelte es sich doch meist um Pendler, die schlicht von ihrem Arbeitsort zu ihrem Wohnort fuhren.

Es war an diesem oder dem darauffolgenden Wochenende, als mich Ari mit ins Kino nahm. Ich hatte keinen Schimmer, was läuft. Hauptsache, ich war mit Ari zusammen. Die Zeit mit ihm schien mir mehr als kostbar, seitdem wir kaum noch welche miteinander verbrachten. Auf der rechteckigen Kinokarte, die er mir gab, stand: «Club der toten Dichter.»

«Ist das ein gruseliger Horrorfilm?», fragte ich ihn neugierig, als wir die Treppen zum Kinosaal hinaufstiegen.

«Was?! Nein. Da geht's um ein paar Jungs in einem amerikanischen Internat», sagte er.

Mir fiel die Kinnlade runter. Ich blieb auf einer der mittleren Stufen stehen.

«Um ein Internat?»

Ari drehte sich zu mir um. «Ja, ich dachte, das gefällt dir.»

Das tat es nicht. Ich hatte meine Welten fein säuberlich getrennt. Dahn war Internat, Zug war Transit, und Karlsruhe war Zuhause. Dass sich diese Welten nun vermischen sollten, wenn auch nur in einem Kinofilm, passte mir gar nicht in den Kram.

Ari trat einen Schritt zu mir herunter. «Komm schon. Der Film soll echt gut sein.» Er legte seinen Arm um meine Schultern und zwang mich, die nächste Stufe zu betreten. Er rubbelte mit seiner Hand über meinen Afro. Seine Signatur – nur ohne die zärtlich gemeinte Ohrfeige.

«Popcorn und Cola?», fragte er lächelnd.

Er wusste, dass ich so ein Angebot nie ablehnen würde.

Als Vierzehnjähriger geht man ins Kino, um unterhalten zu werden. Ich war ein Fan der «Indiana-Jones»-Trilogie, mochte Michael J. Fox in «Zurück in die Zukunft», vergötterte Han Solo in «Star Wars» und natürlich Sylvester Stallone in «Rocky» und «Rambo» – «La Boum» hielt ich pflichtgemäß für Mädchenkram. Ich hatte auch Filme wie «Jenseits von Afrika» gesehen, mich aber zu Tode gelangweilt. Dann lieber «Beverly Hills Cop» oder «Ghostbusters», dachte ich mir. Kinofilme waren für mich einfach gestrickte, bereits illustrierte Geschichten, in denen das Gute gegen das Böse antrat und letztlich siegte. Im Gegensatz zum Kino animierten mich meine Bücher im Zug aber zu eigenen Illustrationen, einer Art Kopfkino, für das es keine Eintrittskarten am Schalter gab. Kino war Popcorn, Bücher ein Maisfeld.

Doch an diesem Tag änderte sich das. Grundlegend. Zwar hatte ich mein Popcorn – wie immer – nach 20 Minuten bereits aufgefuttert, fraß aber weiter: jede einzelne Szene, jeden Dialog, jeden Namen der erwähnten Dichter: Robert Frost, E. E. Cummings, Walt Whitman, Robert Herrick und natürlich Shakespeare, dessen Ruhm mir aber noch viele Jahre unerklärlich bleiben sollte. Während der Film auf der Leinwand lief, schaute ich manchmal nach rechts oder links, musterte die anderen Zuschauer im Saal. Ich hatte das Gefühl, sie alle, Ari eingeschlossen, wären nur Statisten, Pappkameraden, und der Film wäre eigens für mich produziert worden. Im Grunde hatte der «Club der toten Dichter» nichts mit meinen Erlebnissen im St. Pirmin zu tun. Die «Welton Academy», das Internat im Film, war eine Eliteschule, St. Pirmin war das mit Sicherheit nicht. Die Jungs im Film schliefen in Zweibettzimmern, wir in Vierbettzimmern. Die Schule im Film war im Internat eingegliedert, ich besuchte mit dem OWG ein öffentliches Gymnasium. Aber das Allerwichtigste: Im Internat gab es – soweit mir bekannt – keinen einzigen Schüler, der sich für Poesie interessierte. Selbst wenn es einen gab, er hätte es wohl nicht zugegeben, wenn man ihn danach gefragt hätte. So wie ich. Poesie war schließlich ein bisschen wie «La Boum». Mädchenkram.

Vielleicht beschäftigte ich mich deshalb nur in der Transitzone der Zugfahrten damit, nie, wenn ich in Karlsruhe oder Dahn war.

Als schon der Abspann lief, stupste mich Ari mit seinem Ellbogen in die Seite.

«Was ist, willst du ewig hier hocken bleiben?»

Das Licht ging gerade an. Er erkannte erst jetzt, dass ich noch völlig ergriffen war, Tränen in den Augen hatte.

«Hey, du weinst ja. Alles in Ordnung?», fragte er mich und legte seine Hand auf meine Schulter.

Ich nickte zwei, drei Mal, machte aber noch keine Anstalten aufzustehen.

«Was ist mit dir?», fragte er.

«Toller Film», sagte ich nur und griff nach meiner Jacke.

«Hab ich dir doch gesagt oh Captain, my Captain!» Ari grinste mich an und stand auf. «Los, komm, lass uns gehen, bevor dich hier noch jemand heulen sieht», sagte er.

Auf dem Heimweg fragte mich Ari, wie es mir im Internat geht. Als ich ihm zuerst keine Antwort oder nur ein «Gut» entgegenbrachte, blieb er plötzlich stehen.

«Gut? Gut bedeutet ‹nicht besonders gut›, oder?»

Ich sah ihn an und wusste, dass er mir aus dem Gesicht las. «Was ist los, erzähl's mir.»

Eigentlich, sagte ich, sei alles in Ordnung. In der Schule laufe es super, ich erzählte ihm von Ella, von Herrn Fröhlicher, ich sagte ihm auch, dass mir der Gottesacker weniger fehlte als noch vor einem Jahr.

«Und was ist dann das Problem?», fragte er. «Klingt doch alles prima.»

«Abgesehen davon, dass ich nicht zu Hause bin?», fragte ich zurück.

«Okay, ja, abgesehen davon», knirschte Ari.

«Da ist dieser Typ», sagte ich nach einer kurzen Pause. Wir standen inzwischen schon an der Ampel am Berliner Platz.

«Was für'n Typ?»

«Er heißt Krüger.» Eigentlich hatte ich mir geschworen, allein mit ihm fertigzuwerden. Aber außer mit Bum-Bum hatte ich noch mit keinem darüber gesprochen. Es musste einfach raus. «Eigentlich heißt er Frederik Kran, sie nennen ihn nur alle Krüger, wegen Freddy Krüger, du weißt schon.»

Ari schaute mich verdutzt an. «Aha. Hat er denn eine Scherenhand und sieht er aus wie 'ne Pizza Margherita?» Ich lächelte. Nur kurz. «Nein, er ist in der elften Klasse und ein Mordsbrocken, sogar kräftiger als du», sagte ich und erzählte Ari die ganze Krüger-Geschichte von Alpha bis Omega. «Er ist ein Arschloch, verstehst du?»

Wir standen immer noch an der Ampel vorm «Griechen».

«Und warum erzählst du mir erst jetzt davon?», fragte Ari. Seine Stimme klang ernst. Und ein wenig zornig.

Ich zuckte mit den Schultern.

«Ich fahre am Sonntag mit und knöpf mir den Kerl mal vor», sagte Ari und überquerte die Straße. Ich blieb stehen.

Erst als er drüben angekommen war, schaute er zurück.

«Genau das ist es, was ich nicht will», rief ich ihm zu.

«Warum denn nicht? Dauert nur ein paar Minuten. Danach fasst er dich nie wieder an», rief Ari zurück.

«Aber ich muss allein mit ihm fertigwerden, kapierst du das denn nicht?»

Ari sah die Ampel auf Grün umschalten und kam mir wieder entgegen. Er überragte mich um einen Kopf und sah zu mir herunter.

«Verstehst du das?», wiederholte ich meine Frage. Diesmal viel leiser.

Er nickte. «Gut», antwortete er nur und legte seinen Arm um meine Schulter. Da die Ampel wieder auf Rot gesprungen war, standen wir gut eine Minute regungslos auf dem Bürgersteig.

«Aber unter einer Bedingung», sagte Ari schließlich.

«Hm? Was für eine Bedingung?»

«Ich zeig dir heute Abend, wie man größere und stärkere Typen bezwingen kann.» Ari war nie in einem Karate- oder Judo-Club. Aber er hatte im Kampf auf dem Gottesacker gelernt, sich zu verteidigen. Er hatte auch gelernt, wie man jemanden k. o. schlägt. Das Wichtigste, sagte er, war, wie man einem Kampf aus dem Weg geht. Das Zweitwichtigste, wie man sich in einem Kampf anstellt.

Ich lächelte ihn an. «Einverstanden», sagte ich, nachdem mir Ari im Gegenzug versprochen hatte, unseren Eltern nichts von Krüger zu erzählen.

KAPITEL 7
Ellas Frage (1990)

Das neue Jahr hatte mit der Nachricht von Bernds Tod alles andere als gut begonnen, hielt aber noch einige Überraschungen parat. Erfreulichere. Ende Januar kam Ella kurz vor Ende der großen Pause mit schnellen Schritten auf mich zu und übergab mir hastig einen blassgrünen Briefumschlag. Ich war so perplex, dass ich ihn in meiner Hand hin und her wendete. «Für Alex» stand auf der Vorderseite. In roten Lettern. Ellas Schönschrift.

«Du darfst ihn aber erst nach der Schule öffnen!», sagte sie und lächelte verlegen: *Blue Eyed Girl*, Simon Reed.

Ich brauchte ein paar Sekunden, um mir eine geeignete Antwort zu überlegen. Schließlich wollte ich nicht denselben Fehler wie vor Jahren bei Michaela begehen. Aber noch bevor ich reagieren konnte, war Ella schon wieder weggelaufen. Der Gong zum Pausenschluss ertönte. Die anderen Schüler strömten auf die Treppe zu, gingen an mir vorbei, einige rempelten mich sogar an, aber das störte mich nicht im Geringsten. Die meisten Klassenzimmer im OWG befanden sich im ersten Obergeschoss. Für einen kurzen Moment hatte ich sogar vergessen, wo ich mich befand. Erst als nur noch vereinzelte Nachzügler die Treppe hinaufrannten, um nicht zu spät zu kommen, kam ich wieder zur Besinnung.

Natürlich habe ich nicht bis zum Schulschluss warten können. Ich ging statt in den Matheunterricht auf die Jungentoilette, setzte mich auf den Toilettendeckel und betrachtete den Umschlag. Mehrere Sekunden lang. Aufreißen oder Wort halten? Ich bemerkte den Schweiß auf meinen Handflächen und versuchte, sie an der Jeans trocken zu reiben. Vergeblich. Meine Fingerkuppen hatten bereits ovale Abdrücke auf dem Umschlag hinterlassen. Mit dem Fingernagel meines Zeigefingers riss ich einen Teil auf und hätte sicher auch den Rest geöffnet, doch die Tür zur Toilette ging auf. Das Geräusch erschreckte mich so sehr, dass ich die rasant aufsteigende Panik in meiner Brust mit der Betätigung der Klospülung überspielte. Ich hatte voller Vorfreude schlicht vergessen, die Kabinentür zu schließen. Zwei Sechstklässler standen im Klo und grinsten mich an. Ich beachtete sie nicht weiter, faltete den Briefumschlag und steckte ihn in meine hintere Hosentasche. Dann rannte ich schnell Richtung Klassenzimmer. Ich kam gerade noch rechtzeitig. Unser Mathelehrer verteilte gerade Zettel. Unangekündigter Test. Scheiße, ausgerechnet jetzt. Ich setzte mich auf meinen Platz neben Daniel und sah ihm dabei zu, wie er Schafe auf das Blatt malte, wo eigentlich Zahlen für die Gleichungen hingehörten. Mathe war nicht sein Lieblingsfach. Genauso wenig wie meins. Ich nahm mir an ihm ein Beispiel. Malte Schweine.

An diesem Tag ließ ich das Mittagessen im Speisesaal verbotenerweise sausen, legte mich – während die anderen im Speisesaal mampften – ins Bett und las geschätzt 138 Mal Ellas Brief. Er begann mit «Hallo Alex!» und endete mit «Deine Ella». Was sie dazwischen schrieb? So viel kann ich sagen: Er bestand nur aus ein paar Zeilen, und anfangs war ich darüber sogar ein bisschen enttäuscht, weil ich mir insgeheim mehr erhofft hatte. Aber es war ein Anfang. Und dass ich den Inhalt für mich behalte, liegt vielleicht auch daran, dass Ella und ich uns ab diesem Tag mehrmals täglich schrieben. Wir tauschten unsere Gedanken aus, indem wir sie während der Unterrichtsstunden und in den Pausen in der Schule oder auch nachmittags und abends aufschrieben – ich in meinem Zimmer im Internat, sie bei sich zu Hause in ihrem Kinderzimmer. Jeder Brief für sich war eine gefaltete Bekundung. Eine geheime Botschaft. Bei jeder Übergabe schlug mein Herz höher. Jede – scheinbar unbewusste – Berührung unserer Finger löste ein Kribbeln aus, das manchmal minutenlang anhielt. Und erst das Warten! Endlos zogen sich in der Schule die Sekunden. Selbst wenn ich sie im Unterricht einen Zettel für mich schreiben sah, hätte ich ihr am liebsten sofort über die Schulter geschaut, um gleich darauf eine Antwort zu verfassen und so unser Spiel am Laufen zu halten. Ungeduld, kein Ausdruck. Ella, das hübscheste, klügste und liebevollste Mädchen, das ich je gesehen hatte, schrieb mir Briefe! Erste Liebe. Was für ein Gefühl!

Das vergangene Jahr hatte ich im Internat noch damit zugebracht, mittags nach dem Essen im Bett zu liegen, wahlweise dabei den *Kicker* oder den *Spiegel* zu lesen oder mit den anderen aus meiner Stufe Fußball zu spielen (Krüger spielte – Gott sei Dank! – nicht Fußball). Und dennoch: Mit jeder Woche, jedem weiteren Monat im St. Pirmin verlor der Gottesacker an Bedeutung. Zu Beginn meiner Zeit in Dahn lag ich oft im Bett und starrte an die Decke. Vor meinen Augen liefen auf der weißen Decke damals wieder und wieder die Spielszenen von Ari, Tayfun, Gianni, Dimi, Miltos und den anderen auf dem Gottesacker ab. Doch nun mischten sich immer mehr Ausschnitte von den Spielen auf dem internatseigenen Fußballfeld darunter. Bum-Bum als Torwart mit einer gekonnten Fußabwehr, Gustav als hängende Spitze ohne Fortune. Ich mit einem 30-Meter-Pass in den Lauf des Stürmers. Während des täglichen dreistündigen Studiums von 16 bis 19 Uhr machte ich ordentlich meine Hausaufgaben. Und wenn ich damit fertig war, las ich Unverfängliches: Comics. Internatsroutine, nichts Weltbewegendes.

Im Vergleich zum Gottesacker in Karlsruhe wurde hier in den Pausen – abseits des Feldes – über völlig andere Dinge gesprochen. Statt übers Fremdsein in Deutschland oder «korrupte Bullen» wurde in Dahn über das Leben im Internat geredet: über die Stärken und Schwächen der einzelnen Erzieher, die knallharte Strenge des Direktors Benedikt, über den straffen Tagesplan mit dem stundenlangen Studium oder das meist eher mies schmeckende, aber gesunde, vitaminreiche Essen. Wenn wir uns ausgelaugt und verschwitzt neben das Tor setzten, kam es manchmal auch vor, dass einer der Jungs über die kaputte Beziehung zu seinen Eltern sprach, wie sie sich stritten, wie sehr er sie manchmal verabscheute. Die meisten nickten, kannten das Gefühl, das er beschrieb. Für mich war das jedoch doppelt irritierend: Ich hatte keine kaputte Beziehung zu meinen Eltern, hatte noch nie zu Freunden oder Bekannten ein böses Wort über sie verloren. An diese ungewöhnlichen und doch alltäglichen Themen im Internat, die vorher in meinem Leben kaum eine Rolle gespielt hatten, musste ich mich auch erst gewöhnen. Andererseits: Die Internatsjungs kannten die Perspektive nicht, mit der ich durchs Leben ging. Wenn ich – selten genug – ihnen mal vom Gottesacker erzählte, unterschlug ich Details. Dass dort zum Beispiel keine deutschen Jungs mitkicken durften, ließ ich unerwähnt. Aus drei Gründen: 1. Weil ich dachte, dass sie das eh nicht verstehen würden. 2. Weil ich darauf achtete, dass sich beide Welten – Karlsruher und Dahner Gottesacker – nicht vermischten. 3. Weil mir der Dahner Gottesacker jeden Tag ein bisschen besser gefiel. Warum sollte ich dieses unterschwellige Gefühl mit Details aus meiner anderen Welt zerstören?

Ich ertappte mich dabei, wie ich den echten Gottesacker am Wochenende gar nicht mehr im Trainingsanzug und in Kickschuhen aufsuchte. Ich ging nur noch hin, um Gianni oder Tayfun zu treffen und um mir von ihnen die neuesten Geschichten der anderen anzuhören. So auch am ersten Wochenende nach den Faschingsferien.

Die Türken – inklusive Tayfun – rackerten sich gerade gegen die Italiener ab. Und damals hätte ich das natürlich nie zugegeben. Aber die Italiener um Dario, Giovanni, die Calabrese-Zwillinge und besonders Alfonso waren nicht nur harte, unangenehme Gegner, sie waren auch technisch eine Klasse für sich. Weder die Türken noch wir Griechen hatten unter normalen Umständen große Chancen auf einen Sieg. Von den Jugos oder Spaniern ganz zu schweigen. Tayfun dribbelte sich also gerade fest und leitete damit einen Konter von Giovanni ein, als mein Blick auf den Platzrand fiel: Michaela. Sie stand da, als wäre sie schon immer ein Teil von uns gewesen. Zuerst konnte ich es nicht fassen und versuchte so zu tun, als berührte es mich nicht. Doch lange hielt ich es nicht aus.

«Was hat die denn hier verloren?», fragte ich Gianni, mit dem ich mir von der gegenüberliegenden Seite des Spielfeldes den ungleichen Kick ansah.

«Wen meinst du?», fragte er zurück.

«Na, Michaela.» Ich hatte meine Hände in die Taschen meines Kapuzenpullis gesteckt und mit dem Kopf eine unauffällige Bewegung in ihre Richtung gemacht.

«Ach, die. Die kommt seit ein paar Wochen immer mal wieder hier vorbei. Ich glaube, sie hat was laufen mit Mustafa», sagte Gianni.

«Mit Kfz-Mustafa?»

Kfz-Mustafa war ein Freund von Tayfun – und Automechaniker. Da mehrere der türkischen Jungs Mustafa hießen, hatten wir ihnen allen einen Beinamen gegeben. Es gab neben Kfz-Mustafa auch noch Karstadt-Mustafa, der eine Ausbildung zum Bürokaufmann bei Karstadt machte, und Porno-Mustafa, der seine Ausbildung bei Siemens als Elektriker zwar geschmissen hatte, aber wegen seines großen schwarzen Schnurrbarts so genannt wurde.

«Nein, nicht mit Kfz-Mustafa, mit Karstadt-Mustafa», sagte Gianni, ohne auf mich zu achten.

«Warum hast du mir nicht erzählt, dass sie hierherkommt?», fragte ich ihn.

Gianni schaute mich mit einem Stirnrunzeln an.

«Wusste nicht, dass ich dir Bericht erstatten soll, wenn Karstadt-Mustafa 'ne neue Freundin hat. Warum interessiert dich das überhaupt?» Er schaute mich von oben bis unten an. Ihm fielen meine Klamotten auf. «Kommst du eigentlich auch mal wieder zum Kicken?» Ich trug eine Jeans und meine neuen Basketballstiefel, die mir meine Mutter geschenkt hatte. «In letzter Zeit lässt du dich immer seltener blicken.»

Er hatte recht, klang traurig und ein bisschen trotzig. Aber ich ging nicht darauf ein, wollte beim Thema bleiben. «Michaela und ich waren doch mal in einer Klasse, weißt du das nicht mehr?»

Jetzt ging bei Gianni das Licht auf. «Das ist *die* Michaela?!»

Ich nickte. Wir schauten beide gemeinsam rüber. Die Italiener hatten das Spiel haushoch gewonnen, und Michaela legte ihren Arm um Karstadt-Mustafa, um ihn zu trösten. Sie gab ihm einen Kuss. Zuerst auf die Backe. Dann einen zweiten auf den Mund. Aus der Entfernung konnten wir das zwar nicht im Detail erkennen, aber es war kein einfacher Schmatzer, den Karstadt-Mustafa da aufgedrückt bekam. Gianni klopfte mir auf die Schulter.

«Na, immerhin weißt du jetzt sicher, wo du ihre Zunge findest», sagte er.

Ich lächelte gequält.

Obwohl es sicher schon länger als ein Jahr her war, dass ich sie gesehen hatte, wühlte mich die Begegnung auf. Jahrelang hatte ich mir den Kopf über den Moment zerbrochen, als ich ihr Briefchen übermütig zurückgewiesen hatte. Jahrelang hatte sie mich deshalb links liegen gelassen. Jahrelang dachte ich, sie wäre etwas Besonderes. Und jetzt, kurz nach dem Zungenkuss mit Karstadt-Mustafa, hob sie auf einmal die Hand und winkte mir zu.

Na ja, es war weniger ein «Hallo» als ein Abschiedswinken, weil sie danach eng umschlungen mit Karstadt-Mustafa den Gottesacker verließ. Aber trotzdem.

«Träumst du?», fragte mich Tayfun, der seine Kickschuhe auszog und seine Füße massierte. Er hatte neue Noppenschuhe und eine riesige Blase an der Ferse.

«Was? Nee. Ich bin nur überrascht, dass Michaela hier rumhängt.»

«Sag bloß, die interessiert dich immer noch?»

Ich gab Tayfun keine Antwort.

Gianni jonglierte neben ihm mit einem Ball, ließ ihn auf seinem Zeigefinger kreisen. «Was ist denn mit der Blondine aus Busenbach?», fragte er.

«Busenberg», korrigierte ich.

«Oh, Entschuldigung. Natürlich: Busenberg.» Gianni hatte immer noch den Blick auf den kreisenden Ball fixiert. «Was läuft denn da?»

«Ja, was läuft denn da?», fragte auch Tayfun und grinste.

«Nichts.»

«Komm, verarsch uns nicht. Hast du letztes Mal nicht erzählt, dass ihr euch Briefchen schreibt?»

«Ihr schreibt euch Briefchen?» Gianni ließ den Ball in seine Handfläche fallen. «Das wusste ich ja noch gar nicht!»

Die Richtung, in die ihre Fragen drängten, gefiel mir überhaupt nicht.

«Ich sag's euch jetzt einmal und dann nie wieder, okay? Keine Witze über Ella. Klar?»

Tayfun und Gianni schauten sich kurz in die Augen. Dann begannen sie zu kichern und mich nachzuäffen. «Ich sag's euch jetzt EINMAL und dann NIE WIEDER. Ha-ha-ha! Keine Witze über Ella! Ha-ha-ha!»

Auch ich musste grinsen. Der Satz klang wirklich blöd. Aber er machte mir bei jeder Wiederholung, zu der Tayfun und Gianni ansetzten, deutlicher: Ella war mir ungeheuer wichtig. Wichtiger, als Michaela es je gewesen war. Vielleicht sogar wichtiger als meine zwei Gottesacker-Freunde, die nicht aufhörten, mich nachzuäffen. Es war merkwürdig, aber ich fühlte: Ich hatte mich in den vergangenen Monaten verändert. Gehörte ich eigentlich noch hierher?

Mit Michaelas überraschendem Auftauchen schien mir der Gottesacker noch fremder als zuvor. Auch Gianni bemerkte, ich wäre ernster als früher. Tayfun mäkelte, ich würde nicht mehr wie einer von *ihnen* denken. Konkreter wurden beide zwar nicht. Doch ich merkte: Unrecht hatten sie nicht. Meine neue Umgebung hatte mich beeinflusst. Irgendwie hatte sich das angebahnte Gefühl, ich würde neben meinen alten griechisch-orthodoxen Gottesacker-Wurzeln neue deutsch-katholische St.-Pirmin-Wurzeln schlagen, innerhalb von kurzer Zeit verfestigt.

Ein Grund war sicher, dass ich für den Bolzplatz in Karlsruhe eine Art Ersatz in Dahn gefunden hatte. Ein anderer, wahrscheinlich noch wichtigerer, war: Ella.

Jedes Mal, wenn ich sie sah, schien sie zu leuchten. Ich meine damit nicht ihr songwürdiges Lächeln oder Lachen, nicht das Blau ihrer Augen, das jede meiner Adern flutete. Auch nicht ihre flüchtigen Berührungen, wenn wir uns Briefe übergaben. Es war das Strahlen, das mich erwärmt hatte, als ich damals im Regen stand und sie die Tür öffnete. Ihre Wärme, sie umhüllte mich jahrelang wie ein Kokon. Vielleicht ist das bei jeder «ersten Liebe» so. Vielleicht erleben das alle anderen auch. Vielleicht trügt die Einbildung auch mein Erinnerungsvermögen. Aber eins weiß ich heute noch genauso sicher wie gestern oder vor zwanzig Jahren: Ich fühlte mich damals auserkoren. Einer der letzten Briefe, die ich ihr damals gab – ein dunkles gefaltetes Umweltpapier, mit grünem Filzstift beschrieben –, endete mit dem Satz: «Ich glaube, ich habe mich unheimlich in Dich verliebt.» Was für eine bodenlose Untertreibung! Also das «Ich glaube».

Ella und ich. Wir waren so verschieden. Nicht nur äußerlich. Sie kam aus einer deutschen Bilderbuchfamilie. Ich habe sogar einmal den – in den achtziger Jahren allgegenwärtigen – Rama-Werbespot nachgeträumt. Statt der Familie, die man in der TV-Reklame üblicherweise sah, saßen dort die Schneiders an ihrem Tisch im Garten. Die Vögel zwitscherten, die Sonne schien, der Himmel war blau, diese lächelnde Frau in Tracht und mit den geflochtenen Zöpfen radelte vergnügt durchs Bild, Kameraschwenk: im Fahrradkorb die Rama-Becher. «Ein guter Tag beginnt mit einem guten Frühstück», sagte die werbende Männerstimme aus dem Off. Die blonden Töchter sprangen um den Tisch herum, die Mutter lachte herzlich, der Vater schaute zufrieden. Werbespot Ende. Heile Welt.

Kein Witz. So habe ich mir als Kind immer die deutsche Bilderbuchfamilie ausgemalt. Wie im Rama-Spot. So sahen sie aus, die Deutschen, wenn sie frühstückten. Dachte ich.

Nur der Hund fehlte. Einen Hund hatten die Schneiders nie.

«Warum habt ihr eigentlich keinen Hund?», fragte ich Ella. Wir hatten uns im Café «Central» verabredet. Als Achtklässler hatte ich abends bis 20 Uhr 30 Ausgang. Dahn bot allerdings keine besonders große Auswahl an Cafés oder Bars. Es gab viele Jahre eine italienische Eisdiele namens «Venezia», in der wir uns zum Spaghettieis-Essen oder Vanille-Milchshake-Trinken trafen. Es gab das «Début» am Kriegerdenkmal, eine kleine, dunkle Bar, die in einem jahrhundertealten Fachwerkhaus untergebracht war. Und es gab das «Central», ein erst kürzlich renoviertes Café. Es war zwar eines jener Cafés zu Beginn der neunziger Jahre, in denen man eine Haube Sprühsahne auf den Kaffee gesetzt bekam, wenn man Cappuccino bestellte. Aber das störte uns nicht.

Ella grinste schief. «Warum sollten wir?»

Ich schöpfte die Sahnehaube von meinem Cappuccino.

«Weil in der Werbung eine Familie wie deine immer einen Hund hat», sagte ich trocken.

«Wie meinst du das: ‹eine Familie wie deine›?»

Ich erzählte ihr von meinem Rama-Traum.

«Du spinnst», sagte sie lachend. «Wir sind doch keine Bilderbuchfamilie.» Sie nahm meinen Traum anscheinend nicht besonders ernst.

«Natürlich, für mich schon.»

«Findest du?», fragte sie plötzlich, sie klang ein bisschen irritiert.

Ich nahm tief Luft und atmete aus. «Gut», sagte ich. «Ich zähle dir jetzt alles auf, was für mich zu einer Bilderbuchfamilie gehört, und du antwortest mit Ja oder Nein, ob es bei euch zutrifft oder nicht. Einverstanden?»

Ella nickte.

«Deine Eltern sind nicht geschieden.»

«Haha, deine ja auch nicht», sagte sie.

«Du darfst nur mit Ja oder Nein antworten.»

«Okay. Ja.»

«Dein Vater hat eine gute Stelle, ist Beamter, deine Mutter ist Hausfrau.»

«Ja.

«Ihr wohnt in eurem eigenen Haus, habt zwei Autos, einen Garten – und nicht zu vergessen: ein Wohnmobil.»

Ella lachte laut auf. «Das alte Ding?»

Ich schaute ihr, ohne zu blinzeln, in die Augen und neigte den Kopf.

«Schon gut. Ja.»

«Deine Eltern haben zwei kluge *und* hübsche Töchter.»

Sie lächelte verlegen. Zum Hymnensingen: Halt mich, Grönemeyer.

«Ihr habt schon mal Urlaub in Europas Süden gemacht, zum Beispiel in Italien?»

«Ja», antwortete Ella.

«Siehst du? Brauchst du noch mehr Beweise?»

«Das sind doch keine Beweise», sagte sie energisch.

«Ach, nicht? Ihr sitzt jeden Mittag und Abend gemeinsam am Essenstisch.»

«Ja, und? Was beweist das?»

«Das beweist, dass eure Familie intakt ist.»

«Ich verstehe dich nicht», sagte Ella. «Das ist doch bei vielen Familien so.»

«Na ja, ich lebe mit hundert Jungs zusammen, bei denen das nicht so ist», sagte ich. Vielleicht einen Tick zu laut.

Ella schaute mich mit großen blauen Augen an. «Fühlst du dich im Internat denn nicht wohl?», fragte sie.

Komisch, dachte ich in jenem Moment, diese Frage schien mich zu verfolgen. Erst Ari, jetzt Ella. Ich hatte die Frage lange verdrängt. Ebenso wie die Antwort darauf.

Meine Eltern waren sehr froh, dass sich meine Leistungen in der Schule schlagartig gebessert hatten, mein Notenschnitt lag mittlerweile bei 2,1. Sie gaben mir genügend Freiraum, wenn ich zu Hause war, und kümmerten sich um alles, was ich mir wünschte. Zwar vermisste ich den Gottesacker nicht mehr so sehr wie am Anfang, aber trotzdem schien mir etwas zu fehlen. Erst als mir Ari und nun Ella diese Frage stellten, wurde mir bewusst, was es war: *ein Zuhause.*

Ich hatte ihre Familie in einem Traum zu einer Bilderbuchfamilie stilisiert, weil es in meiner neuen Umgebung so gut wie keine intakte Familie gab. Ich dachte an Bum-Bum und an Gustav. Ich dachte an Tayfuns Familie, die im deutschen Fernsehen wohl nie als Rama-Familie durchgehen würde, ich dachte an meine eigene.

«Alex?» Ella hatte ihre Hand kurz auf meine gelegt und mich aus meinem Tagtraum zurückgeholt.

«Hm?»

«Ist alles in Ordnung?», fragte sie.

«Ja, klar», erwiderte ich. «Alles gut. Wollen wir gehen?»

«Ja, gut», sagte Ella. «Meine Mutter kommt sowieso gleich, um mich abzuholen, und du musst ja um halb neun zurück sein. Wir könnten dich ins Internat fahren?»

«Nee, ist nicht nötig», sagte ich.

Auf dem Rückweg gingen mir diese Gedanken nicht aus dem Kopf. Der Wind pfiff durch meine offene Jacke, schlich über meine Schulter und Arme bis zur Gänsehaut. Es war dunkel. Es war kalt. Ich setzte einen Schritt vor den anderen, bis ich vor dem Internatsgebäude stand. Nur in den oberen Stockwerken brannte noch Licht. Ein Moment, um flirrende Gedanken zu ordnen.

«Was mache ich hier eigentlich?» Meine innere Stimme formulierte die Frage so einfach und präzise wie möglich. Ich hatte fast zwei Jahre gebraucht, um sie mir noch einmal zu stellen. Ich schaute auf das allmählich immer tiefer in der aufziehenden Dunkelheit verschwindende Gebäude. Spürte einen plötzlich herbeigeeilten Zorn, der sich als kleine Falten in meine Stirn legte, dachte an mein Versprechen. Das Licht der Straßenlaterne schien auf meine Swatch: 20 Uhr 15. Ich setzte mich auf die Parkbank, den Reißverschluss meiner Jacke zog ich zu, steckte die Hände in die Hosentaschen und streckte die Beine von mir.

«Ist das mein Zuhause?», fragte ich mich. In meiner Hosentasche fühlte ich das 10-Pfennig-Stück, das mich an meinen ersten Anruf im «Griechen» erinnerte. Ich holte es heraus, betrachtete es im Laternenlicht, als stünde darauf eine Antwort auf meine Frage. Aber da stand nur: Bundesrepublik Deutschland, 1975, G.

Ich dachte daran, durch wie viele Hände diese Münze seit ihrer Prägung gegangen war. Diese Münze war genauso alt wie ich, sie wurde durch Schlitze geworfen, um Telefonverbindungen herzustellen, über den Tisch gereicht, um einen Riesling, einen Retsina oder Chianti zu bezahlen, landete in einer Kasse mit vielen anderen Münzen, die ihr ähnlich sahen – und dennoch: Obwohl sie sich über all die Jahre nicht verändert hatte, war sie für mich zu einem Symbol geworden. Zum Symbol für mein Versprechen.

Ich dachte an meine Eltern. Ich dachte daran, wie mir mein Vater, als ich etwa sechs war, Zimmerarrest gab, weil ich das griechische Alphabet nicht auswendig vortragen konnte. Das brachte ihn, den Zorbas unter den Griechen, zur Weißglut. Immer wenn es darauf ankam, verwechselte ich die Buchstaben ζ(Zeta), η (Eta), θ (Theta) und φ (Phi), χ (Chi), ψ (Psi). Es war zum Verrücktwerden. Er ließ mich erst wieder raus, als ich es drei Mal hintereinander fehlerfrei aufgesagt hatte (unter uns: Manchmal passiert es mir heute noch, dass ich diese Buchstaben verwechsle). Ich dachte an meine Mutter, die schon einmal einen Alexandros Stefanidis auf die Welt gebracht hatte, ihn aber nie zu Gesicht bekam, weil mein Vater entschied, ihr den Anblick zu ersparen. Der Bruder mit meinem Namen starb drei Tage nach seiner Geburt.

Wie gesagt, die Gedanken flirrten. Eine Art Kopfsturm, der ausschließlich vor meinen Augen wütete. Der Wind blies kräftig, es blitzte, es donnerte – bis es von einem auf den anderen Moment aufklarte und mucksmäuschenstill wurde. Die Straßenlaterne flackerte, nur noch wenige der Zimmerlichter im Internat schienen hell.

Es war der Abend, an dem ich ein letztes Mal gelobte, mein Versprechen zu halten. Der Abend, an dem ich entschloss, Krüger die Stirn zu bieten. Der Abend, an dem ich entschied, das Internat zu *meinem Zuhause* zu machen.

Alles, was ich dafür brauchte, war ein Plan. Ein guter Plan.

KAPITEL 8
Der Plan

Zwei Wochen später saß ich nach einer kurzen Zugfahrt aus Karlsruhe, während der ein paar Seiten in John Hawkes' *Der Kannibale* mich mehr als irritiert hatten, auf dem Bett im Internat und fragte Bum-Bum, ob er mich begleiten wollte.

«Wohin?», fragte er.

«Rauf, zu Krüger», sagte ich.

Bum-Bum sah mich mit großen Augen an. «Was willst du da?»

«Wirst schon sehen», entgegnete ich kühl.

Bum-Bum nickte.

Auf dem Weg in den dritten Stock dachte ich mehrmals daran, wieder kehrtzumachen. Aber deshalb hatte ich ja Bum-Bum gefragt. Ich war sicher, mir vor ihm keine Blöße geben zu wollen.

Aus dem Zimmer fiel Licht auf den Gang. Ich klopfte.

«Herein!», hörten wir Krügers Stimme.

Ich griff an die Türklinke und zog.

«Was zum Teufel willst du denn hier?!» Krügers erstaunter Gesichtsausdruck aktivierte – trotz des grundsätzlich mulmigen Gefühls in der Magengegend – ein Lächeln in meinem Gesicht. Bum-Bum stand neben mir. Ich sah ihm an, dass er sich dieselbe Frage stellte: «Was zum Teufel mache ich hier?»

Krüger stand von seinem Bett auf und kam auf mich zu. «Was ist, hat's dir die Sprache verschlagen, Grieche?»

Ich nahm tief Luft, sammelte jede Widerstandszelle in meinem Körper und trieb das mulmige Gefühl aus meinem Bauch.

«Morgen, 14 Uhr. Nur du und ich. Unten. Im Schwimmbad.»

Krüger hörte die Wörter, aber er verstand nicht. «Was willst du?!»

Mein Zeigefinger begann zu zittern, ich ballte die Hand zur Faust und wiederholte ruhig: «Du und ich. Morgen. 14 Uhr. Im leeren Schwimmbad.»

«Hast du den Verstand verloren?», fragte er mit einem fiesen, abschätzigen Lachen.

Auch Bum-Bum glotzte mich entsetzt an. In den Sommern, wenn das Schwimmbad in Betrieb war, hatte Krüger als einer der ältesten Schüler die Aufsicht über das Becken und verteilte willkürlich Strafen an jeden, der ihm nicht passte. Das Schwimmbad war Krügers Herrschaftsbereich. Ein symbolischer Ort, bewusst gewählt.

«Nein, hab ich nicht», sagte ich. «Lass uns das ein für alle Mal klären. Nur du und ich. Keine Erzieher, keine Zuschauer.»

Krüger griff sich an die Nase, als würde er sich schnäuzen, aber er zupfte nur daran. Mehrmals. Das fiese Lachen verschwand, er bäumte sich vor mir auf. «Gut, Grieche, wie du willst. Morgen, 14 Uhr, im Schwimmbad.»

Ich streckte ihm meine Hand entgegen, aber er schlug nicht ein. Stattdessen sagte er: «Und jetzt verpisst euch.»

Bum-Bum brauchte keine Millisekunde, um der Aufforderung nachzukommen. Ich folgte ihm.

Auf der Treppe sagte er kein Wort, strich sich nur mit beiden Händen durchs Haar und seufzte ein paar Mal. Erst als wir in unserem Zimmer waren, platzte es aus ihm heraus.

«Du hast sie nicht alle, Krüger hat recht. Du bist völlig bekloppt. Was sollte das gerade?» Nichts an ihm blubberte.

«Beruhig dich, ich hab alles unter Kontrolle.»

«Unter Kontrolle? Willst du mich verarschen?! Es bräuchte zwei von deiner Sorte, um nur ein Foto von Krüger zu zerreißen – und du willst dich ihm auch noch im leeren Schwimmbad stellen?!»

«Nicht nur das. Wir werden ihm schon heute Nacht einen Besuch abstatten.»

Bum-Bums Gesicht verlor jede Spannung. «Du willst was?!»

«Wir – du und ich – werden heute Nacht wieder in den dritten Stock ins Zimmer von Krüger gehen und ihn an die Wand stellen.»

Bum-Bum schüttelte sich. Zuerst die Schultern, dann den Kopf. «Sag mal, hast du was genommen? Bist du betrunken? Geht's dir noch gut?» Er war für Sekunden kaum zu bändigen, tigerte im Kreis durchs Zimmer.

«Ich hab einen Plan. Bist du dabei?», fragte ich ihn, so ruhig ich konnte. Natürlich war auch ich unsicher. Natürlich zitterte mein Zeigefinger.

«Du bist verrückt», sagte Bum-Bum, als er sich schließlich hinsetzte. Nach einer kurzen Pause fragte er mich: «Okay, sag schon, was ist dein Plan? Selbstmord?»

Ich setzte mich neben ihn auf sein Bett und erklärte ihm den Plan. Selbstmord war kein Teil davon.

Der Wecker klingelte um Viertel nach drei. Gustav war zwar in den Plan eingeweiht, sollte aber nur Schmiere stehen, nicht direkt eingreifen. Das fand er gut. Bum-Bum und ich schlichen barfuß den Gang entlang, die Treppen hinauf. Es war stockdunkel, wir hatten nur das Mondlicht, das uns schien. Vor Krügers Tür blieben wir stehen.

«Gib mir die Murmeln und das Pril», flüsterte ich. Bum-Bum griff in den umgeschnallten Rucksack.

Ich drapierte die Kugeln in regelmäßigen Abständen vor die Tür, zwischen die Kugeln spritzte ich das Geschirrspülmittel. So entstand eine etwa ein Quadratmeter große präparierte Fläche, die in der Dunkelheit kaum zu erkennen war. Bum-Bum blubberte so leise wie noch nie. Ich legte meinen Zeigefinger auf die Lippen.

Als ich zum zweiten Mal innerhalb weniger Stunden den Griff von Krügers Zimmertür anpackte, zitterte der Zeigefinger schon wieder. Ein paar Stunden zuvor hatte ich mir während des kurzen Besuchs eingeprägt, welchen Weg ich einschlagen musste, um ohne viel Lärm an Krügers Bett zu gelangen: zwischen Schreibtischstuhl, der fast in der Mitte des Zimmers stand, und Stereoanlage, die auf einer Kommode rot leuchtete, und ein bisschen Licht spendete, vorbei an der Jeans, die auf dem Boden lag, vorbei an den zwei Paar Sportschuhen, die übereinanderlagen wie Mikadostäbchen. Krüger atmete tief, er lag zusammengerollt unter seiner Decke, nur ein Büschel seiner Haare war im Mondlicht zu erkennen. Auch ich holte tief Luft, ging im Geist noch mal den Rückweg durch – inklusive langem Ausfallschritt an der Tür – und griff unter seine Bettkante. Bum-Bum stand wahrscheinlich schon am Ende des Ganges an der Treppe und wartete.

Ich schaute auf die sich leicht hebende und wieder absenkende Decke, ging in die Knie. An meinem Bett hatte ich das schon geübt. Da allerdings hatte keiner drin gelegen. Ich konnte nur vermuten, dass es mit Krüger ungleich schwerer sein würde. Aber er lag sehr nah an der Wand, das hielt ich – rein physikalisch – für einen Vorteil.

Ich spannte meine Oberschenkel- und Oberarmmuskeln an, dachte: «Jetzt oder nie», und nahm alle Kraft zusammen: RUMMMS! Es war leichter als angenommen, das Bett krachte mit einem gewaltigen Knall auf die Kante, Krüger war nicht mehr zu sehen. Mit zwei, drei überlegten Schritten floh ich aus dem Zimmer, machte einen Satz an der Tür und rannte – so leise ich konnte – auf Bum-Bum zu. Der war, als er mich aus dem Zimmer springen sah, kurz vor Schreck erstarrt, ich machte ihm mit der Hand Zeichen, er solle endlich losrennen. Als ich die Stufen erreicht hatte, war es auf dem Gang immer noch dunkel, nur aus Krügers Zimmer fiel ein Lichtstrahl auf die Murmeln und das Pril. Ich hatte Bum-Bum eingeholt und mich umgedreht. Wir hielten uns gegenseitig fest und duckten uns, als wir die fast nackte Gestalt zunächst aus dem Zimmer stürmen und dann in einem hohen Bogen, Beine voraus, fliegen sahen. Krüger krachte auf den Linoleumboden und blieb erst mal liegen, wahrscheinlich, weil er gerade nicht wusste, wie ihm geschah. Bum-Bum und ich schauten uns in die Augen, grinsten das breiteste Grinsen in der Geschichte des St. Pirmin und machten uns schnell auf den Weg in unser Zimmer. Gustav lag schon im Bett, begraben unter seiner Decke. «Und? Wie ist es gelaufen?», fragte er neugierig.

«Ruhe!», herrschte ich ihn an und verkroch mich in mein Bett. Nach ein paar Sekunden, in denen ein Stock über uns Schritte und auch Geschrei zu hören war, sagte ich: «Großartig!»

Bum-Bum blubberte.

Eigentlich hatte ich damit gerechnet, dass es noch in der Nacht zu Reibereien mit Krüger kommen würde. Aber es blieb ruhig. Bis in den Morgen.

Um 6 Uhr 15 knipste Fröhlicher das Licht in unserem Zimmer an, kurz darauf ertönte die Klingel im Gang. «Guten Morgen!», grüßte er. Ich war trotz Schlafmangels sofort wach. «Gut geschlafen?» Fröhlichers Stimme hatte einen besonderen Unterton.

«Klar», sagte ich. «Sehr gut, bin topfit.» Ich sprang aus dem Bett und wollte an ihm vorbei ins Bad. Er ließ mich gewähren, kam mir aber nach. Bum-Bum und Gustav lagen noch in ihren Betten.

«Glaubst du, dein nächtlicher Ausflug in den dritten Stock war eine gute Idee?»

Fröhlicher stand in der Badtür und schaute mich im Waschbeckenspiegel an. Der Wasserhahn lief. Die Seife in meinen Händen produzierte große und kleine Blasen. Ich schmierte sie mir ins Gesicht und rieb Backen, Stirn, Mund, Augen und Nase ein. Ich öffnete ein Auge, fühlte das Brennen der Seife, aber der Mann im Spiegel war verschwunden. Schnell spritzte ich mir Wasser ins Gesicht, wusch mich seifenfrei. Fröhlicher war tatsächlich nicht mehr da. Er wollte wahrscheinlich keine Antwort. Er wollte mir nur die Frage stellen. Er wollte, dass ich sie mir selbst stelle. Aber ich hatte das schon hundert Mal durchgekaut.

Eine der meist unterschätzten Schlussfolgerungen, die man als Zuschauer aus dem Film «Club der toten Dichter» ziehen kann, ist, dass es immer noch genug Typen gibt, die für den Helden nicht auf den Schreibtisch kraxeln. Im Film entpuppten sich etwa die Hälfte der Keating-Schüler als linientreue, gefühlsarme Automaten, die nur eins im Sinn haben: die Regeln befolgen – auch wenn dafür einer der Ihren über die Klinge springen muss.

Beim Frühstück schien alles so wie immer zu sein. Die Tische waren mit Wurstplatten, Brot, Marmelade, Butter, Milch und kaltem Tee gedeckt, die Küchenhilfen wuselten umher, aus den hohen Fenstern fiel das erste Sonnenlicht des Tages in den Speisesaal, geschwächt vom Morgennebel, der diesen

Winter oft ums Haus schlich. Eigentlich hatte mich der Mut just auf den Treppen in den dritten Stock verlassen, und ich wollte umkehren, ohne Frühstück in die Schule gehen und Krüger erst mal nicht begegnen. Aber als ich Fröhlicher an der Tür zum Saal sah, verschwand der Gedanke so schnell, wie er gekommen war. Umzukehren wäre eine klare Antwort auf seine Frage gewesen. Und er stand da, als würde er auf mich warten. Also setzte ich einen Fuß vor den anderen und lächelte ihm zu.

War das Gemurmel im Speisesaal lauter als sonst – oder bildete ich mir das nur ein? Kurz nachdem ich einen Schritt in den Raum gemacht hatte, brandete auf einmal Applaus auf, die meisten Schüler der Unter- und Mittelstufe jubelten mit erhobenen Händen, ich sah lachende Gesichter, manche der Schüler winkten mir zu oder streckten den Daumen – ich blieb stehen und war erst mal entsetzt. «Was ist denn hier los?», fragte meine innere Stimme. Damit hatte sie nicht gerechnet, das war im Plan nicht vorhergesehen. Verlegen suchte ich nach einem Platz. Bum-Bums Gesicht leuchtete, seine Hand tippte auf die Sitzfläche neben ihm.

Krüger hatte in den vergangenen Jahren nicht nur mich schikaniert. Vor allem die Jungs aus der Unterstufe mussten zum Beispiel seine Kickschuhe oder sein Fahrrad vom Dreck säubern, für ihn im Supermarkt einkaufen gehen oder sein Zimmer aufräumen. In der Kapelle ließen wir seinen Platz immer frei, obwohl er nur sehr selten zum Frühgottesdienst kam. Er sah sich als unangefochtenen Boss des Internats.

Das Internatsschwimmbad lag etwas unterhalb des Gebäudes am Ende des Hanges im Park zwischen den hohen Eichen und Ahornbäumen. Man musste vom Verwaltungseingang einen schmalen Pfad hinunterlaufen, um zum Pool zu gelangen. Auf der linken Seite war das Becken gerade mal einen Meter tief, rechts – beim Ein-Meter-Brett – fiel es auf bis zu zwei, vielleicht auch drei Meter ab. Meine Körpergröße betrug mit knapp fünfzehn Jahren etwa 1 Meter 60 oder 65 – und das Becken war tiefer. Viel tiefer.

Krüger und seine Freunde hatten im vergangenen Sommer die wenigen Liegestühle besetzt und nutzten die ihnen übertragene Aufgabe gnadenlos aus. Sie verhängten Strafen, wann immer es ihnen passte. Oft nur aus Jux, um den anderen Schülern ihre Macht zu demonstrieren. Ein Dutzend Liegestütze oder Kniebeugen waren die harmlose Variante. Wer zum Beispiel vom Ein-Meter-Brett sprang und Krüger oder einen seiner Freunde mit einem Tropfen bespritzt hatte, musste so lange ums Becken rennen, bis sie «Stopp!» sagten. Nach jeder abgelaufenen Runde «peitschten» sie mit ihren nassen Handtüchern den bestraften Jungs die Rücken rot.

Ich habe nie Krügers Schuhe geputzt oder für ihn eingekauft. Aber ich erinnere mich sehr gut an die Runden rund ums Becken. Krüger und seine Clique hörten erst auf, wenn die Striemen dunkelrot glänzten.

Als ich mich auf den Stuhl neben Bum-Bum setzte, ging mein Blick automatisch in den Raum der Oberstufe. Dort jubelte keiner. Zwar gab es auch in der Oberstufe Jungs, die Krüger nicht besonders mochten und ihr Lächeln unterdrückten. Doch das Unerhörte hatte sie als Gruppe getroffen: Dass einer aus der Mittelstufe einen aus der Oberstufe an die Wand gestellt hatte, war im St. Pirmin 13 Jahre her – das war also noch in den Siebzigern gewesen, lange vor meiner Zeit. Ich hatte natürlich auch keine Ahnung, dass die Aktion eine Ära beendet hatte. Das war mir auch egal. Nicht egal war der Blick, den ich von Krüger erntete. Er starrte mich einen kurzen Moment an und schaute dann wieder weg. Doch dieser Moment reichte, damit ich das Pochen meines Herzens bis zum Kehlkopf spürte – und mein Finger zu zucken begann.

Die Freude im Speisesaal hatte sich gelegt, die Erzieher hatten um Ruhe gebeten – und die meisten Schüler konzentrierten sich auf ihr Frühstück, als ich den nächsten Teil des Plans umsetzen musste. Ich bestrich schnell ein Brot mit Butter und Erdbeermarmelade, nahm einen Schluck kalten Tee, stand auf und ging aus dem Saal. Ich schaute mich um, ob mir jemand folgte. Niemand. In der Tasche hatte ich ein Tesa-Film und mehrere beschriftete Zettel, die ich nun hastig auffaltete. Auf jedem davon stand dieselbe Frage in dicken Lettern: «GUT GESCHLAFEN, FREDERIK?»

Ich würgte das Brot mit drei, vier Schlucken runter, zog und biss die Tesa-Streifen ab und klebte die Blätter samt Frage ans Treppengeländer, an die Wände und das letzte Blatt an seine Zimmertür. Dann packte ich meine Jacke und verschwand mit meinem umgeschnallten Ranzen, so schnell es ging, aus dem Internat. Es war das erste Mal in meinem Leben, dass ich in die Schule gerannt bin. Ja, ich hatte Angst, vor dem, was nachmittags noch passieren würde. Aber gleichzeitig füllte sich mein Brustkorb mit so viel Stolz und Freude über die gelungenen Aktionen der Nacht und des Morgens, dass er fast platzte.

Es kommt wohl nur sporadisch vor, dass ein Schüler hofft, der Unterricht möge nicht enden. Aber als an diesem Tag um 12 Uhr 55 der Gong ertönte (das OWG verfügte nicht über eine schrille Klingel wie das alte Kant-Gymnasium, sondern über eine vierstufige Tonleiter als Pausenglocke) und alle – wie immer – aus dem Klassenzimmer flüchteten, als wäre jeder weitere Augenblick darin lebensgefährlich, blieb ich sitzen und pustete erst mal durch. Vom Stolz und der Freude am Morgen war nicht viel übrig geblieben. Jetzt hatte ich Angst. Mein Zeigefinger zitterte.

Ich sah Walter Bohn, meinem Deutschlehrer, dabei zu, wie er seine Unterlagen in seine verlebte Ledertasche steckte, als er aufblickte und mich noch immer in der zweiten Reihe sitzen sah.

«Alex, der Unterricht ist vorbei, schon gemerkt?»

Hatte ich schon erwähnt, dass Bohn unter den Schülern am OWG als harter Hund galt? Er verlangte viel, er setzte einiges voraus, vor allem gierte er nach Schülern, die nicht nur den Lehrstoff auswendig vorsagen konnten, sondern eigene Gedanken entwickelten. «Lieber ein absurder Gedanke als gar keiner», sagte er gern. Als Bohn also vor Wochen gefragt hatte, ob schon mal jemand von Immanuel Kant gehört hatte, reckten viele meiner klugen Klassenkameraden die Hand. Als Bohn weiter fragte, wer wüsste, welcher literarischen Epoche er zuzurechnen war, senkten einige ihre Hand wieder. Als Bohn schließlich wissen wollte, ob jemand Kant aus dem Stand zitieren könne, blieben nur meine und Daniels Hand in der Luft. Erstaunt blickte mich Bohn an. Von Daniel hatte er die Handmeldung wohl erwartet. «Nur zu, Alex.»

Ich stand auf und rekapitulierte:

«Aufklärung ist der Ausgang des Menschen aus seiner selbstverschuldeten Unmündigkeit.» Ich stockte.

«Ist das alles?», fragte Bohn. Es war Zufall, dass ich Kants Begriffsbestimmung der Aufklärung schon auswendig kannte. Alle Gymnasiasten des Kant-Gymnasiums in Karlsruhe kannten die Definition – sie stand auf einer verglasten Tafel im Eingangsbereich der Schule.

Ich grub mich also tiefer in meine Kant-Erinnerung. Was stand da noch mal?

«Unmündigkeit ist das Unvermögen, sich seines Verstandes ohne Leitung eines anderen zu bedienen. Selbstverschuldet ist diese Unmündigkeit, wenn die Ursache derselben nicht am Mangel des Verstandes, sondern der Entschließung und des Mutes liegt, sich seiner ohne Leitung eines anderen zu bedienen. Sapere aude! Habe Mut, dich deines eigenen Verstandes zu bedienen! Ist also der Wahlspruch der Aufklärung.»

Die Sätze kamen wie automatisch aus meinem Mund, ich las sie quasi von der Tafel ab, die ich mir vergegenwärtigte.

Bohn klatschte zwei, drei Mal in die Hände. «Bravo!», rief er. Dann sah er mich mit großen Augen an. «Ein Grieche erzählt uns von der Aufklärung. Großartig!»

Ich lächelte etwas verlegen und setzte mich wieder. Bohn war ein untersetzter Mann mit einem dunklen Haarkranz und einem stattlichen Bauch. Wäre er ein paar Zentimeter kleiner und zierlicher gewesen, hätte er vielleicht als Danny de Vitos Bruder oder zumindest als sein Cousin durchgehen können. Er kam zu meinem Schreibtisch. «Kannst du uns auch in einfachen Worten sagen, was Kant damit eigentlich sagen wollte?», fragte er.

Zu den glücklichsten Augenblicken eines Schülerlebens gehören jene Momente, in denen man um eine Antwort nicht verlegen ist. Besonders, wenn sie wie die Faust aufs Auge zu passen scheint: Neben der deutschen Schule, die ich in Karlsruhe morgens besuchte, musste ich auch in die griechische Schule gehen – nachmittags. Drei Mal die Woche, von 14 Uhr 30 bis 17 Uhr 30. Zu den Hauptfächern in der griechischen Schule gehört neben Neu- und Altgriechisch, Mathematik und Religion auch klassische Philosophie. Also: Sokrates, Platon, Aristoteles. Die drei standen als Büsten selbstverständlich auch im «Griechen». Auf der Theke. Hübsch nebeneinander. Mein Vater nannte sie immer die «klassische Dreierkette». Er sagte zu seinen Gästen oft: «Wenn du verstehen willst, warum ich so gern mit dir rede, dann lese Platon. Platon hat die Worte seines Lehrers Sokrates aufgeschrieben. Sokrates hat nie etwas aufgeschrieben – er hat lieber geredet. Rede und Gegenrede. Der Dialog. Das ist es, was wir Griechen lieben.»

Als Kind hasste ich es natürlich, in die griechische Schule zu gehen. Für mich war das eine Zusatzschicht, wie Strafarbeit, vergeudete Zeit, die ich lieber auf dem Gottesacker verbracht hätte. An manchen Nachmittagen machte ich das natürlich auch. Aber ein paar Dinge, die unsere griechischen Lehrer über die drei Philosophen sagten, sind dennoch hängen geblieben. Und als Bohn mich fragte, was Kant gemeint hatte, sagte ich, ohne lang zu überlegen:

«Das, was Sokrates schon vor 2000 Jahren gesagt hat: erst denken, dann handeln.»

Bohn verschlug es fast die Sprache. Er gluckste. «Habt ihr das gehört?», fragte er in die Runde und richtete seinen Zeigefinger auf mich. Ich spürte die Blicke meiner Klassenkameraden, die ebenso überrascht waren wie Bohn – und ich. In Chemie, Physik, Bio oder Mathe – na ja –, in den meisten anderen Fächern wäre meine Hand nie als letzte übrig geblieben. Trotz meines mittlerweile guten Notenschnitts gehörte ich nicht zu den Besten, da gab es ganz andere. In Mathe hatte ich – auch aus purer Verlegenheit, die Antwort nicht zu kennen – nicht nur Schweine gemalt. Ich hatte im Scherz auch schon gesagt, Sinus sei der Bruder von Kosinus. Das brachte zwar ein paar Lacher ein, vor allem Daniel kriegte sich nicht mehr ein, aber die Stimmung unseres Mathelehrers war seitdem endgültig auf dem Gefrierpunkt, wann immer er mich (mit Daniel) sah.

Bohn hatte seine Tasche gepackt. «Egal über was du gerade

grübelst, erinnere dich an deine eigenen Worte: erst denken, dann handeln!» Ein typischer Bohn-Kommentar. Er lachte laut und bat mich aufzustehen, damit er das Klassenzimmer abschließen konnte.

Ella stand draußen mit ihren Freundinnen. «Wir treffen uns heute Abend alle im «Central». Kommst du auch?», fragte sie mich.

Ich hatte ihr nichts von meinem Plan erzählt. Vielleicht ahnte sie etwas. «Nee, was soll ich denn bei eurem Mädchentreff?», gab ich etwas zu schroff zurück. Es tat mir auf der Stelle leid. Aber schließlich wusste ich nicht, wie ich nach dem Aufeinandertreffen mit Krüger aussehen würde.

Ella kam auf mich zu. «Alles in Ordnung?»

«Ja, alles gut.» Ich lächelte sie an. Sie gab mir einen Kuss. Nur auf die Backe, nicht auf den Mund. Es dauerte noch etwa ein Jahr, bis wir uns auch öffentlich – also in der Schule – auf den Mund küssten. Ihr Lächeln: She loves you, Beatles.

Bum-Bum wartete auf mich am Ausgang der Schule. Er schaute – der Situation durchaus angemessen – etwas besorgt.

«Hey», rief ich, «wartest du auf mich?»

«Nein, auf den Weihnachtsmann», blubberte er. «Was willst du jetzt machen?»

«Essen», gab ich cool zurück.

«Und danach?», fragte Bum-Bum.

Ich legte meinen Arm um ihn und riss ihn mit. «Komm, mach dir nicht so viele Gedanken, lass uns erst mal etwas essen.» Ich war selbst über meine Worte überrascht. Angst wegschauspielern – das konnte ich immer schon ganz gut.

Im Speisesaal deutete auch nichts auf die Ereignisse hin, die noch kommen sollten. Mein Morgenruhm jedenfalls war schon dahin. Es war wie immer. Es gab Schnitzel und Salzkartoffeln. Den Salat rührte ich nicht an. Vom Tee trank ich allerdings drei oder vier Gläser. Ich hatte einen trockenen Mund. Den Blicken von Krüger verweigerte ich mich erfolgreich. Fröhlichers Blick allerdings konnte ich nicht ausweichen. Er sah mich mehrmals ohne seine übliche Gutmütigkeit an. Er wusste Bescheid. Da war ich mir sicher. Aber wer hatte es ihm erzählt?

Auf dem Weg in den Speisesaal war mir aufgefallen, dass meine Zettel mit der Frage an Krüger nicht mehr am Treppengeländer oder an den Wänden hingen.

Als Krüger fertig gegessen hatte, stand er auf und näherte sich unserem Tisch. Hinter mir blieb er stehen, ich tat so, als wäre er nicht da. Er beugte sich zu mir herunter und flüsterte nur zwei Wörter: «Komm pünktlich.» Mehr nicht. Ich nickte, ohne ihn anzusehen. Als ich nach ein paar Sekunden meinen Kopf drehte, war er schon weg. Fröhlichers Blick lag noch auf mir wie zwei schwere Hände auf Schultern. Er sagte: «Alexandros, ich würde dich gern nach dem Essen sprechen. Kommst du bitte in mein Büro?»

Wieder nickte ich.

Meine Swatch zeigte 13 Uhr 28 an. Noch 32 Minuten. Ich nahm auf dem gepolsterten Stuhl in Fröhlichers Zimmer Platz.

«Hatten wir uns nicht versprochen, ehrlich miteinander umzugehen?», fragte er ohne große Umschweife.

«Hatten wir», dachte ich, gab ihm aber keine Antwort. Er kannte sie ja schon.

Ich seufzte nur.

«Deine Aktion gestern Nacht kann ich ja noch verstehen, auch wenn ich sie nicht gutheiße. Aber …» Ich ließ ihn den Satz nicht zu Ende aussprechen.

«Wenn ich mich ihm nicht stelle, wird er ewig auf mir rumhacken», platzte es aus mir heraus.

Fröhlicher sah mich verwundert an. «Dich ihm stellen?», fragte er.

«Scheiße, er weiß es nicht», dachte ich.

Aber: Er wusste. «Glaubst du denn wirklich, sich zu prügeln ist eine Lösung? Glaubst du, es wird dabei bleiben?»

Seine Fragen waren klar und verständlich. Und am liebsten hätte ich mit einem einfachen «Ja» geantwortet. Stattdessen fragte ich zurück: «Wer sagt denn, dass ich mich mit ihm prügeln will?»

Jetzt schaute Fröhlicher erst recht irritiert. «Wenn du dich nicht mit ihm prügeln willst, was soll dann das ganze Gerede, dass du dich ihm stellen willst?»

Mein Plan hatte eine Schwachstelle. Die hatte Fröhlicher gefunden. Ein paar Sekunden druckste ich herum.

«Alex?», fragte er.

«Ich hoffe darauf, dass er einsieht, dass er falsch handelt.» Jetzt war es raus. Die Schwachstelle in meinem Plan hieß: Frederik Kran. Ich wollte ihn davon überzeugen, dass Gewalt keine Lösung ist.

Fröhlicher war nun vollends verblüfft. «Wie bitte?»

«Ich will nur mit ihm reden», erläuterte ich. «Mehr nicht.»

«Und wenn er nicht mit sich reden lässt? Hast du daran schon mal gedacht?»

Ich mochte Johannes Fröhlicher wirklich sehr. Er fragte direkt, was ich dachte. Er sprach mit mir, als wäre ich kein Kind mehr. «Darauf muss ich es ankommen lassen», sagte ich leise.

Eigentlich hätte mir Fröhlicher schon für das «An-die-Wand-Stellen» von Krüger eine Strafe aufbrummen müssen. Eigentlich hätte er meinen Plan in der Luft zerreißen und das Aufeinandertreffen mit Krüger publik machen und absagen müssen. Als Erzieher des Internats wäre das wohl die übliche

Vorgehensweise gewesen. Trotz der Bibelverse, die mir nun als Argumente einfielen.

«Heißt es nicht in der Bibel: Auge um Auge, Zahn um Zahn?», fragte ich ihn.

Fröhlicher lächelte. «Ja, im Alten Testament. Exodus, Kapitel 21, Vers 24.»

«Warum lächeln Sie?», fragte ich ihn.

«Weil diese Passage oft zitiert wird, wenn man eine Rechtfertigung oder Kurzformel für Rache sucht.»

«Stimmt das Zitat denn nicht?», fragte ich ihn neugierig.

«Es stimmt», sagte Fröhlicher. «Aber vergessen wird oft, was Jesus dazu gesagt hat.» Ich sah ihn mit großen Augen erwartungsfroh an. «Bergpredigt, Matthäus-Evangelium, Kapitel 5, Vers 38: ‹Ihr habt gehört, dass den Alten gesagt ist: ‹Auge um Auge, Zahn um Zahn.› Ich aber sage euch: Leistet dem, der euch etwas Böses antut, keinen Widerstand, sondern wenn dich einer auf die rechte Wange schlägt, dann halt ihm auch die andere hin.»

Das mit der Wange hatte ich schon oft in katholischen und griechisch-orthodoxen Messen gehört, auch von «Mama Hedi» und Oma Theodora. Ich wusste nur nicht, dass es in direktem Zusammenhang mit der «Auge-um-Auge-Zahn-um-Zahn»-Geschichte stand. Außerdem hatte ich gar keine Lust, Krüger auch nur eine meiner Wangen hinzuhalten, geschweige denn beide.

13 Uhr 41. Für ein paar Sekunden saßen wir uns schweigend gegenüber. «Auge um Auge lässt die Welt erblinden», sagte Fröhlicher in die Stille hinein.

Auf dem Gottesacker wäre man für solche Sprüche ausgelacht worden. Doch irgendwo, irgendwie tief in mir spürte ich, dass er recht hatte. Mehr noch: Ich bewunderte ihn für seine Ruhe und Gelassenheit. Er sprach nicht zu mir, um mich zu beeindrucken, er redete mit mir, um mich zu überzeugen.

«Das ist nicht von mir», fügte Fröhlicher ehrlich hinzu. «Das hat Mahatma Gandhi vor sehr langer Zeit gesagt.»

Gandhi, das war der glatzköpfige Inder mit der Nickelbrille, der nur ein weißes Tuch um die Hüfte trug und damit aussah, als hätte er eine Windel an. Ich hatte den Film gesehen.

«Wo wollt ihr euch treffen?», fragte Fröhlicher.

«Im Schwimmbad.»

Er hob eine Augenbraue. «Warum im Schwimmbad?»

«War mein Vorschlag», sagte ich. «Da hat er uns allen die meisten Schmerzen zugefügt.» Ich dachte an meinen Rücken. An die dunkelroten Striemen, die stets mehrere Tage brannten. Dass das Schwimmbad außerhalb der Sichtweite lag, wenn man aus dem Internatsgebäude blickte, damit kein Erzieher uns aus seinem Büro entdecken konnte, verschwieg ich lieber.

Fröhlicher hob auch seine zweite Augenbraue. «Aha», sagte er nur. Und nach einer kurzen Pause: «Na dann», er stand aus seinem Stuhl auf, «viel Glück!» Er reichte mir die Hand, ich gab ihm meine.

13 Uhr 44

Der Flur war leer, als ich aus Fröhlichers Zimmer trat. Ich war verwirrt. Warum hatte er mir das Treffen nicht verboten? Oder mir wenigstens energischer geraten, das Ganze abzublasen? Warum wünschte er mir «viel Glück»? Die Fragen kreisten im Karussell – bis es zum Stehen kam: Was hatte er vor?

Ich sah Gustav die Treppen herunterkommen; von dort, wo die Zimmer der Oberstufe waren.

«Wo kommst du denn her?», fragte ich ihn mit ehrlicher Neugierde.

Gustav schien überrascht. Sehr überrascht. «Äh … äh», stammelte er zunächst – bis sich sein Blick, seine Mimik, sein gesamtes Auftreten auf einen Schlag änderte: «Krüger will, dass du pünktlich bist!» Seine Stimme klang anders als sonst. Wie die von einem Soldaten, der einen Befehl weitergegeben hat. Ich brauchte eine Weile, bis eins und eins tatsächlich zwei ergab, und kniff die Augen zusammen.

«Seit wann?», fragte ich ihn.

«Frederik ist heute Morgen nach dem Frühstück zu mir gekommen und hat mich um Hilfe gebeten.»

Gustav klang wie der Klassensprecher und grinste so blöd, dass es fast wehtat.

«Frederik? Um Hilfe gebeten? Dich?»

«Ja, so unwahrscheinlich, wie du denkst, ist das auch wieder nicht.»

«Was wollte Krüger von dir wissen?», fragte ich ihn.

«Er hat mir nur ein paar Fragen über dich gestellt, ob du Kampfsport machst und so», sagte Gustav so naiv wie nur möglich.

«Du bist ein Arschloch», sagte ich, drehte ihm den Rücken zu und ging. Insgeheim unfassbar froh, ihm nicht von Anfang an den ganzen Plan erzählt zu haben.

«Man muss sich auf eine Seite schlagen», rief Gustav noch. «Und ich steh lieber auf der Seite des Siegers!»

Ich ging einfach weiter.

Bum-Bum saß auf seinem Bett und las ein Donald-Duck-Comic. «War das eben Gustav?», fragte er.

«Ja, unser Zimmergenosse ist übergelaufen», sagte ich trocken.

Bum-Bum blickte auf und starrte mich an. «Gut, dass du ihn nicht schon vorher in deinen Plan eingeweiht hast. Hab ihm eh nie vertraut.»

«Ich auch nicht», sagte ich.

«Bist du so weit?», fragte er.

Ich nickte. Das Butterflymesser in seiner Hand sah ich erst, als ich mir ein bequemeres Sweatshirt übergestreift hatte.

«Bist du blöd?! Steck das weg!», schnauzte ich ihn an.

«Warum? Vielleicht wirst du es brauchen?»

Der Gedanke, mich zu bewaffnen, war mir nie in den Sinn gekommen. Klar, ich hätte mir in einem der Häuschen auf dem Gottesacker alles Mögliche besorgen können. «Sag mal, spinnst du?», ging ich Bum-Bum jetzt an.

«Ist ja schon gut», ruderte Bum-Bum zurück, «war nur 'ne Idee.»

Ich tippte mir an die Stirn. «'ne saudumme noch zu!», sagte ich nicht weniger laut und ging ins Bad. Gustav stand auf dem Flur, direkt vor unserer Tür.

«Was ist, belauschst du uns jetzt auch noch?»

«An deiner Stelle würde ich das Messer mitnehmen», sagte er kühl. Jetzt war er es, der mich stehen ließ. Ich sah ihm hinterher, wie er den Gang entlangging, die Glastür aufschob und die Treppen nach unten nahm. Es machte mich traurig und wütend zugleich.

Im Bad stellte ich mich vor den Spiegel. «Auf was hast du dich da bloß eingelassen?», fragte meine innere Stimme.

13 Uhr 49

Bum-Bum stand in der Tür. «Es ist Zeit», sagte er nur und schloss die Tür wieder. Ich stand im Bad und ging noch einmal im Kopf den einen Schlag durch, den mir Ari – zwar im Schnellkurs, dafür aber bis zum Erbrechen – beigebracht hatte.

«Das ist alles?», fragte ich meinen großen Bruder damals.

«Das ist alles. Mehr brauchst du nicht.» Er rubbelte meinen Haarschopf und gab mir eine Ohrfeige.

13 Uhr 55

Um zum Schwimmbad zu gelangen, musste ich am Ende unseres Flurs die Treppen nach unten nehmen. Bis ins Erdgeschoss, vorbei am Empfang und am Büro von Direktor Benedikt bis zum Lieferanteneingang. Ich stemmte die Tür auf und trat nach draußen. Das Schwimmbad lag nur noch gute hundert Meter entfernt, versteckt hinter einem Wall, der mir die Sicht versperrte. Ich blieb noch einmal stehen. Hinter mir ging die Tür wieder auf: Bum-Bum.

«Was willst du denn hier?»

«Glaubst du, er kommt wirklich allein?», fragte er zurück.

Spätestens jetzt hielt ich meinen Plan für hundsmiserabel schlecht. Er schien in sich zusammenzufallen wie die Türme, die ich am Stammtisch des «Griechen» immer mit den rechteckigen Bierdeckeln baute.

13 Uhr 58

«Es gibt kein Zurück», sagte meine innere Stimme leise, aber bestimmt und schubste mich mit einem unsichtbaren Ruck nach vorn. Mein Zeigefinger begann jetzt schon zu zittern. Ich kletterte auf den Wall und schaute hinunter aufs offene Schwimmbad.

13 Uhr 59

Krüger stand im tiefen Teil des leeren Beckens. Breitbeinig. Und schaute zu mir herauf. «Dachte schon, du scheißt dir in die Hosen und kneifst», rief er. Sein Ruf hallte im Pool. Am Rand des Beckens standen seine Kumpels.

Hinter mir ging wieder die Tür auf.

«Ich hab ein bisschen Verstärkung mitgebracht», sagte Bum-Bum. Einer nach dem anderen kam durch die Tür, fast die gesamte Unter- und Mittelstufe erschien auf dem Wall. «Dachte, kann nicht schaden», grinste Bum-Bum. Krüger legte seine Hand auf die Stirn und blickte zu uns hinauf. Er schien nicht damit gerechnet zu haben. «Hätte ich mir gleich denken können, dass du dich nicht an die Abmachung hältst», hallte Krügers Stimme zu uns herauf.

«Hast du ja auch nicht», rief ich zurück und zeigte auf seine Kumpels. Erst jetzt fiel mir auf, dass Gustav bei ihnen stand.

14 Uhr

Ich betrat den Beckenrand und blickte zum ersten Mal bewusst auf Krüger herab. Auf dem Grund des tiefen Pools sah er gar nicht so groß und übermächtig aus.

«Was ist – kommst du jetzt runter, oder was?», fragte er ungeduldig.

«Wir müssen uns nicht prügeln», sagte ich, so laut ich konnte, ohne die Stimme kippeln zu lassen. «Wir können das auch anders regeln.»

«Anders regeln!?» Krüger schien nur auf eins fixiert. Mir vielleicht die Nase zu brechen.

«Ja. In der Bibel heißt es ‹Auge um Auge, Zahn um Zahn› – das kennst du doch.»

Krüger war irritiert. «Natürlich kenn ich das, Grieche. Deshalb bin ich doch hier!» Er lachte sein abschätzigstes Lachen und sah zu seinen Freunden hinauf, die darin einstimmten.

«Auge um Auge lässt die Welt erblinden», sagte ich. Aber aus Fröhlichers Mund klang es irgendwie besser. Auch die Jungs aus der Unter- und Mittelstufe schauten sich fragend an.

«Was soll der Scheiß?» Krüger hob seine Arme. «Sind wir hier im Bibelkurs?»

«Ich meine», setzte ich an, «wir könnten uns vielleicht anders einigen. Zivilisierter.» Die Worte entflohen meinem Mund, und ich konnte sie nicht einfangen. All die Vorbereitung auf diesen Moment war wie weggeblasen, als wäre sie implodiert, zerbröselt, als hätte sie sich in Luft aufgelöst. Eigentlich wollte ich ihn fragen, ob er in letzter Zeit mal in den Spiegel geschaut hatte. Ob ihm gefallen hatte, was er da sah. Ob er sich keine Sorgen um seinen Ruf mache, weil ihn kaum jemand um seinetwillen möge, sondern nur weil er sie einschüchterte. Eigentlich wollte ich mich mit ihm hinsetzen und reden – als wären wir Freunde.

Aber just in dem Augenblick, als mir all das nicht einfallen wollte – oder besser: als ich begriff, dass der letzte Teil meines Plans für die Tonne war, dass es nie so weit kommen würde, dass sich Krüger mit mir hinsetzt und mit mir spricht, als wären wir Freunde –, sagte Gustav: «Der hat Schiss, schon den ganzen Tag, Frederik. Wenn er Schiss hat, zuckt immer sein Zeigefinger. Schau!»

«Ach, ist das so?», fragte ihn Krüger siegessicher.

Gustav nickte.

Ich musste schlucken. Mein Zeigefinger zitterte, ich ballte eine Faust.

«Ist das so? Kapituliert der feige Grieche schon vor dem Kampf?» Krüger wandte sich erneut zu seinen Freunden um. Dann wandte er sich an all die anderen, die sich mittlerweile am Beckenrand verteilt hatten.

«Dafür seid ihr alle also gekommen. Um einem Feigling dabei zuzusehen, wie er den Schwanz einzieht.»

Es war der Augenblick, in dem auch ich begriff, dass wir hier nicht mehr auf Fröhlicher-Niveau sprachen, nicht einmal auf Internats- oder St.-Pirmin-Niveau. Wir waren in meiner alten Welt angekommen: auf dem Gottesacker. Und das Einzige, was auf dem Gottesacker in so einer Situation respektiert wurde, war das Faustrecht. Mann gegen Mann. Bis einer aufgibt – oder auf dem Boden liegt.

Ich hatte mich schon vor Jahren gefragt, wann mein erster Gottesacker-Kampf stattfinden würde, aus welchem Grund und zu welchem Preis. Dass es nun auf dem Grund des Swimmingpools von St. Pirmin, weit weg vom Gottesacker, dazu kommen sollte, fand ich gleichzeitig komisch und irgendwie auch logisch. Ich war ein Gottesacker-Junge und würde es ewig bleiben. Denn eine der erweiterten Regeln auf dem Gottesacker lautete auch: Man muss kämpfen, um weiterzukommen. Um sich Respekt zu verschaffen. Nichts wird einem geschenkt. Schon gar nicht als Ausländer in Deutschland. Ich ging die ersten Schritte auf die Leiter zu, die in den flacheren Bereich des Beckens führte.

«Bleib ruhig – innerlich wie äußerlich», hatte mir Ari mit auf den Weg gegeben. Genau dieselben Worte wiederholte nun meine innere Stimme. «Ich habe keine Angst vor dir, Krüger», sagte ich laut. «Du bekommst, was du willst.»

Ich kletterte die Stufen der Leiter hinunter. Es waren sechs. Meine weißen Nike-Sneakers mit dem roten Haken quietschten auf den blauen Kacheln, als ich von der letzten Stufe auf den Beckenboden sprang.

«Na endlich, Grieche. Du weiß gar nicht, wie lange ich darauf gewartet habe», frohlockte Krüger, der sich die Ärmel seiner Jacke bis zu den Ellbogen aufzog.

«Oh, doch. Aber ich muss dich enttäuschen. Ich werde nicht gegen dich kämpfen,» erwiderte ich.

Wir standen uns nun im tieferen Teil gegenüber, wenige Schritte voneinander entfernt.

«Das wirst du müssen», sagte Krüger. In seinen Augen sah ich ein kurzes Blitzen. Er bereitete sich darauf vor, auf mich loszugehen.

«Nein», sagte ich. «Wenn du mich schlagen willst: bitte.»

Krüger machte einen Schritt – und blieb stehen. Er war verunsichert. «Kämpf, du Kanake, oder ich mach dich so fertig.»

«Ich will mich nicht mir dir prügeln, lass uns eine andere Lösung finden.»

Krüger drehte seinen massiven Oberkörper zu seinen Kumpels um. Einer von ihnen zuckte mit den Schultern.

Krüger war wütend. Das konnte man nun deutlich in seinem Gesicht erkennen. Dann machte er zwei Schritte auf mich zu, holte aus und setzte mit der rechten Faust zu einem Schlag an, der mich im Gesicht getroffen hätte, wenn ich nicht eineinhalb Schritte zurückgegangen wäre. Eingeprägt hatte ich mir dabei, dass er seine Lippen zu einem Strich zusammengepresst hatte, bevor er zum Schlag ausholte.

«Ist es wirklich das, was du willst?», fragte ich ihn. «Überleg doch mal», rief ich.

Aber er hörte nicht. Presste stattdessen nochmal seine Lippen zusammen, machte einen Schritt nach vorn und – wieder vorbei. Ein «Ohhhh» ging rundum. Ich war so auf Krüger und seine Bewegungen fokussiert, wie es mir Ari eingetrichtert hatte – für mich hörte die Menge sich dumpf und weit weg an. Krügers Kopffarbe wechselte nun von Blassrosa auf Hellrot. Wut, kein Ausdruck.

«Alles, was ich will, ist mit dir reden», sagte ich, und meine Stimme hallte wieder im Becken nach. Vor seinem zweiten Schlagversuch hatte er die linke Hand beinahe auf Hüfthöhe fallen lassen. War das seine Schwachstelle? Ich war mir nicht sicher. Ari hatte gesagt: «Finde seine Schwachstelle und setz deinen Schlag.»

«Kämpfe endlich wie ein Mann!», schrie Krüger und hob seine Fäuste auf Brusthöhe.

Ich fühlte mich so leicht, als würde ich fliegen, über dem Boden des Beckens schweben. «Na dann, komm, Frederik!», sagte ich trocken.

Krüger platzte fast vor Wut. Alarmstufe Rot, sein Kopf leuchtete. Er presste zum dritten Mal die Lippen zu einem Strich, hob die rechte Hand zum Schwung, ließ die linke aber fallen – ich machte einen Schritt nach rechts und fand seine linke Seite ungeschützt. Er kam mit Wucht, verlor aber fast sein Gleichgewicht, und dann – zack! Aris Wunderwaffe – streckte ich meinen linken Arm kerzengerade aus und traf ihn Millisekundenbruchteile später mit der Handflächenkante am Kehlkopf. Es war kein fester Schlag, ich hatte nicht einmal ausgeholt, ihn nur in den Schlag reinlaufen lassen, aber die Wirkung war selbst für mich verblüffend: Krüger fiel auf den Boden des Pools und röchelte. Er war zuerst auf die Knie und dann kopfüber zur Seite gefallen, hielt mit beiden Händen seinen Hals.

Die Jubelschreie drangen erst mit einigen Sekunden Verspätung zu mir durch. Erst als ich aufsah und erkannte, dass Bum-Bum wie verrückt am Beckenrand umhersprang, nahm ich meine Umgebung wieder wahr. Ich reckte die rechte Faust in die Luft – und spreizte den Zeigefinger. Er zitterte nicht mehr.

Einer von Krügers Kumpeln war zu ihm geeilt, kniete sich neben ihn. Krüger hatte sich gerade vom Bauch auf die Seite gelegt, um besser atmen zu können.

«Alles in Ordnung?», fragte ich. Tatsächlich etwas besorgt.

Krügers Kumpel hob den Daumen.

Ari hatte mich vorgewarnt, dass es gute zehn Minuten dauern könne, bis er wieder vollständig auf dem Damm wäre. «Der Schock vom Treffer wird aber sicher länger anhalten», sagte er.

Oben auf dem Wall stand eine Person, die das Geschehen am Schwimmbad überblickte. Ich konnte nicht erkennen, wer es war. Die freudetrunkenen Jungs aus der Unter- und Mittelstufe versperrten mir die Sicht. Erst als sich eine Lucke auftat, sah ich ihn: Fröhlicher. Er hatte seine Hände in den Hosentaschen. Ich glaube, er nickte mir zu. Aber sicher war ich mir nicht. Kurz darauf drehte er sich um und verschwand.

Küche, 2 Uhr 49

Die Erdnüsse sind alle. Die Pistazien auch bald. Vielleicht sollte ich zur Agip-Tankstelle um die Ecke gehen und mir Nachschub holen.

Meine Frau sagt, es sei Verschwendung, im Winter die Heizung in der Küche voll aufzudrehen. Deshalb ist mir nun kalt. Hab mir die Decke von der Wohnzimmercouch gekrallt und um die Schultern geworfen. Sehe jetzt wahrscheinlich aus wie die erwachsene Version des kleinen Bastians, der auf dem Dachboden seiner Schule heimlich *Die unendliche Geschichte* liest. Hab auch den Whisky-Kreislauf mit einem Kamillentee unterbrochen. Alkohol mag Barrieren und Hemmungen wirksam überwinden. Aber wenn man sie mal überwunden hat, wird erst klar, warum man sie zuvor aufgebaut hatte.

Ich denke nicht sehr oft an den Augenblick, an dem ich Bernd den Tod wünschte. Aber ich träume manchmal von der Schneeballschlacht. Und von den Momenten in der Kapelle, als ich Gott diese eine Frage stellte – aber keine Antwort bekam. Ich habe Oma Theodora mal gefragt, ob ihr Gott schon mal auf eine ihrer Fragen geantwortet hätte. Und sie hat geantwortet: «Jeden Tag.»

Als sie im November 2004 starb, fanden wir in ihrer Nachttischkommode Hunderte Briefe, die sie an Gott geschrieben hatte. Die meisten waren kaum zu entziffern. Meine Oma hatte nie eine Schule besucht, ihre Handschrift und ihre Orthographie glichen der einer Achtjährigen, aber der Inhalt dieser Briefe war gleichzeitig herzlich und beklemmend. Sie sprach zu Gott wie zu einem Vater (dazu muss man wissen, dass ihr Vater starb, als sie ein sehr junges Mädchen war). Meist bat sie schlicht um Gesundheit für ihre drei Enkel – Jorgo, Ari und mich. Sie bat darum, dass die Ehe ihrer Tochter glücklich ist. Oder um die schnelle Genesung ihrer kranken Schwester. Oma Theodora hatte ein gutes Dutzend Geschwister und Halbgeschwister, sie alle wohnen oder wohnten in Thessaloniki im selben Viertel, viele in derselben Straße. In ihren Briefen an Gott hat Oma Theodora für alle um Vergebung gebeten. Um Vergebung für ihre Sünden. In einem der späteren Briefe bat sie Gott auch um Vergebung meiner Sünden.

Ich habe ihr nie von Bernd erzählt. Aber wahrscheinlich wusste sie, dass jeder Mensch einmal zum Sünder wird. An dem Tag, als ich Bernd diesen Stuss nachrief, war ich an der Reihe. Noch heute tun mir die Worte von damals leid. Ich würde sie gern zurücknehmen. Aber …

Seit gut ein paar Wochen kann meine Frau nicht mehr durchschlafen. Sie ist schwanger. Sechster Monat. Es ist unser erstes Kind. Dann steht sie manchmal mitten in der Nacht auf und geht in die Küche. Falls sie Sodbrennen hat, trinkt sie ein Glas kalte Milch. Falls sie nur Hunger hat, isst sie Kekse und löffelt heimlich Nutella. Heute Nacht warte ich schon auf sie. Bisher ist aber alles ruhig. Ah, es wird übrigens ein Mädchen. Einen Namen haben wir auch schon:

Theodora.

KAPITEL 9

Mein *Zuhause (1991)*

Nach der Episode mit Krüger im Schwimmbad änderte sich vieles. Die Unterstufe putzte bis auf wenige Ausnahmen nicht mehr Krügers Kickschuhe oder sein Fahrrad. Keiner ging mehr für ihn im Supermarkt einkaufen. In der Kapelle musste er sich manchmal sogar einen Sitzplatz in den hinteren Reihen suchen. Die Internatshierarchie hatte sich erweicht wie warmes Kerzenwachs. In die Lücke, die Krügers Rückzug ergeben hatte, stieß kein neuer selbsternannter Anführer. Sie blieb vakant.

Die größte Veränderung betraf jedoch mich selbst: Weder Krüger noch sonst jemand nannte mich mehr «Grieche». Ich bekam meinen Vornamen zurück. Vorzugsweise hieß ich jetzt einfach «Alex». Es war schön, wieder meinen Namen zurückerobert zu haben. Es machte mich stolz. Nur Johannes Fröhlicher nannte mich ab und zu noch Alexandros. Das allerdings konnte ich ganz gut verkraften.

Freunde wurden Krüger und ich nicht. Meist betrachtete er mich argwöhnisch. Erhaschte ich jedoch seinen Blick im Speisesaal, sah er sofort weg. Ich muss schon zugeben: Es war ein tolles Gefühl, niemanden im Nacken zu spüren. Mehr noch: Seit diesem Tag im Schwimmbad fühlte ich mich im Internat jeden Tag ein bisschen wohler. So wohl, dass ich eines Freitags im «Griechen» anrief und meinem Vater am Telefon erzählte, dass ich am Wochenende nicht nach Karlsruhe kommen würde. Und das lag nicht nur daran, dass es an Wochenenden im Internat Nutella zum Frühstück gab. Mein Vater war zunächst perplex und dachte, meine Entscheidung hätte etwas mit Mama, meinen Brüdern und ihm zu tun. Aber ich beruhigte ihn: «Nee, ich will dieses Wochenende ganz einfach mit Ella verbringen.»

Als Ella und ich uns das erste Mal in der Dahner Ortsmitte trafen, damals, als ich ihr von meinem Rama-Traum erzählt hatte, brachte sie ihre Mutter in einem weißen Mercedes. Dieselbe Baureihe wie unserer: 123. Das wertete ich als gutes Omen. Hinter dem Steuer saß eine hübsche Frau mit blondem gelocktem Haar, die etwas jünger als meine Mutter zu sein schien. Ich sah, wie sie mich durch die Windschutzscheibe musterte. Ich winkte. Sie winkte zurück. Das war unsere erste Begegnung. Ich erwähne das deshalb, weil es nicht nur der Kampf gegen Krüger war, der mein damaliges Leben änderte – es war auch die familiäre Beziehung zu den Schneiders.

Die Schneiders nahmen mich bei sich auf, als wäre es selbstverständlich. Ich aß mit ihnen zu Mittag (und später auch zu Abend), lag auf ihrer Wohnzimmercouch und schaute fern, hörte mit Ella in ihrem Zimmer die «Elmi-Radio-Show» auf SWR3.

Ich glaube im Nachhinein, dass mir die Nähe zu den Schneiders geholfen hat. Geholfen hat zu verstehen, dass «Mama Hedi» keine Ausnahme war, dass unsere Gäste im «Griechen» keine Ausnahme waren, dass es Deutsche gab, die mich mochten, wie ich war. Diese Kluft, die ich vom Gottesacker her kannte, der tiefe Abgrund zwischen den Deutschen und uns Fremden, in den ich als Gottesacker-Junge immer wieder hinabgeblickt hatte, verlor mit jedem Tag etwas mehr an Schrecken, schien bald kein Graben mehr zu sein, wurde mit jeder Begegnung mit Ellas Mutter, ihrem Vater und vor allem auch mit ihrer Schwester Sophie ein paar Meter aufgeschüttet – bis der ehemalige Schlund verschwunden war.

Als mir Ella zum Beispiel erzählte, dass ihr Vater Polizist ist, erschrak ich. Doch das Interessante war, dass ich zu Beginn Ellas Vater musterte, wie zuvor ihre Mutter mich gemustert hatte. Sehr bald begriff ich, dass er mit den beiden Polizisten vom Gottesacker, die vor Jahren mit meinem «Azteca Mexiko» auch mein Vertrauen in die deutsche Polizei zerstochen hatten, nichts gemein hatte. Außer vielleicht dem Grün der Uniform. Er gab mir mit seiner ruhigen und besonnenen Art das Vertrauen zurück. Mehr noch: Es dauerte nicht sehr lang, und ich war davon überzeugt, dass die beiden Polizisten vom Gottesacker die tatsächliche Ausnahme waren.

Mein Wunsch, das erste – und danach viele weitere – Wochenende in Dahn zu verbringen, hatte zum Teil auch mit dem Gottesacker zu tun. Michaelas Auftauchen war dabei zwar nur eine Randnotiz, die ich erstaunlich schnell verdrängt hatte. Was jedoch immer deutlicher auffiel, war der Umstand, dass aus unserem ehemaligen Bolzplatz ein stadtbekannter Treffpunkt für Drogen- und andere Dealer geworden war. Für jeden ersichtlich wickelten sie an dem einen oder anderen Grabstein des ehemaligen Friedhofs ihre Geschäfte ab. Die beiden kleinen Häuschen, der «Puff» und der «Laden» auf dem Spielplatz, hatten ausgedient. Ebenso wie die alte Gottesacker-Hierarchie. Die einst von allen beachteten Regeln wichen neuen. Radikaleren. Brutaleren. Regeln mit zum Teil verheerenden Folgen.

Gianni und Tayfun, meine letzten beiden verbliebenen engen Freunde auf dem Gottesacker, schienen das anfangs gar nicht zu bemerken. Entweder sie verschlossen davor die Augen, oder sie waren so sehr Teil der alten Gottesacker-

Kultur, dass sie die allmählichen Veränderungen nicht wahrnehmen wollten. Dabei waren die Anzeichen offensichtlich: S-Klassen-Mercedes oder Oberklasse-BMWs mit zum Teil verdunkelten Scheiben, die für ein paar Minuten am Gottesacker-Rand hielten und sogleich von zwei oder drei Dealern angesteuert wurden. Fremde, oft kahlrasierte Typen in Trainingsanzügen, mit aufgepumpten Oberkörpern, die auffällig nur die Nähe der zwölf- und dreizehnjährigen Jungs suchten, ihnen Order oder kleine Päckchen gaben, sie als Kuriere benutzten. Drogenabhängige, die sich hinterm Gebüsch einen frischen Schuss setzten.

Man musste sich nur eine halbe Stunde an den Rand des Bolzplatzes stellen, um all das zu beobachten. Nichts von alledem geschah geheim. Jeder wusste davon. Auch die Polizei. Auch Gianni und Tayfun.

Es war ein warmer Juninachmittag 1991, ein Samstag. Ich hatte mich mit den beiden zum Kicken verabredet. Die Zeiten, in denen die Griechen gegen die Jugoslawen oder die Italiener gegen die Türken spielten, gehörten damals schon der Vergangenheit an. An die Stelle der früheren Länderspiele waren nun multinationale Aufeinandertreffen getreten. Viele der älteren Jungs, mit denen ich noch als Zwölfjähriger zusammen gespielt hatte, steckten in der Ausbildung oder arbeiteten wie Ari im Restaurant ihrer Eltern. Es kamen schlicht nicht mehr genügend Griechen, Jugos oder auch Italiener zusammen, um ein Team zu bilden. Es gab lauter neue Gesichter auf dem Bolzplatz.

Neuerdings waren auch einige Deutsche darunter. Zumindest sagten sie, sie seien Deutsche, aber sie sprachen Deutsch wie unsere Eltern – gebrochen und mit deutlichem Akzent. Sie kamen aus dem Osten, vorzugsweise Russland. Und man musste kein Hellseher sein, um zu erkennen, dass die Chemie zwischen den neuen Deutschen und den alteingesessenen Ausländern von Anfang an nicht stimmte. Die einen schimpften: «Lern erst mal Deutsch, Stalin», die anderen zeigten mit Vorliebe ihren deutschen Pass, wedelten damit und riefen: «Einmal Kanake, immer Kanake.»

Na ja. Zwischendurch wurde auch Fußball gespielt. Tatsächlich auf einem viel niedrigeren Niveau als früher. Die guten Italiener – allen voran Alfonso und die Calabrese-Zwillinge – spielten bereits in der Jugend des KSC und taten sich das Gebolze auf dem Gottesacker nicht mehr an. Zu hohes Verletzungsrisiko. Dario kickte beim Karlsruher FV, Porno-Mustafa beim SV Karlsruhe-Beiertheim, Dimi beim FC Südstern. Nur Gianni und Tayfun, deren Talent auch für die Jugendmannschaften des KSC gereicht hätte, kamen noch regelmäßig. Also ging auch ich hin.

Ari hatte mich vor den Veränderungen auf dem Gottesacker gewarnt. Doch seit dem Kampf gegen Krüger fühlte ich mich reifer, älter, stärker. «Für diese Typen war dein Streit mit Krüger Kinderkram», sagte Ari. «Das ist nicht mehr der alte Gottesacker.» Er stand an der Theke des «Griechen» und nippte an einem Cappuccino. In der linken Hand hielt er ein Stück Tiropita, Blätterteiggebäck mit Schafskäse, das ich ihm aus der Hand riss.

«Ich weiß, ich hab selber Augen im Kopf», sagte ich grinsend. «Ich pass schon auf. Außerdem sind ja Tayfun und vor allem Gianni dabei. Da passiert schon nix.» Gianni hatte in den letzten drei Jahren alle möglichen Arten von Kampfsport ausprobiert. Taekwondo, Karate, Kung Fu, sogar solche, von denen ich noch nie gehört hatte: Jiu Jitsu und Hung Gar Guen. Er trainierte mittlerweile jeden Tag ein paar Stunden, fuhr zu Turnieren und gewann Pokale, an deren oberen Ende Figuren zum Tritt ausschlugen und an deren unterem Ende sein Name stand. Meist hinter einer 1. An seinem Körper war kaum ein Gramm Fett, jeder Muskel lebendig. Wenn er sich auf dem Gottesacker das T-Shirt auszog, sahen ihn die Mädchen mit leuchtenden Augen an, so als würden sie Zeuginnen einer religiösen Offenbarung.

Gianni und ich verstanden uns ohne viele Worte. Er war nie der Typ, der große Reden hielt oder gern im Mittelpunkt stand. Schlägereien ging er grundsätzlich aus dem Weg. Besonders auf dem Gottesacker. Er kam zum Kicken. So wie Tayfun. Und so wie ich an diesem Nachmittag.

Der frühe Nachmittag verlief ruhig. Weil wir uns mit den Russen nicht auf ein Spiel einigen konnten, versammelte sich der Kern der früheren Gottesacker-Jungs um ein Tor, und wir spielten Ausschiffer. Am Rand des Bolzplatzes standen wie immer ein paar Mädchen, auch Mel war dabei. Mir fiel auf, dass sie dieselbe Jacke mit dem Pelzkragen wie vor drei Jahren trug, ein bisschen verschlissener als früher vielleicht. Die Jacke. Und Mel eigentlich auch. Tayfun erzählte mir, dass sie nun mit Esra zusammen sei, der nur ein paar Meter neben uns stand.

«Mit Esra?» Ich war so verdutzt, dass ich gar nicht bemerkte, wie Tayfun den Ball in die Hand nahm und das Spiel unterbrach.

Die Sonne hatte sich schon fast hinter den Baumkronen verkrochen, als der dunkle BMW an der Ostendstraße hielt und zwei glatzköpfige Männer in Trainingsanzügen ausstiegen. Sie kamen geraden und schnellen Schrittes auf unsere Gruppe zu, Tayfun nahm den Ball unter den Arm und richtete seine Augen auf sie. Es war schon öfter vorgekommen, dass in solchen Situationen plötzlich ein paar Gestalten wegrannten, weil sie erkannt hatten, dass sie gesucht werden. Aber nun liefen wirklich alle, sogar die Russen und unsere Zuschauer, weg. Auch Mel. Da weder Tayfun noch Gianni oder ich mit den Typen aus dem Auto etwas zu tun hatten, ja sie nicht einmal kannten, blieben wir stehen. Gottesacker-Jungs flüchteten nicht. Schon gar nicht vom Gottesacker.

Als Erstes fielen mir ihre bulligen Körper auf, als Zweites die Trainingsanzüge, einer gelb, der andere rot, und das erste Detail, an das ich mich erinnere, waren die Tattoos: eingestochene Punkte und Striche auf ihren Handmuskeln zwischen Daumen und Zeigefinger. Mir wurde mal wieder mulmig zumute. Sie standen schon ein paar Sekunden bei uns, als der im gelben Anzug Esra mit starkem Akzent überaus freundlich fragte: «Willst du uns deine Freunde nicht vorstellen?» Er sah Esra direkt in die Augen. Der Blick verriet, dass seine Freundlichkeit nur Fassade war. Wir alle, zusammen etwa sieben oder acht, sahen rüber zu Esra.

Esra Goldstein war der Sohn eines Holocaust-Überlebenden, der Sohn von Isaak Goldstein. Früher betrieb Isaak Goldstein eine Striptease-Bar im benachbarten Rotlichtviertel, das «Eve Cabaret» – mittlerweile waren es drei oder vier. Isaak Goldstein war ein Freund meines Vaters. Die drei Goldsteins, Vater Isaak, seine Söhne Esra und Kaleb, kamen oft zu uns in den «Griechen». Sie aßen entweder Lammfilet mit grünen Bohnen oder haufenweise marinierte Garnelen vom Grill. Als Geschäftsmann handelte Goldstein auch mit Schmuck, Uhren und Gold. Der Unternehmer Goldstein war stadtbekannt, jeder nannte ihn – auf eigenen Wunsch – nur «Jack». Nur mein Vater, der nannte ihn «Tsak». Die englische Aussprache. Nicht sein Ding. Die beiden saßen manchmal bei einem langen Glas Ouzo zusammen und diskutierten über Welt- und Stadtpolitik. Keiner gönnte dem anderen seine Meinung, es wurde laut und wieder leise, ähnelte eher einem Gefecht als einer Debatte. Kaum einer wagte es normalerweise, öffentlich mit «Jack» Goldstein zu streiten oder ihm gar ins Gesicht zu sagen, dass er ein «Arschloch» sei. Aber mein Vater tat es. Und zwar in schöner Regelmäßigkeit.

Warum er sich das traute? Und warum sich das sonst niemand traute? Goldstein war von der Statur her nicht besonders furchteinflößend, ein kleiner Mann, doch ihm eilte ein Ruf voraus. Er konnte gleichzeitig warmherzig und kaltschnäuzig sein, liebreizend und abstoßend eklig. Esra hat mal gesagt, er habe gar keinen Vater. Sein Vater sei ein Tier, aufgewachsen in Auschwitz.

Die Ebene, auf der sich Goldstein und mein Vater trafen, war ihre Kindheit. Beide hatten ihre Eltern verloren und waren als Waisen aufgewachsen. Beide hatten dieses Schicksal Nazideutschland zu verdanken. Das war die Basis ihrer Freundschaft. «Diese Verbindung», hat mir Jack Goldstein mal erzählt, als ich hinter der Theke aushelfen musste, «ist dicker als Blut.» Er umarmte dabei meinen Vater. Fragend schaute ich beide an. Mein Vater reagierte nicht, sah mir nur tief in die Augen – ohne mir eine direkte Antwort zu geben.

Auch Esra war gerade um eine verlegen. Er sagte nichts. Esra hatte sich – soweit ich mich erinnere – immer dafür gerühmt, schon mit jeder der Frauen geschlafen zu haben, die für seinen Vater an der Stange arbeiteten. Mel – das erfuhr ich erst später – war seit kurzem auch eine von ihnen, kaum achtzehn Jahre alt.

Der Glatzkopf mit dem gelben Trainingsanzug ging ein paar Schritte auf Esra zu, bäumte sich vor ihm auf – und zog eine Waffe aus der rechten Tasche. Es war ein Revolver, sah aus wie Spielzeug, war aber echt. Er zielte damit auf keinen. Sie lag nur in seiner Hand und zeigte nach unten, auf den Boden. Esra zuckte kurz zurück, sein Blick erstarrte, als er die Knarre sah. «Was ist dein Problem, Mann?», fragte er. Seine Stimme überschlug sich. Es war das erste Mal, dass ich jemanden eine Waffe ziehen sah. Und es war das erste Mal, dass ich Esra ansah, dass er Angst hatte.

«Sind das hier deine Freunde? Deine Gang?», fragte der gelbe Trainingsanzug und fuchtelte für wenige Sekunden mit dem Revolver in der Luft herum. Erst jetzt erkannte ich die fünf Punkte auf seiner Hand deutlich. Wie auf einem Würfel. «Denn wenn es deine Gang ist, würde ich mir schleunigst eine neue anschaffen. Die pissen sich schon in die Hose, wenn sie nur 'ne Waffe sehen.» In meinem Körper schienen sich merkwürdige Dinge abzuspielen, es war ein Gefühl, als ob sich meine Organe in Bewegung gesetzt hatten, um ein sicheres Versteck zu finden, alles geriet in Unordnung, mir wurde schlecht.

Der andere Glatzkopf im roten Trainingsanzug lächelte überlegen. Dann drehte er sich um und winkte in Richtung BMW. Die hintere Tür des Wagens ging auf, und ein Schwarzhaariger in einem richtigen Anzug stieg aus. Er trug keine Krawatte, nicht mal ein Hemd, nur ein weißes T-Shirt mit einem tiefen Ausschnitt unter dem Sakko. Als er näher kam, zog auch der rote Trainingsanzug seine Waffe aus der Tasche. Er wartete, bis sein Boss an ihm vorbeigegangen war, und postierte sich hinter ihm.

Gianni und ich schauten uns kurz in die Augen. Wir kannten den Typ. Es war Ibrahim, ein Albaner, der vor unserer Zeit auf dem Gottesacker gekickt hatte. Als wir mit elf, zwölf Jahren zum ersten Mal mitspielen durften, war er einer der Ältesten. Sein Griechisch war, wenn ich mich recht erinnerte, ganz gut. Die wenigen Male, die er später zum Fußballspielen zurückgekehrt war, hatte er sich nur mit Ari unterhalten. Mit niemandem sonst.

«Esra», sagte Ibrahim. «du bist groß geworden. Ich habe dich als kleinen Jungen in Erinnerung.»

Esra kniff die Augen zusammen. «Ibrahim», sagte er. Es war nicht herauszuhören, ob er eine Frage gestellt hatte oder nur feststellte, dass es Ibrahim war. Gianni und ich wechselten einen zweiten Blick. Auch Gianni hatte den Albaner erkannt.

«Sind das hier deine Freunde?», wiederholte Ibrahim die Frage seines Handlangers. Er schaute sich um. Schaute jedem von uns ins Gesicht.

Die zwei Trainingsanzüge hinter ihm rührten sich nicht.

Esra antwortete diesmal sofort. «Das sind nur Fußballkumpels, ganz normale Gottesacker-Jungs, die haben mit unseren Geschäften nichts zu tun.»

Ibrahim lachte laut auf. «Gottesacker-Jungs? Sind die nicht ausgestorben? Ich habe gehört, die Russen haben auf dem Bolzplatz jetzt das Sagen.» Er wandte sich direkt an Esra. «Wer hat das Sagen auf dem Gottesacker, Esra? Die Russen? Die Türken? Oder vielleicht du und deine Fußballkumpels?»

Esra antwortete diesmal nicht. Er senkte nur seinen Blick.

«Das alles hier», sagte Ibrahim und zeigte nach rechts und links, auf die Bolzplatztore, auf die ehemaligen Grabmäler, auf die Bäume, sogar auf den «Puff» und den «Laden», «war vielleicht einmal heiliger Ort für uns alle. Aber das ist schon lange her. Geschichte. Schaut euch um. Der Gottesacker ist ein Drecksloch, an dem sich die Süchtigen die Nadeln spritzen. Das hier ist nicht mehr der alte Gottesacker.»

Ibrahim hatte recht. Meine Worte. Aber Gianni und Tayfun wollten ja nicht zuhören. Ich dachte an Ari. Auch ich hatte ihm nicht zugehört.

«Da draußen ist die neue Welt», sagte Ibrahim und zeigte

auf seinen BMW. Vielleicht reichte sein Zeigefinger auch bis zum Karlsruher Marktplatz, die Richtung jedenfalls stimmte. «Der Gottesacker ist nur das Scheißhaus dieser neuen Welt.»

«Der Gottesacker ist vielleicht ein Scheißhaus, aber es ist immer noch unser Scheißhaus!», rief plötzlich eine Stimme. Es war Tayfun. Ich seufzte innerlich. Das Ganze konnte sehr leicht eine ganz dumme Wendung nehmen. War ihm das nicht bewusst?

Ibrahim reckte den Kopf. «Oh! Wir haben einen Freiwilligen! Wer hat das gesagt? Welcher kleine Arschficker hat gerade sein Drecksmaul aufgemacht?»

Tayfun sah mich an und machte einen Schritt nach vorn. Ich glaube, ich habe in meinem Leben nur eine Handvoll Menschen kennengelernt, die vor lauter Angst so viel Mut aufbrachten, dass sie den anderen, ihren Freunden, ein Vorbild waren.

«Das war ich», sagte Tayfun.

Die beiden Trainingsanzüge gingen in Stellung. Aber Ibrahim beruhigte sie, indem er seine flache Hand leicht anhob.

«Und wer bist du? Ein Freund von Esra?» Ibrahim betrachtete Tayfuns schmächtigen Körper von Kopf bis Fuß. Er erkannte sofort, dass von ihm keine Gefahr ausgehen würde. Er hatte immer noch den Ball unter den Arm geklemmt.

«Ich bin ein Scheiß-Gottesacker-Junge», antwortete Tayfun trocken.

Ibrahims Augen funkelten ihn an. «Wie heißt du, Gottesacker-Junge?»

«Tayfun.»

«Türke?»

Tayfun nickte.

Ibrahim seufzte. «Wie alt bist du, Türke?»

«Fünfzehn.»

«Fünfzehn und schon so 'ne große Fresse.» Er gab dem gelben Trainingsanzug ein Zeichen. Bevor Tayfun oder einer von uns reagieren konnte, holte er mit dem Handrücken aus. Der Revolverkolben traf ihn im Gesicht. Tayfun brach sofort zusammen, der Ball kullerte von ihm weg, er blutete an der Stirn, rührte sich nicht.

Gianni und ich rannten sofort zu ihm. Tayfun war bewusstlos. Gianni zog sein T-Shirt aus, knüllte es zusammen und legte es ihm unter den Kopf. Seine Gesichtszüge verhärteten sich, er spannte seine Muskeln, sah mich an. Ich schüttelte den Kopf. «Mach jetzt bloß nichts Dummes.» Meine innere Stimme. Sprach sie zu mir oder zu ihm? Ich konnte es nicht unterscheiden.

«Du bist gut durchtrainiert», sagte Ibrahim zu Gianni. «Bist du etwa wütend, willst du mich jetzt plattmachen?»

Gianni zog behutsam seine Hand unter Tayfuns Kopf hervor und stand auf. «Wenn du dich traust, Mann gegen Mann zu kämpfen. Jederzeit.» Er sah Ibrahim direkt in die Augen. Der Albaner war zwar gut zehn Jahre älter, aber nur einen halben Kopf größer.

Die zwei Trainingsanzüge kamen zwei Schritte vor, flankierten ihren lächelnden Boss. Beide hielten immer noch ihre Waffen in den Händen. «Oh, das klingt ja wie eine Drohung. Drohst du mir, Kleiner?», sagte er fast flüsternd. Und dann lauter: «Du Wichser setzt dich am besten sofort wieder zu deinem Türkenfreund, sonst liegst du gleich neben ihm.» Er tippte Gianni dabei mit dem Zeigefinger ganz kurz auf die Brust.

Das war genau die Situation, vor der mich Ari ein paar Stunden zuvor gewarnt hatte. Nie im Leben hätte ich erwartet, dass sie eintreten würde. Sie fühlte sich so unwirklich an. Wie die Szene aus einem schlechten Film, kurz bevor man umschalten will, dann aber doch dranbleibt, weil man wissen will, wie sie ausgeht. Ich hatte immer noch nicht begriffen, um was es gerade ging. Was für Geschäfte hatte Esra mit Ibrahim laufen? Hatte Jack Goldstein etwas damit zu tun? Und vor allem: Wie waren wir hier eigentlich reingeraten, verdammt noch mal?

Ich sah, wie Tayfun erst blinzelte und dann die Augen einen Spaltbreit öffnete. Es war genau diese Begebenheit, die wir früher im Spaß herbeisehnten, um uns endlich gegenseitig unsere Freundschaft beweisen zu können. Handinnenfläche, Handrücken, Faust. Nichts anderes bedeutete unsere Begrüßung, außer «Du kannst dich immer auf mich verlassen». Das hatten wir uns in Kinofilmen abgeschaut. Das hatten wir uns geschworen. Die Frage nun war: Was macht man, wenn es wirklich so weit ist? Gianni würde sich nicht wieder hinsetzen, das wusste ich. Doch die Angst, die ich spürte, ließ nicht nur meinen Zeigefinger wieder erzittern. Sie spaltete. Einerseits wollte ich Gianni zur Seite stehen, andererseits wünschte ich mich ganz weit weg, am besten nach Dahn, wo diese Art von neuer Welt (nach Ibrahims Definition) nicht existierte. Auch meine innere Stimme sagte keinen Mucks mehr. Sie wartete ebenso gespannt auf eine Entscheidung wie der Rest meines Ichs. Atemlos. Trotz meines gesteigerten Selbstbewusstseins: Gegen Ibrahim oder einen seiner Trainingsanzüge war Krüger tatsächlich «Kinderkram». Ibrahim war kein verhätschelter Junge, dem die Scheidung seiner Eltern zugesetzt hatte. Die drei waren keine Kleinkriminellen, wie es sie früher auf dem Gottesacker haufenweise gab. Die knackten keine Zigarettenautomaten, um an ein paar Mark zu kommen, oder klauten Sexheftchen aus dem Kiosk, um damit anzugeben. Mit der von Ari erlernten Kampftechnik konnte ich gegen sie nichts ausrichten.

Meine Hilflosigkeit machte mich wütend. Ich erinnerte mich daran, wie es zwischen mir und Ari früher – so mit sieben oder acht Jahren – immer wieder zu gegenseitigen Sticheleien kam, die oft im Ringkampf endeten, an deren Ende ich unten lag und ihn anflehte, mich endlich loszulassen. Dass ich mich gegen Ari auflehnte, gegen ihn rebellierte, ihn herausforderte, war ein tägliches Spiel zwischen uns beiden. Manchmal reizte er mich bis aufs Blut, zeigte mir meine Grenzen auf. Auf eine unerklärliche Weise gierte ich aber sogar danach, mich mit ihm zu messen. Obwohl er mir sowohl körperlich als auch geistig überlegen war. Nahezu jeden Tag rannte ich gegen ihn an, wollte ihn bezwingen. Aus Frust. Aus Wut. Blind. Seine Übermacht war mir schlicht egal. Manchmal bin ich danach mit Tränen in den Augen zu unserem Vater gerannt und habe ihm erzählt, dass Ari mich geschlagen hatte. Die Reaktion meines Vaters? Er sagte stets das Gleiche: «Kämpfe, die du nicht gewinnen kannst, solltest du nur annehmen, wenn du bereit bist zu verlieren.» Der Bruder-Zweikampf mit Ari endete erst, als ich mit dreizehn ins Internat kam und sich unsere Wege – zumindest für Montag bis Freitag – trennten. Seitdem waren dreieinhalb Jahre vergangen.

War ich bereit, einen Kampf zu verlieren, den ich nicht gewinnen konnte?

«Alles in Ordnung, Tayfun?», fragte ich.

Er blinzelte wieder, nickte leicht mit dem Kopf. «Was ist passiert?» Er führte seine Hand an den Kopf, tupfte mit den Fingerkuppen an die Wunde und sah kurz darauf sein eigenes Blut. Dann schloss er die Augen und stöhnte. Gianni stand immer noch vor Ibrahim, nicht bereit, sich ihm zu beugen. Instinktiv stand ich auf und stellte mich neben ihn. Unsere Schultern berührten sich in dem Moment, wo er seinen

Kopf drehte und wir uns für einen Augenblick in die Augen schauten. Ich nahm Ibrahim und den gelben Trainingsanzug rechts von ihm ins Visier. Ibrahims Gesichtszüge entlarvten seine Überraschung. Er vergewisserte sich, dass die beiden Trainingsanzüge noch dort standen, wo er sie vermutete – unmittelbar hinter ihm –, und beäugte mich wie eine seltene Affenart. Mit zusammengekniffenen Augen schob er seinen Kopf nach vorn.

«Bist du nicht Aris kleiner Bruder?», fragte er schließlich auf Griechisch.

«Ja», antwortete ich auf Deutsch. Vielleicht etwas zögerlich.

Hinter uns regte sich Tayfun. Wackelig stellte er sich langsam auf die Beine. Das Blut lief ihm von der Schläfe über die Wange. Dario kam ihm zu Hilfe und stützte ihn. Damit waren wir schon zu viert. Es waren nur ein paar Schritte. Von einem Fleck zum anderen. Sie wirbelten ein bisschen vom Bolzplatzstaub auf. Aber als sich Tuncay, Tito, Porno-Mustafa, Tony und letztlich auch Esra hinter uns scharten, blitzte für einen Moment wieder das alte Gottesacker-Gefühl auf: *Das ist unser Revier. Wir halten zusammen.*

Es war das letzte Aufgebot aus einer vergangenen Zeit.

Ibrahim fuhr sich mit der Hand übers Gesicht, als hielte er den Aufstand für eine Halluzination, die sich vor seinen Augen abspielte. Er massierte sein Kinn. «Gut», sagte er. Mehr zu sich selbst als zu uns. Die Frage, die er gleich darauf stellte, lautete: «Was zum Teufel soll das werden?»

Keiner gab Antwort.

«Du warst selbst mal einer von uns», sagte ich nach der eingetretenen Pause.

«Der Gottesacker ist unsere Heimat», sagte Tayfun leise, immer noch auf Dario gestützt.

«Einmal Gottesacker-Junge, immer Gottesacker-Junge», sagte Gianni.

Etwas schien in Ibrahim zu arbeiten. Vielleicht hatten wir eine Erinnerung in ihm geweckt, die er längst verdrängt hatte. Vielleicht dachte er daran, dass er selbst mal auf der anderen Seite gestanden und diesen kümmerlichen Bolzplatz ebenso geliebt, ebenso gegen jeden verteidigt hatte, der es wagte, sich hier breitzumachen.

Mittlerweile war die Sonne untergegangen. Die Schatten von uns und Ibrahim kreuzten sich. Am Rand des Gottesackers standen Mel und all die anderen Zuschauer in sicherer Entfernung. Der Glatzkopf im gelben Trainingsanzug machte den nächsten Zug.

«Was soll das Kindergeschwätz?! Ibra, denk ans Geschäft! Lass uns den Juden fertigmachen und ab.» Er fuchtelte schon wieder mit seinem Revolver vor unseren Augen herum. Ich sah rüber zu Esra. Er schluckte, wurde innerhalb von Sekunden leichenblass. Es ging also nur um ihn. Für einen kurzen Moment streifte der Gedanke durch meinen Kopf, dass Esra und mich nichts verband – außer dem Gottesacker. Wir hatten zusammen oder gegeneinander Fußball gespielt, ja, aber wir hatten keine gemeinsame Basis wie etwa unsere Väter. Im Grunde hielt ich nicht viel von ihm. Er war ein Großkotz, der sich gern unter dem langen Mantel seines Vaters versteckte und mit Frauengeschichten prahlte. «Warum für ihn den Kopf hinhalten?», fragte meine innere Stimme.

Ibrahim hob die Hand, um seinem Glatzkopf zu signalisieren, dass er verstanden hatte. «Okay, okay», sagte er. «Gebt uns den Juden, und wir vergessen die ganze Geschichte hier.» Der Zeigefinger seiner offenen Hand zuckte ein paar Mal vor und zurück. Er winkte Esra zu sich. Aber der rührte sich nicht.

«Ich habe nicht die ganze Nacht Zeit», sagte Ibrahim nun energischer. «Beweg dich, Goldstein!», rief der gelbe Trainingsanzug. «Oder soll ich dich holen kommen?!»

Esra stand inmitten unserer Gruppe und machte den ersten zaghaften Schritt nach vorn. Es muss ihm wohl wie eine Erlösung vorgekommen sein, als Gianni wiederholte: «Einmal Gottesacker-Junge, immer Gottesacker-Junge» und Esra demonstrativ zu verstehen gab, dass er stehen bleiben sollte.

Ich bewunderte Gianni für diesen Zug. Trotzdem: Es ähnelte auch dem Vorlauf eines Selbstmordkommandos. Würde ein letzter Versuch, die aufgekommenen Erinnerungen bei Ibrahim erneut zu wecken, Erfolg haben? Ich musste meinen Mut zusammennehmen. Ihn direkt ansprechen.

«Hättest du früher einen deiner Gottesacker-Freunde im Stich gelassen? Ihn zwei Typen wie denen da überlassen?» Ich deutete mit dem Kopf in Richtung gelber Trainingsanzug. «Wir werden dir Esra nicht ausliefern. Einmal Gottesacker-Junge, immer Gottesacker-Junge.»

In der Luft lag diese seltsame Stimmung: nur ein falsches Wort, eine unüberlegte Regung – Pulverfass, gar kein Ausdruck. Die Unordnung zwischen meinen Organen hatte nicht nur zugenommen, ich schmeckte schon Galle. Sie hatte sich uneingeladen emporgespült und lag nun rau und bitter auf meiner Zunge. «Gott, musst du ausgerechnet jetzt kotzen?», fragte meine innere Stimme. Ich unterdrückte den Würgereflex, so gut es ging.

«Ich habe euch gewarnt, euch eine Chance gegeben, aber ihr habt es so gewollt», sagte Ibrahim. Die beiden Trainingsanzug-Terrier hoben ihre Revolver. Der eine zielte auf Gianni, der andere auf Esra, vielleicht auch auf mich, ich stand jedenfalls im Weg. Der Würgereflex. Ich musste ausspucken und rotzte Ibrahim direkt vor die Füße. Gianni sah mich überrascht an. Ich glaube, er dachte, ich würde dem Albaner absichtlich und als Zeichen meiner Abneigung vor die Füße spucken. Das dachte wohl auch Ibrahim. Bevor sich Gianni umschauen konnte, traf mich Ibrahims Faust. In einer seltenen Kombination aus Reflex und Abwehrhaltung senkte ich meinen Kopf in Millisekunden, und er erwischte nur den harten Teil oberhalb meiner Stirn. Es hatte laut geknackt. Aber nicht in meinem Kopf. Der fühlte sich nur dumpf an, und mir war schummrig. Aber Ibrahim hielt sich die Hand und schrie auf. Sein Ringfinger und sein kleiner Finger standen in unnatürlichem Winkel von seinem Handgelenk ab. Überraschung, gar kein Ausdruck. Sowohl in seinem als auch in meinem Gesicht. Der Schmerz, den ich eben noch gefühlt hatte, wich einem Gefühl von Stolz. Keiner bewegte sich. Die beiden Trainingsanzüge schienen unschlüssig, was sie tun sollten.

Plötzlich ein weiterer Knall. Aber weiter entfernt, heller – und nicht aus den Revolvern. Noch ein Knall. Glas splitterte. Ich versuchte, an Ibrahim vorbeizusehen. Das Geräusch kam von der Ostendstraße, vom Eingang zum Gottesacker, von dort, wo Ibrahims BMW stand. Schlug da gerade jemand mit einem Baseballschläger die Heckscheibe des Autos ein? Es sah so aus. Mehr noch: Eine Gruppe von Leuten hatte das Auto umringt und haute Beulen ins Blech, ließ die Fenster bersten, im schwachen Laternenlicht sah ich einen Schatten, der den Seitenspiegel abtrat. Aufruhr bei uns, Entsetzen bei den Trainingsanzügen und Ibrahim. «Verfickte Scheiße, was ist da los?», rief er.

Es dauerte ein paar Sekunden, bis die Gruppe vom Wagen abließ und sich in unsere Richtung aufmachte. Aus der Entfernung war nicht zu erkennen, wie viele es waren. Vielleicht zehn, vielleicht fünfzehn. Jeder trug etwas in der Hand.

Schlagstöcke, Baseballschläger. Es hatte etwas Gespenstisches, denn die Gruppe hatte bis auf die Blech- und Glaslaute keine Geräusche erzeugt. Kein Gejohle, kein Geschrei. Ibrahim und die beiden Trainingsanzüge hatten zuerst ein paar Schritte auf ihren Wagen zugemacht, doch sie blieben abrupt stehen, als sie bemerkten, dass die Gruppe ohnehin auf sie zukam. Gianni und ich wechselten einen Blick.

«Sind das nicht …?», Gianni kniff die Augen zusammen. Erst nach und nach erkannten wir einige aus der Gruppe. Die massigen Calabrese-Zwillinge als Erstes, Milto, Michali und Dimi, Isa, Beppo, Orkan und Pablo, Miguel, Adriano, Kfz-Mustafa und Alfonso. Und in der Mitte: Ari.

Ich traute meinen eigenen Augen nicht. «Woher? Wie?» Meine innere Stimme konnte nicht einmal eine korrekte Frage formulieren. Freude, gar kein Ausdruck. Nachthimmel-schreiende Erlösung.

Ari lief eiskalt und ohne ein Wort an Ibrahim und den beiden Trainingsanzugterriern vorbei, suchte meinen Blick. «Alles in Ordnung? Hat er dich angefasst?» Ich war so perplex, dass ich nur den Kopf schüttelte. Ari sah Gianni an, der ihm zunickte. «Woher weißt du …?» Er ließ mich die Frage nicht zu Ende aussprechen. «Gleich», sagte er nur und wandte sich an Ibrahim. Die Übrigen hatten sich im Halbkreis um die drei gestellt. Orkan und Michali, die dicht beieinanderstanden, hoben ihre T-Shirts hoch. Zwischen Hose und Körper blitzte das Metall von Pistolen. Es war eine Warnung an die Trainingsanzüge, die nun gar nicht mehr so terrierhaft wirkten wie zuvor. Erst ließ der Gelbe seinen Revolver fallen, dann der Rote. Beide landeten klanglos im Staub. Michali zwinkerte mir zu.

Ari hatte sich nah vor Ibrahim gestellt, die beiden trennten nur wenige Zentimeter. «Hast du meinen Bruder geschlagen,

Ibra?», fragte er. Auf Griechisch. Ibrahim sah zuerst ihn an, dann sah er auf mich, er hielt immer noch seine gebrochene Hand.

«Er hat sich dabei die Hand verletzt», rief Gianni.

Ari hörte Giannis Ruf, drehte sich aber nicht um.

«Wusstest du, dass der Kleine mein Bruder ist, als du ihn geschlagen hast?», fragte er Ibrahim erneut.

Er bekam keine Antwort.

«Er wusste es», rief Tayfun. «Er hat ihn sogar drauf angesprochen.»

Ari schüttelte den Kopf. Als könne er es nicht glauben.

Als Ibrahim zu einer Antwort ansetzen wollte, schlug ihm Ari mit voller Wucht die Faust in den Bauch. Er traf ihn empfindlich, Ibrahim hustete und beugte seinen Oberkörper vor. Ari stellte ihn wieder gerade.

«Schöner Anzug. Hat das gerade wirklich wehgetan?»

Ibrahim antwortete nicht.

Nach einer kurzen Pause wiederholte Ari den Schlag. Diesmal etwas höher. Hook Punch. Solarplexus. Ibrahim blieb die Luft weg. Er schöpfte verzweifelt nach Atem, mehrmals kurz und schnell nacheinander, beugte den Oberkörper wieder vornüber.

Ari war äußerlich ruhig, atmete flach. So ernst hatte ich ihn noch nie gesehen. Ich hatte ihn überhaupt noch nie kämpfen sehen, kannte die Geschichte, wie er mal zwei Bomberjacken fertiggemacht hatte, nur aus Erzählungen. Er hatte sich einerseits völlig unter Kontrolle und überraschte andererseits mit einer unerwarteten Explosivität. «Hammer», sagte meine innere Stimme. Dagegen waren die Schläge, die ich damals als kleiner Junge von ihm einstecken musste, Streicheleinheiten.

Ibrahim hustete noch einmal, er bekam wieder besser

Luft. Ari nahm einen kurzen Anlauf und rammte ihm – ohne Warnung – das Knie gegen den Kopf. Der Albaner sackte nach hinten weg und lag auf dem Rücken. Er krümmte sich, und seine gebrochene Hand suchte nach der Stelle, an der er am Kopf getroffen worden war.

Dann gab Ari den Calabrese-Zwillingen ein Zeichen. Die beiden gingen, ohne zu zögern, zum gelben Trainingsanzug. Sie brauchten keine vier Sekunden, um den großen Glatzkopf niederzustrecken. Als er am Boden lag, beugten sich beide über ihn. «Würde mich freuen, wenn du noch mal aufstehst», sagte einer der Zwillinge. «Wie sieht's aus?», fragte der andere. Der Trainingsanzug schüttelte den Kopf.

Ari gab Ibrahim die Hand. «Steh auf», sagte er zu ihm. Ibrahim streckte seine ungebrochene linke Hand aus. Ari zog ihn hoch.

«Die Schläge waren für meinen kleinen Bruder. Du rührst ihn nie wieder an. Wenn er dir begegnet, grüßt du ihn freundlich oder wechselst die Straßenseite. Haben wir uns verstanden?»

Ibrahim nickte.

«Gut. Sehr gut», urteilte Ari. «Die Schäden am Auto sind dafür, dass du dich nicht an unsere alten Gottesacker-Regeln gehalten hast. Hast du das verstanden, Ibra?»

Ibrahim nickte erneut.

«Du siehst also deine Fehler ein?»

Das dritte Nicken.

«Ich hab dich nicht gehört», sagte Ari. «Wir sind quitt. Richtig?»

«Ja, wir sind quitt», bestätigte Ibrahim.

«Jeder von euch ist Zeuge. Zwischen mir und Ibrahim Kodraj gibt es keinen Streit mehr. Zwischen uns ist alles geregelt», rief Ari in den Halbkreis. «Hast du das auch gehört und verstanden?», fragte er den roten Trainingsanzug, der dastand, als habe er mit den beiden anderen nicht das Geringste zu tun.

«Ja, habe ich.»

«Gut, dann macht, dass ihr wegkommt. Nimm deinen Kumpel mit. Ibra lässt du hier.»

Orkan sammelte die beiden Revolver ein, die noch auf dem Boden lagen.

«Sie sind beide leer», sagte er. «Keine Kugeln.»

Ari sah den beiden Trainingsanzügen nach, wie sie zu Fuß in Richtung Durlacher Tor abbogen.

«Was ist mit deiner Hand?», fragte Ari den Albaner.

«Gebrochen», antwortete er.

«Beppo, fahr Ibrahim ins Städtische.»

Beppo sah ihn verdutzt an. «Was? Ich? Jetzt?»

«Nein, morgen, lass dir Zeit. Ja, natürlich jetzt! Das muss sich ein Arzt ansehen. Und vergiss nicht zu erwähnen, dass er gestürzt ist.»

Beppo nahm den Auftrag nur widerwillig an.

Bevor Ibrahim Beppo jedoch zu seinem Auto folgte, flüsterte ihm Ari noch etwas zu.

Mel, die Russen und all die anderen, die zuvor abgehauen waren, strömten nun aus allen Ecken auf den Bolzplatz. Zuerst waren es nur ein paar wenige, die zu klatschen begonnen hatten. Mit jeder Sekunde wuchs der Applaus jedoch an, darunter mischte sich Jubel.

Gianni nahm mich in den Arm. «Ich dachte, wir gehen bei der Sache drauf», sagte er.

«Wir doch nicht», erwiderte Tayfun lachend.

Wir lagen uns zu dritt in den Armen.

Esra tippte mir auf die Schulter. Ich drehte mich um. Auch Gianni und Tayfun wendeten sich ihm zu.

«Danke, Leute», sagte er.

«Schon gut», antwortete ihm Tayfun.

Aber ich wollte es nicht dabei belassen. «Was hast du mit diesen Typen zu tun?», fragte ich ihn.

Esra lächelte schief. «Geschäfte. Du weißt schon.»

Meine Freude wich schnell einem heißen Zorn. «Wegen deinen Scheißgeschäften …»

«Hey, hey, hey, beruhige dich.» Ari stand neben mir. «Alles in Ordnung mit dir, Esra?»

«Ja, danke, dass ihr gekommen seid.»

Ari klopfte ihm und mir auf die Schulter. «Gerade noch rechtzeitig, hm?»

Er gab Gianni eine mitfühlende Ohrfeige. Sein rechter Fuß trat auf Tayfuns Ball. Tayfun grinste schon wieder, er wusste, was jetzt kommt. Ari blickte aufs Tor. In Tayfuns Richtung sagte er: «Fünf Mark, dass ich von hier aus drei Mal nacheinander Pfosten oder Latte treffe.»

Tayfun schaute aufs Tor. Es lag gute zehn Meter entfernt. «Abgemacht», sagte er.

Es war dunkel geworden, und das Licht der Laternen ließ die Pfosten des Tores fast golden schimmern. Nach dieser und ein paar weiteren Wetten, die Ari allesamt verlor, verabschiedeten sich die meisten voneinander. Italiener von Türken, Spanier von Griechen, Griechen von Türken, Spanier von Italienern. Handinnenfläche, Handrücken, Faust. Die Calabrese-Zwillinge quetschten mich zwischen sich, Gianni zeigte Tayfun zum Abschluss den Tritt, den er gern bei den beiden Trainingsanzügen angewendet hätte, und ich sah den beiden dabei zu, wie sie lachten und sich freuten, dass ihr alter Traum für einen Abend neu auferstanden war. Es war ein denkwürdiger Abend und sollte für lange Zeit mein letzter Besuch auf dem Gottesacker sein. Aber das wusste ich damals noch nicht.

Auf dem Weg zum «Griechen» erzählte mir Ari, dass Darios Mutter ihn angerufen hatte. Die Sansones wohnten im Hochhaus in der Ostendstraße, mit freier Sicht auf den Bolzplatz. «Sie hat beobachtet, wie sie Tayfun niedergeschlagen haben. Sie war außer sich und hat irgendwas von Waffen erzählt. Also habe ich alle angerufen und herbestellt.»

Ich lächelte ihn an. «Und was hast du Ibrahim am Ende ins Ohr geflüstert?», fragte ich meinen großen Bruder.

Ari nahm mich in den Schwitzkasten und rubbelte mein Haar. «Drei Mal darfst du raten», sagte er.

Küche, 4 Uhr 07

Ich hab's ja gleich gesagt: ältere Brüder – ein Segen.

Vorhin, kaum zehn Minuten her, kam meine Frau in die Küche. Sie trug meine blau-weiß karierte Pyjamahose und mein grünes Lieblings-T-Shirt mit dem Boston-Celtics-Logo. Seitdem ihr die eigenen Pyjamas nicht mehr passen, trägt sie zum Schlafen meine. Es ist immer noch ein verwirrendes Gefühl, sie mit diesem kugelrunden Bauch in meinem T-Shirt zu sehen. Manchmal, abends auf der Couch oder im Supermarkt beim Einkaufen, wenn sie es nicht bemerkt, beobachte ich sie aus den Augenwinkeln, sehe mich an ihr satt. Ich habe immer Hunger nach ihr.

«Du bist ja noch wach», hat sie gesagt. «Was machst du denn hier?»

«Nachdenken», hab ich geantwortet. Keine schlechte Antwort. Sie weiß, dass ich meinen Gedanken am liebsten nachts nachhänge. Wenn es ruhig ist. Wenn die Nachrichten den Tag schon abgeschlossen haben. Wenn selbst die fleißigsten SMS-,

WhatsApp- oder Viber-Schreiber keine Mitteilungen mehr senden. Wenn ich für mich bin.

Sie hat mir über den Kopf gestrichen, den wieder surrenden Kühlschrank geöffnet, sich ein Glas kalte Milch eingeschenkt.

«Und über was hast du nachgedacht?»

Frauen. Müssen immer alles ganz genau wissen. Geben sich nur sehr, sehr selten mit dem Happen zufrieden, den man bereit ist preiszugeben.

«Ach», antwortete ich, «über nichts Besonderes.» Glatt notgelogen. Das spürt sie, vielleicht weiß sie es auch. Aber jede andere Antwort, vor allem die wahre, hätte sie aus ihrem schläfrigen Dämmerzustand gerissen. Außerdem bin ich ja noch nicht fertig mit meiner Geschichte.

«Ist alles in Ordnung?», fragte sie. Muss sie fragen um vier Uhr morgens. Sie braucht die mündliche Bestätigung, dass das Fundament unseres Zusammenlebens nicht grundsätzlich erschüttert ist, um sich wieder arglos ins Bett zu legen.

«Klar.»

«Okay, dann gehe ich jetzt wieder ins Bett. Ich bin sooo müde.»

Wunderbar.

«Mach nicht mehr so lang, ja?»

«Klar.»

Sind es diese Momente, von denen ich meinen Kindern und Enkelkindern mal erzählen werde? Als meine Frau nachts in die Küche kam. Schwanger. In meinen Klamotten. Und so süß, dass ich sie am liebsten fest umarmt hätte, weil ich jede Sekunde fühlte, dass ich sie liebe?

Oder werden es die Momente sein, an die ich mich erinnert habe, bevor sie in die Küche kam? Als ich zum ersten und einzigen Mal in meinem Leben in den Lauf eines Revolvers geschaut habe und Angst hatte?

Hm.

Vielleicht wäre jetzt ein guter Moment, um endlich an der Tankstelle Pistazien zu holen. Das nahende Ende schreit nach einem letzten Glas Whisky-Cola.

KAPITEL 10

Bum-Bum, Gustav, Daniel – und Tayfuns Verschwinden (1991–1993)

Wenn ich an jenen Abend auf den Gottesacker zurückdenke: Gänsehaut. Selbst heute noch.

Die Episode auf dem Bolzplatz hatte im Gegensatz zur anderen auf dem Grund des Pools keine guten Auswirkungen. Während Krüger immer zahmer wurde und zum Ende des Schuljahres 1991 das Internat verließ, entfachte Ibrahims Machtverlust einen Revierkampf um den Gottesacker. Die entstandene Lücke ermutigte andere Gruppen, das Geschäft um Drogen und Prostitution an sich zu reißen. Kaum eine Woche verging, in der mir Tayfun oder Gianni nicht von Schlägereien oder gar Messerstechereien erzählten, die es nie in ein Polizeiprotokoll geschafft haben. Kaum war der Sommer vorbei, hatte sich eine Gruppe junger Russen als neue Machthaber herauskristallisiert. Selbst Gianni, der mittlerweile eine Lehre als Elektro- und Gasinstallateur begonnen hatte, und Tayfun, der im Gemüse- und Fleischwarenladen seines Vaters mithalf, verabredeten sich nun seltener auf dem Gottesacker. Es klingt vielleicht seltsam. Aber der Gottesacker verlor nach seinem kurzen Aufleben an jenem legendären Juniabend innerhalb weniger Monate so stark an Bedeutung, dass ich erst viele Jahre später und eher aus Zufall wieder über den Bolzplatz schlenderte und er mir in seinen Ausmaßen viel kleiner vorkam als noch zu meinen Zeiten.

Ella erzählte ich damals von alledem nichts. Meine hübsch getrennten Welten sollten sich nicht vermischen. An jenem Sonntag stieg ich nachmittags um kurz nach vier in den Zug vom Karlsruher Hauptbahnhof Richtung Hinterweidenthal und kam – dank der Lektüre eines Gedichts von Dionysios Solomos – gedankenverloren in meinem deutschen Zuhause an. Das Gedicht hieß «Hymne an die Freiheit» und zählt 158 vierzeilige Strophen im A-B-A-B-Reimschema. Die Enden der zweiten und vierten Zeile bilden einen unvollständigen Trochäus, sind also katalektisch. Es ist der Text zur griechischen Nationalhymne. Ausgesucht und geprüft von einem Deutschen: Georg I., König von Griechenland zwischen 1863 und 1913.

Die beiden Schuljahre zwischen 1991 und 1993 in Dahn verliefen so angenehm ruhig, dass ich fast jede Erinnerung an sie verloren habe. Könnte ich jetzt mit Ella, Bum-Bum, Herrn Fröhlicher oder einem meiner ehemaligen Klassenkameraden sprechen, würden sie mich wohl an den einen oder anderen Ausraster unserer angeblich strafversetzten Lehrer erinnern, an den einen oder anderen Running Gag, der damals Lachtiraden hervorrief und heute völlig witz- und sinnlos erscheinen würde, an die eine oder andere Klassenfahrt, die wir genossen haben. Wir waren in Berlin. Das weiß ich noch. Nach der Wende. Der Reichstag ohne Kuppel, kein Kanzleramt weit und breit, die Quadriga auf dem Brandenburger Tor nicht bronzegrün glänzend, sondern verdreckt, überwuchert von dunklen Flecken. Das berühmte Adlon? Nicht da. Wir schlenderten umher im Palast der Republik, wunderten uns über den bröckelnden Putz der Häuser am Prenzlauer Berg und freuten uns an den niedrigen Bierpreisen in den

ebenfalls heruntergekommenen, aber sehr charmanten Knei-
pen. Wir waren in Wien. Wann war das noch mal? 1992. Für
mich die schönste Stadt Europas. Damals wie heute. Okay,
okay, Paris, Rom, Budapest, Prag, auch nicht schlecht. Aber
von der Klassenfahrt in Wien hatte ich jahrelang ein Foto in
meinem Zimmer hängen. Schloss Schönbrunn, die Sonne
scheint, eine lange Parkbank. Ella und Daniel sitzen, ich lie-
ge dazwischen. Mein Afrokopf ruht auf Ellas Schoß, meine
Füße auf Daniels Oberschenkeln. Ich hatte das Foto aufge-
hängt, weil ich die Atmosphäre mochte, die es einfing: Ella
trug eine zerrissene Jeans, ihre langen blonden Haare leuchteten in der Sonne, Sonnenbrille, Chucks – sie sah cool aus.
Daniel und ich ähnelten eher zwei Nerds: Wir trugen beide
goldumrandete Sehbrillen, sein Haar stand wie immer wirr
in alle Richtungen ab, meins war ein dunkler runder Woll-
knäuel, unsere Plattfüße sind festgezurrt in braunen Boots-
schuhen von Timberland.

Das Foto, ein einzelner festgehaltener Moment, der die
Jahre damals widerspiegelt: Ich war zur Ruhe gekommen
zwischen zwei Menschen, die mir viel bedeuten. Auch wenn
Ella und ich heute keinen Kontakt mehr haben, weil unsere
Schulliebe zwei Jahre nach dem Abitur einem Herzfehler er-
lag, bin ich mir sicher, dass sie ab und zu an mich denkt.

Warum? Weil man sich nur ein Mal das erste Mal verliebt.

Manchmal, wenn ich es am wenigsten erwarte, höre ich
ihre Stimme oder sehe in der Menge ihr Gesicht. Und er-
schrecke. Vor Freude. Manchmal erinnere ich mich aus dem
Nichts an ihr Lächeln, an die perfekt geschwungene Form
ihrer Lippen, kurz bevor sie lächelte. Manchmal ist sie mir
aus dem Nichts so nah – nach all den Jahren. Darum.

Ein in den achtziger Jahren gern genommenes Zitat zur
Definition des Begriffs Freundschaft aus dem Film «Stand

by me» lautet: «Freunde kommen und gehen wie Kellner in einem Restaurant.» Das mag stimmen. Für andere. Und die meisten Beziehungen sind wie Krüge. Irgendwann gehen sie zu Bruch. Und werden von neuen ersetzt.

Im Fall von Daniel und mir trifft das nicht zu.

Unsere Freundschaft begann damals, aber sie brach nie. Sie ist keine wehmütige Idylle aus alten Zeiten. Sie ist keine Erinnerungsemotion an eine Welt ohne Computerspiele. Unsere Freundschaft ist auch nicht aus dem oft aufgeführten Grund erklärbar, dass wir zusammen aufgewachsen sind. Bum-Bum und ich haben jahrelang das gleiche Zimmer im St. Pirmin geteilt, wir waren auch Freunde, auch er brachte mich zum Lachen, bis mir das Zwerchfell wehtat. Aber auf eine völlig andere Weise. Zwischen Bum-Bum und mir gab es außer den Umständen, die unser Leben bestimmten – dem Alltagsrhythmus im Internat, dem gemeinsamen Fußballspielen nachmittags, dem Studium, den Essens- und Schlafenszeiten –, keine weiteren Verbindungen. Wir verstanden uns, kamen sehr gut miteinander aus. Punkt.

Nachdem Bum-Bum Ende 1992 das Internat verließ, verloren wir uns aus den Augen. So wie es mir mit allen anderen Internatlern geschah. Die Zweckgemeinschaft, in der wir zuvor zusammengeschweißt gewesen waren, ließ uns gleichermaßen auseinanderdriften, als sie nicht mehr existierte.

So nah mir die Erinnerungen im Internat auch sind, sie entzünden sich nicht an Bum-Bum oder einem der anderen guten Jungs. Auch nicht an Herrn Fröhlicher. Bum-Bum hat es Jahre später mal ziemlich hart ausgedrückt: «So wie ich nur ein Statist in eurem Leben war, kamt ihr über dieselbe Rolle in meinem Leben nicht hinaus. Der eine mehr, der andere weniger.» Er zwinkerte mir zu, schloss mich aber in sein Urteil ein.

Natürlich hatte Bum-Bum eine ganz eigene Internatsgeschichte. Und sicher ist ihm das Studienheim St. Pirmin näher als jedes der anderen fünf Internate, die er zuvor besuchte. Doch typisch für viele Freundschaften, die im Internat geschlossen wurden, war ihre kurze Dauer. Sobald die Waffel um sie herum nicht mehr bestand, zerflossen sie wie eine Kugel Eis in der Sonne.

Bum-Bums Definition gab mir damals lange zu denken. Wir hatten uns Ende 1998 zufällig in Heidelberg getroffen, über die «alten Zeiten» gesprochen, hatten getrunken, sind sogar Arm in Arm nach Hause getorkelt – soweit ich mich erinnern kann. Aber als ich ihn am nächsten Morgen zum Bahnhof brachte, ihn in den Zug steigen sah, wurde mir klar, dass er recht hatte. Er war nicht mehr Bum-Bum. Es fühlte sich falsch an, ihn bei seinem früheren Spitznamen zu nennen. In den Zug stieg Wilhelm. Wilhelm Richter, ehemals Bum-Bum.

In seiner Erinnerung war das Internat zwar ein unauslöschlicher Teil, ohne den seine Vergangenheit nicht denkbar wäre. Aber er sagte auch: «Ich weiß nicht, wie's dir geht, aber denk ich an diese Zeit zurück, hänge ich vor allem an dem Gebäude, seinen Räumen, dem Weihrauch- und Kerzengeruch im Treppenhaus und in der Kapelle, dem oft nur durchschnittlichen Essen und natürlich dem kalten Tee – all das war über so viele Jahre mein Zuhause. Alles andere habe ich längst verdrängt.»

Ich erinnerte ihn an die vielen Nachmittage, die wir auf dem Fußballfeld verbracht hatten, an seine Flugparaden und Rettungstaten als Tormann.

Ich erinnerte ihn an die Jahre, in denen wir jeden Nachmittag und manchmal auch nachts das damals angesagte Computerspiel «Bundesliga-Manager» zockten. Er lachte.

Ich erinnerte ihn an die Winternacht, als wir aus unseren Zimmern schlichen, der erste Schnee war gefallen, über einen Meter hoch. Wir waren vielleicht zu zehnt und schaufelten in Eiseskälte und bei Taschenlampenlicht Fröhlichers Auto so lange mit Schnee zu, bis es darunter begraben lag. Fröhlicher, der Gutmütige, bekam einen Schock, als er am nächsten Morgen auf dem Parkplatz nach seinem Wagen suchte. Er verdonnerte uns nicht nur dazu, das Auto wieder freizuschaufeln. Wir durften dabei auch keine Schaufeln benutzen, mussten den festgefrorenen Schnee mit blanken Händen abkratzen. «Ich fühle heute noch, wie taub meine Finger danach waren. Aber gelohnt hat es sich allemal», sagte Wilhelm grinsend.

Ich erinnerte ihn an den fünfzehn- oder sechzehnjährigen Albert, der bei einem Autounfall starb. Alle Internatler waren zusammen zur Beerdigung gegangen, manche weinten hemmungslos, als aus den Lautsprechern Jamiroquais «Too young to die» floss. Alberts Lieblingslied.

Ich erinnerte ihn an einige seiner stets sehr kurzen Beziehungen: Barbara, Claudia oder Julia. «Wer?», fragte er zurück. Er konnte sich angeblich an keinen der Namen, geschweige denn an die Mädels erinnern, die diese Namen trugen.

Ich erinnerte ihn an Feste, Partys, Schulausflüge. «Gähn, ich langweile mich jetzt schon», sagte Wilhelm. «Kein einziges Fest im Internat hat bei mir einen bleibenden Eindruck hinterlassen.»

Ich erinnerte ihn daran, wie wir mal – ein Trupp von etwa fünf oder sechs Mittelstufe-Internatlern – in die Dahner Kanalisation hinabstiegen, weil wir davon überzeugt waren, dass dort unten irgendwo ein Kriegsbunker zu finden sei. Ein Irrgespinst. Natürlich gab es nur den ekelerregenden Fäkalgeruch des Rinnsals, das die Röhre entlangfloss und in das Gustav fiel, nachdem er abgerutscht war.

«Stimmt!», rief Wilhelm. «Der hat danach so nach Scheiße gestunken, dass er die Klamotten weggeschmissen hat. Weißt du noch?»

Wir mussten beim Gedanken an unseren in Scheiße getränkten Zimmergenossen lachen. «Gustav», sagte ich, «was der wohl gerade macht?»

«Der ist seit ein paar Jahren in Namibia – bei seinem Vater», sagte Wilhelm trocken. «Will die Farm übernehmen. Oder besser: das, was davon übrig geblieben ist.»

«Wie meinst du das?», fragte ich ihn.

«Die Regierung dort hat die Hälfte des Familiengroßgrundbesitzes enteignet.»

«Echt? Krass.»

«Na ja, ich glaube nicht, dass wir viel Mitleid mit ihm haben müssen. Das Land, das ihnen geblieben ist, ist immer noch so groß wie achtzig Fußballfelder oder so.»

Gustav war 1992 auf ein anderes Internat gewechselt. Nachdem er die zehnte Klasse wiederholen musste, hatte ihn seine Stiefmutter, die Freifrau, vom St. Pirmin genommen und in eine Schule gesteckt, die ihn besser auf das Leben als Landwirt vorbereiten sollte. Wilhelm und ich konnten uns Gustav beim besten Willen nur schwer als Großgrundbesitzer und Landwirt vorstellen.

Sein Abschied aus dem Internat war kurz und schmerzlos. Bevor die Freifrau auftauchte, packte er sein Zeug zusammen. Jeder von uns hatte ab der zehnten Klasse ein Einzelzimmer. Er klopfte an meine Tür. Wir gaben uns die Hand. «Mach's gut», sagte ich. «Tschüs», sagte er. Schon waren die hochhackigen Absätze seiner Stiefmutter auf dem Gang zu hören. Ich hatte das Gefühl, dass er noch etwas sagen wollte, aber er tat es nicht. Nach der Krügersache war er bei fast allen untendurch. Auch bei mir. Wir hatten uns zwar danach ausgesprochen, aber die entstandene Distanz haben wir nie wieder verkürzt. Er kam zwar noch mit zum Kicken oder Basketballspielen. Doch den Stempel des Verräters hat er im St. Pirmin nie wieder abwaschen können. Als die Freifrau auftauchte, rief sie mir von weitem zu: «Ach, schau an. Das Griechenkind ist immer noch hier.» Gustavs Stiefmutter hatte die Hände in die Hüften gestemmt. «Baronin», sagte ich und deutete eine Verbeugung an.

«Gustav, bist du hier fertig?», fragte sie.

Er nickte.

«Gut, dann komm.»

Gustav würde immer Gustavchen bleiben. Da war ich mir ziemlich sicher.

Im Sommer 1993 verschwand Tayfun, ohne eine Nachricht zu hinterlassen. Gianni und ich gingen zum Laden seiner Eltern in der Zähringerstraße am Kronenplatz. Alles war wie immer. Vor dem Geschäft lag das Obst und Gemüse in schrägmontierten rechteckigen Holzkisten zum Kauf bereit. Kartoffeln, Zwiebeln, dicke grüne Bohnen. Ich bekam sofort Hunger. Die mechanische Waage stand neben den Äpfeln, Birnen und Bananen. Ich erinnerte mich an die Mittagessen, die ich bei den Yildirims verdrücken durfte. An die Fotos, die an der Wand hingen. An Mehmet Yildirims mächtigen Schnurrbart. Gianni ging durch die Tür. Gleich rechts stand die Kasse, die immer einen ungeheuren Lärm machte, wenn sie aufschlug. Marke uralt, eine dieser alten Kassen, die heute gern in Jeansgeschäften in der Provinz als modisches Accessoire auf ungebeizten Holztischen stehen. Dahinter der übliche Kleinkram: Kaugummis, Bonbons, Lutscher, Schokoriegel. Links das Regal mit den verschiedenen Reis-, Bohnen- und Nudelsorten aus der Türkei. Eine nur zweistufige Treppe führte hinauf in einen Raum, den Tayfuns Vater Mehmet zur Metzgerei ausgebaut hatte. Alles war wie immer – bis auf die riesige rote Fahne mit dem Mondstern. Und hinter der Metzgertheke stand nicht Mehmet Yildirim.

Gianni und ich schauten uns verdutzt an. Unsere Telefonanrufe bei Tayfuns Eltern hatte eine Frau beantwortet, die nicht Tayfuns Mutter Ayse und auch nicht seine kleine Schwester Fatima war. Die Frau, die den Hörer abnahm, sprach kein Wort Deutsch. Wir standen vor dem rohen Fleisch und fragten nach Tayfun.

«Tayfun?», fragte der Mann mit der Halbglatze zurück.

Wir wiederholten den Namen unseres Freundes.

«Tayfun nix mehr ist», sagte die Halbglatze. Es klang wirklich so, als ob Tayfun nicht mehr «essen» würde. «Tayfun nix mehr isst.»

Der Mann nahm ein großes schweres Stück Fleisch und ließ es auf einen breiten Holzblock fallen. Es klatschte. Dann nahm er ein riesiges Messer in die eine Hand und einen eisernen geriffelten Dolch in die andere Hand und begann das Messer an dem Dolch zu reiben. Es klang wie ein altertümliches Ritterduell.

«Wo ist Tayfun Yildirim?», fragte ich etwas lauter, um den Metzger-Schwertkampf zu übertönen.

Die Halbglatze ließ sich nicht beirren, er schleifte weiter sein Schlachtmesser. Erst nach wenigen Sekunden sagte er: «Yildirim Türkei gehen. Angst vor Deutschland.» Er lächelte schief. Entweder weil er hoffte, dass wir nun abziehen würden, oder weil …

«Türkei?!», rief Gianni. «Wann?»

… oder weil er es offensichtlich für absurd hielt, den gutlaufenden Laden in der Karlsruher Innenstadt gegen was auch immer in der Türkei einzutauschen. Solingen hin oder her.

Unsere Fragerei ließ den Metzger etwas ungeduldiger werden, seine Bewegungen verloren deutlich an Gleichmäßigkeit, das Metall kratzte zwischendurch. «Heute», sagte er, «drei Tage vorher.»

Das sollte wohl *vor drei Tagen* bedeuten.

«Am Mittwoch?», fragte Gianni.

Der Mann nickte.

«Warum?»

«Angst Deutschland, ich sagen!», rief die Halbglatze nun. «Du nix hören?»

«Doch, doch», antwortete ich. Gianni sah mich verständnislos an. Er wollte eigentlich zur nächsten Frage ansetzen, aber ich ergriff seinen Unterarm. Das hatte keinen Sinn. Tayfun und seine Familie waren weg. Wieder zurück in die Türkei. «Aus Angst» hatte der neue Metzger gesagt.

Ende Mai 1993 wurde eine türkische Familie Opfer eines Brandanschlags in Solingen. Fünf Menschen starben. Knapp sechs Monate zuvor waren bereits drei Türken in Mölln einem Anschlag zum Opfer gefallen. Vielleicht hatte der stolze Türke Mehmet Yildirim nicht Angst *vor*, sondern schlicht die Schnauze voll *von* Deutschland. Vielleicht wollte er nicht, dass seine Kinder in einem Land aufwachsen, in dem sie gehasst werden.

Gianni und ich mussten den Schock erst mal verdauen. Wir setzten uns auf eins der Bänkchen am Kronenplatz und schwiegen. Tayfun war weg. Und er kam nicht wieder.

«Was glaubst du, was passiert ist?», fragte Gianni.

Ich zuckte mit den Schultern. «Keine Ahnung.»

«Er kann doch nicht einfach so verschwinden, ohne eine Nachricht zu hinterlassen!», schimpfte Gianni.

«Anscheinend schon», sagte meine innere Stimme. Aber ich schwieg. Tayfuns Abwesenheit traf Gianni härter als mich. Während ich am nächsten Tag in mein anderes Leben nach Dahn fuhr, blieb er in Karlsruhe zurück. Tayfun und er hatten ihre ganze Jugend zusammen auf dem Gottesacker verbracht, auch die Montage, Dienstage, Mittwoche und Donnerstage, an denen ich nicht da war. Er knetete seine Hände, schlug mit der Faust in die offene Fläche seiner anderen Hand. Es tat ihm körperlich weh, Tayfun nicht mehr zu sehen.

Weder Gianni noch ich haben den wahren Grund für die plötzliche Abreise der Yildirims je erfahren. Ohne dass wir es damals ausgesprochen haben, wussten wir instinktiv: Mit Tayfuns Verschwinden endete nicht nur unsere Freundschaft zu ihm. Für uns endete damit auch das Kapitel Gottesacker.

Wir saßen auf dem Bänkchen und sahen ein paar Jungs – vielleicht neun oder zehn Jahre alt – dabei zu, wie sie einem Tennisball hinterherjagten. Sie nutzten die Beine einer anderen Sitzbank als Tor. Gianni und ich sahen uns an und mussten grinsen. Wir verabschiedeten uns wie immer. Handinnenfläche, Handrücken, Faust.

Küche, 4 Uhr 51

Vorhin war ich kurz an der Tankstelle. Natürlich hab ich nicht nur Pistazien gekauft, sondern auch eine Packung Lucky Strike, eine Flasche Cola und Salzletten. An der Kasse arbeitete ein Typ in meinem Alter. Auf seinem Namensschild stand: Herr Yildirim. Ich sah ihm in die Augen und dachte: Wenn es mein Tayfun wäre, würden wir uns wiedererkennen? Wahrscheinlich nicht. Nicht um kurz nach vier morgens, während eine Gruppe Zwanzigjähriger Nachschub holt für die WG-Party und schon die Jim-Beam-Flasche öffnet, bevor sie bezahlt worden ist. Tankstellen-Yildirim war ziemlich sauer deswegen und hat die Bande zusammengestaucht. Als ich an der Reihe war, war er immer noch sauer. Trotzdem stellte ich die dumme Frage.

«Kennst du zufällig einen Tayfun Yildirim?»

«Wie bitte?», fragte Tankstellen-Yildirim. Schon in diesem Moment war mir klar, dass es eine wirklich saudumme Frage war.

«Ach, nichts», sagte ich. «Nicht so wichtig.»

«13 Euro 89», sagte er.

Ich zahlte. Und erinnerte mich daran, wie mir Tayfun mal erzählt hat, dass der Nachname Yildirim in der Türkei ungefähr so selten ist wie Müller in Deutschland. Saudumm.

Jetzt bin ich wieder in der Küche und schaue auf diese Postkarte, die am Kühlschrank haftet. Sie ist an den Rändern aufgerissen, an den Ecken geknickt. «Auf dich, mein Freund», sagt meine innere Stimme, und ich nehme einen Schluck Whisky.

Vorn auf der Karte ist das Motiv der Hagia Sophia zu sehen, der «Heiligen Weisheit». Eine griechisch-orthodoxe Kirche, die zu Zeiten der Kreuzzüge kurz katholisch war und bis 1931 den Osmanen als Hauptmoschee diente. Heute ist sie ein Museum. «Hast du gut ausgewählt, Tayfun», denke ich.

Zwanzig Jahre ist das nun schon her. Was er wohl gerade macht?

Ich habe nach ihm gesucht. Auf Facebook und anderen sozialen Netzwerken. Nichts. Dabei ist mir aufgefallen, wie wenig ich eigentlich über ihn weiß. Seinen Vornamen, seinen Nachnamen. Die Namen seiner Eltern und seiner Schwester. Dass sie diesen Gemüse-und-Fleisch-Laden führten. Dass Tayfun die Hans-Thoma-Grundschule besucht hat, die Nebenius-Realschule. Dass er seine Nachmittage auf dem

Gottesacker verbrachte. Ein toller, technisch versierter Fuß-
baller war er trotz seines eher schmächtigen Körpers. Er ließ
so manchen Abwehrspieler stehen wie eine Litfaßsäule. Aber
schon beim Geburtsdatum hapert es. November 1976? Das
ist nur eine schwach blinkende Vermutung. Seine Großeltern
lebten in einem Dorf in der Provinz Erzurum in Ostanato-
lien.

Ist das genug Information, um von einem «Freund» zu
sprechen?

Vielleicht ist die wichtigste Information, die ich über Tayfun habe, der Mut, den er an diesem Juni-Abend auf dem
Gottesacker bewies. Und dass er das 10-Pfennig-Wasser-Eis
aus dem Lottogeschäft in der Waldhornstraße liebte.

KAPITEL 11
Die Schließung des Internats (1994–1995)

Entweder es gab immer weniger Eltern, die sich scheiden ließen, oder die katholische Kirche verlor immer mehr an Bindungs- und Anziehungskraft. Seit Anfang der neunziger Jahre war die Zahl der Internatler auf unter sechzig gesunken. Die Neuanmeldungen konnte man an einer Hand abzählen. Für die Erzdiözese Speyer war der Fassboden erreicht. Im März 1994 teilte uns Direktor Benedikt in der nur zu einem Drittel besetzten Aula mit, dass unser Internat nach 36 Jahren schließen würde. Für mich eine mehr als miese Nachricht. Ich stand ein Jahr vor dem Abitur. Ich suchte nach Herrn Fröhlicher. Er saß in der ersten Reihe und hörte regungslos zu. Wahrscheinlich war er bereits eingeweiht. Benedikt beteuerte, dass trotzdem für jeden von uns gesorgt sei. Jeder könne, wenn er wolle, ohne zusätzliche Kosten ins benachbarte Johanneum nach Homburg wechseln. Für viele der anderen Schüler war das sogar eine gute Nachricht. Das Johanneum galt als teures Elite-Internat, das seit jeher stärker von der Erzdiözese gefördert wurde. Manche der Elternhäuser lagen gar näher an Homburg als an Dahn. Diese Eltern hatten ihre Kinder nur im St. Pirmin angemeldet, weil die monatlichen Kosten geringer waren.

Ich dachte nur: Homburg? Das liegt eine Stunde entfernt!

Wer sich dazu entschließen würde, müsste allerdings auch die Schule wechseln, sagte Benedikt. Mir wurde augenblicklich schlecht. Mein Magengrummeln entwickelte sich schnell zu einer Art Sekunden-Gastritis. Und das lag nur bedingt an der Schließung des Internats. Was mich wirklich unruhig werden ließ, war der Gedanke, dass ich die Schule verlassen musste. Der Gedanke brachte meine Dahner Welt ins Wanken. Ich dachte an Ella. Ich konnte mir nicht vorstellen, sie nicht jeden Tag zu sehen. Ich dachte an Daniel, meine Klassenkameraden und Lehrer, die mir über die Jahre ans Herz gewachsen waren. Ich dachte an mein Versprechen. Ich war so kurz davor, meinen Eltern zu beweisen, dass ich durchgehalten hatte. Dass ich als Erster in unserer Familie Abitur machen würde.

Aufgeregt rannte ich nach Benedikts Ansprache die Treppen hinunter zum Telefonapparat. 15 Uhr 33, ein Donnerstag. Im «Griechen» war gerade Mittagspause, wie immer zwischen 14 Uhr 30 und 17 Uhr. Während ich in meiner Hosentasche nach Kleingeld suchte, hoffte ich gleichzeitig, dass jemand den Hörer abnehmen würde. In meiner Handfläche lagen 30 Pfennig – inklusive des Zehnpfennigstücks, das ich immer aufgehoben hatte. Ohne lange darüber zu grübeln, warf ich alle drei Zehner in den Schlitz. Es tutete. Ein, zwei, drei, vier Mal. «Geh endlich ran», rief meine innere Stimme.

Aber es tat sich nichts am anderen Ende. Es tutete und tutete. Und mit jedem Tuten ließ ich den Hörer etwas tiefer hängen. Nach dem sechzehnten Tuten gab ich auf. Die Zehner purzelten zurück ins Rückgabefach. Ich fischte sie heraus, suchte nach «meinem» Zehner, aber fand ihn nicht mehr. Er steckte im Magen dieses Kastens. Der Apparat hatte einfach drei andere Zehnpfennigstücke ausgespuckt.

«Verdammt noch mal, das kann doch nicht wahr sein», rief ich enttäuscht. Ich lehnte mich gegen die Wand und versank in einem Tornado aus Befürchtungen.

Doch ein Gedanke riss mich wieder empor. Fröhlicher. Vielleicht hatte er eine Idee. Vielleicht könnte er mir weiterhelfen. Ich rannte die Treppen wieder hoch, schoss die Tür zum Gang auf. Er stand gerade mit Benedikt vor seinem Büro. Die beiden unterhielten sich. Als mich Fröhlicher sah, winkte er mich zu sich. Benedikt verabschiedete sich. Als er mir entgegenkam, nickte er. Die Trauer darüber, dass er der letzte Direktor des Studienheims St. Pirmin sein sollte, versteinerte seine Gesichtszüge. Der große hagere Mann mit dem kantig geschnittenen Bart, der mir vor Jahren bei unserer ersten Begrüßung schon vom Niedergang des Hauses erzählt hatte, schien ebenso von der Nachricht geschockt zu sein wie ich.

Fröhlicher schloss hinter mir die Tür. Ich setzte mich – wie so oft – auf den Stuhl mit dem blassgrünen Polster und den hölzernen Armlehnen.

«Alles in Ordnung mit dir?», fragte Fröhlicher in seinem unnachahmlich weichen Ton.

Am liebsten hätte ich aufgeschrien: «Nichts ist in Ordnung! Das ist doch alles große Scheiße!» Aber ich sah ihm in die Augen und dachte daran, dass diese Entscheidung auch für ihn einen harten Schnitt bedeuten würde. Schließlich verlor er seinen Job, den er seit ich weiß nicht, wie vielen Jahren innehatte.

«Und bei Ihnen?», fragte ich.

Fröhlicher lächelte mich an. «Um mich geht es jetzt nicht. Ich komme zurecht. Wir müssen eine Lösung für dich finden.»

«Habe eben versucht, meine Eltern zu erreichen», sagte ich. «Aber ist niemand rangegangen.»

«Ich nehme nicht an, dass du ins Johanneum wechseln willst, oder?»

«Nein, auf keinen Fall!»

«Du hast noch ein Jahr vor dir. Aber das Internat wird zum Ende des Schuljahres definitiv geschlossen», sagt Fröhlicher.

Ich seufzte. «Was kann ich tun?»

«Die einzige Möglichkeit ist, du mietest dir in Dahn ein Zimmer oder Appartement und probierst es auf eigene Faust.»

Überraschung, kein Ausdruck. Warum war ich nicht gleich drauf gekommen? Klar. Ein Zimmer. In Dahn. Ich strahlte. Was für eine geniale Idee.

«Alt genug bist du. Eigenständig genug auch. Meiner Meinung nach wäre das der beste Weg.» Fröhlicher beugte sich vor und stützte sich mit den Ellbogen auf seinen Schreibtisch. «Soll ich mal mit deinem Vater sprechen?»

Im Zug nach Karlsruhe am nächsten Tag las ich diesmal kein Buch. Meine Stirn klebte an der Scheibe, ich starrte aus dem Fenster. Mir gingen tausend Fragen durch den Kopf. Wie würden meine Eltern reagieren? Was, wenn sie «Nein» sagen? Welche Folgen würde ein Umzug nach Homburg haben? Hätten Ella und ich dann überhaupt eine Chance zusammenzubleiben? Es regnete, und die Tropfen rannen quer über das Fenster. Es hatte den Anschein, der Zug würde weinen.

Am Hauptbahnhof stieg ich in ein Taxi. Normalerweise nahm ich die Bahn, aber ich konnte es kaum erwarten, mit meinen Eltern zu reden. Ich hatte Fröhlicher gebeten, nicht anzurufen. Ich wollte selbst mit ihnen sprechen.

«Zum ‹Griechen›, bitte!», sagte ich.

Zwar gab es gut zwanzig griechische Restaurants in Karlsruhe, aber wenn man im Taxi «Zum ‹Griechen›» sagte, fuhr das Taxi ohne Nachfragen zu unserem Restaurant am Berliner Platz. Die Fahrt dauerte knappe 10 Minuten. Das Taxi hielt, ich zahlte und sah schon durch die Fensterfront des

«Griechen», dass mein Vater hinter der Theke stand. Erstaunlich genug, denn es war 16 Uhr, der «Grieche» öffnete
erst eine Stunde später.

Kaum hatte ich die Tür geöffnet und «Hallo» gesagt, fiel
mir mein Vater ins Wort. «Ah, Alex, gut, dass du kommst!
Kannst du bitte schnell die Kühlschränke auffüllen und die
Reservierungen für heute Abend vorbereiten? Ich muss drin-
gend weg.» Er lächelte mich an, drückte mir die Schlüssel fürs
Lokal in die Hand und ging durch die Küche in die Garage.
Ich hatte noch nicht einmal geantwortet, noch nicht mal meine Tasche mit der Wäsche abgelegt. Ich ging um die Theke
und warf einen Blick ins aufgeschlagene Reservierungsbuch.

Freitag, 18. März 1994

T1: 4 Personen, 18:30, Name: Viellieber

T2: 3 Personen, 19:45, Name: Mayer

T3: 2 Personen, 20 Uhr, Name: Röser

T4: 4 Personen, 19:30, Name: Gottmann

T5: 4 Personen, 19:30, Name: Eberlein

T6: 5 Personen, 19 Uhr, Name: Tsiortsis

T7: 2 Personen, 17:45, Name: Claudia & Freundin

T8: 2 Personen, 18:30, Name: Tatjana (Lufthansa)

T9: –

T10: Stammtisch

T11: 3 Personen, 20:30, Name: Schland & Partner

T12: 4 Personen: 18:45, Name: Schade (Rollstuhlfahrerin!)

T13: 4 Personen: 19:30, Name: Schmitt

T14: 5 Personen: 19 Uhr, Name Riedl

T15: 10 Personen, 19:30, Name: Musikhochschule Karlsruhe

T16: 4 Personen, 18 Uhr, Name: Jubez

T17: 5 Personen, 20 Uhr, Name: Alte Klassenkameraden (Ari)

T18: 4 Personen, 19:45, Name: Manni & Familie

T19: 3 Personen, 20:15, Name: «Tsak» Goldstein

T20: 7 Personen, 20 Uhr, Name: Uni, Institut Mathematik, Prof. Rainer

«Ich fasse es nicht», sagte meine innere Stimme. Alle Tische reserviert – bis auf Tisch 9. Mein Blick huschte über die Tische. Kein einziger war vorbereitet. Vorbereitet bedeutete: neues Arrangement, neue Tischdecken, neue Kerze, Servietten herrichten, Besteck auflegen, Aschenbecher kontrollieren, gegebenenfalls mit feuchtem Tuch wischen, Reservierungskärtchen schreiben und aufstellen. Und das Ganze: 19 Mal, an 19 Tischen, insgesamt 75 Bestecke für 75 Personen.

Aber das war ja noch nicht alles. Kühlschränke auffüllen, hatte er das nicht auch gesagt? Ich öffnete einen Kühlschrank nach dem anderen. Sie waren alle nahezu leer. Kein Wasser, kein Apfelsaft, kein Orangensaft, keine Limo, kein Weißwein, keine Retsina-, keine Weizenbierflaschen – nichts. Das bedeutete, ich musste ins Lager und die Flaschen kistenweise herschleppen. Mir schwoll der Kamm. «Meine Fresse», rief ich, «verdammte Kacke!», und ließ meine Tasche auf den Boden fallen. So hatte ich mir das Ganze im Zug nicht vorgestellt. Ich wollte mich mit meinen Eltern zusammensetzen, vielleicht einen Kaffee trinken, ruhig mit ihnen über meine vertrackte Situation sprechen – so wie es in meiner Vorstellung eine normale deutsche Familie getan hätte. Nur hatte ich wohl vergessen, dass wir keine normale deutsche Familie sind, eher eine weniger normale griechische.

Ich stand allein im «Griechen», die Lichter waren noch nicht eingeschaltet, es war dunkel. Mein Fehler war, dass ich die Transitzeit im Zug nicht zum Transformieren genutzt hatte. Ich hatte die sonst übliche Trennung zwischen Dahn und Karlsruhe aufgehoben und war in den «Griechen» geplatzt, ohne die hier vorherrschenden Gesetze zu achten: Familiengespräche fanden bei uns stets *nach* der Arbeit statt. Gegen Mitternacht. Am Stammtisch.

So war es auch in dieser Nacht. Der «Grieche» leerte sich kurz nach Mitternacht. Jorgo hatte die Musik etwas aufgedreht und begann, die Tische für den nächsten Tag zu decken. Ari säuberte die Zapfhähne, und ich füllte die Kühlschränke erneut auf. Mein Vater saß am Stammtisch und rauchte eine Zigarette, vertieft in eine Reportage aus dem *Stern*. Als ich die letzte Flasche eingeräumt hatte, stapelte ich die leeren Kisten und trug sie zurück ins Lager. Meine Mutter hatte in der Küche gerade ihre Schürze abgelegt.

«Ein guter Abend», sagte sie. «Machst du mir bitte einen Kaffee?»

Kaffee trinken ist für uns eine tageszeitunabhängige Angelegenheit. Es ist Tradition, dass wir nachts nach der Arbeit alle zusammen am Stammtisch Kaffee trinken. Meine Mutter schwarz, mein Vater mit einem Stück Würfelzucker und Milch, Ari mit zwei Würfelzucker und Milch, Jorgo mit drei Würfelzucker und Milch. Nur ich trinke lieber ein Glas Cola. Zwölf Stück Würfelzucker, keine Milch.

Kaum aus dem Lager zurück, stellte ich meiner Mutter ihre Tasse Kaffee hin. Obwohl sie ja weder Zucker noch Milch in ihren Kaffee schüttete, wollte sie immer einen Löffel dazuhaben, um im Kaffee zu rühren. Das beruhigte sie. Während der Arbeit konnte ich meine Ungeduld verdrängen. Nun stieg sie jede Sekunde höher, erkämpfte sich den vordersten Platz in meiner Brust zurück.

«Ich muss mit euch reden», platzte es aus mir heraus. Wie unüberlegt! Nie wieder werde ich ein Gespräch mit diesen Worten beginnen.

Mein Vater sah überrascht von seiner Lektüre auf, meine

Mutter hörte auf, in ihrem Kaffee zu rühren, Jorgo und Ari drehten ihre Köpfe in meine Richtung.

«Ist was passiert?», fragte mein Vater.

«Ist was mit Ella?», fragte meine Mutter.

«Hast du Probleme in der Schule?», fragte Jorgo.

«Was hast du jetzt wieder angestellt?», fragte Ari.

«Ja, äh, nein, ja, nichts.» Ari sah mir amüsiert dabei zu, wie ich den Faden verlor.

«Ganz langsam, Kleiner», sagte Jorgo.

Ich ordnete meine Gedanken. «Ella geht's gut, ich habe keine Probleme in der Schule, und angestellt habe ich auch nichts», sagte ich und schenkte Ari einen halbbösen Blick.

«Was ist dann?», fragte meine Mutter, immer noch etwas aufgeregt, weil mein erster Satz sie aufgeschreckt hatte.

«Äh, also gestern hat uns Direktor Benedikt gesagt, dass das Internat im Sommer geschlossen wird.» Endlich war der Satz raus.

«Was?» Mein Vater nahm seine Lesebrille ab. «Warum?»

«Ach du lieber Gott», entfuhr es meiner Mutter.

«Vielleicht ist der Papst pleite», warf Ari ein.

«Sehr witzig, Ari. Lass ihn doch mal ausreden», sagte Jorgo.

Ich erzählte von der gestrigen Versammlung im Saal des Internats und vom Niedergang des Studienheims St. Pirmin. Nur noch sechzig statt hundert Schüler. Ich erinnerte meinen Vater an die Begrüßungsworte von Direktor Benedikt. Er nickte zwar, aber irgendetwas in seinem Gesicht – vielleicht die senkrecht über seine Stirn laufende Falte – verriet mir, dass er schon die Folgen der Schließung bedachte. Wenn er angestrengt nachdenkt, gräbt sich diese Falte tief wie ein Fjord in seine Stirn. Ich erzählte vom Angebot der Erzdiözese, ins Johanneum zu wechseln.

«Das ist doch prima!», rief Ari.

Ich schaute ihn nicht mehr nur halbböse an. Jetzt war es ein böser Blick.

«Oder doch nicht?», ruderte er zurück.

Ich erzählte ihnen, dass ich nicht ins Johanneum wechseln wollte. Aus verschiedenen Gründen. Ganz oben auf der Liste: Ella. Weiter unten auf der Liste: die bereits geknüpften Beziehungen zu Klassenkameraden und Lehrern, das gewohnte Umfeld et cetera. Ich zählte jeden halbwegs brauchbaren Grund auf, der es mir unmöglich machte, Dahn zu verlassen.

Während ich munter weiter Gründe für einen Verbleib aufrief, begann mein Vater bereits zu grinsen. Kein offensichtliches Grinsen. Es ist ein Grinsen, das sich in seinen Augen versteckt und nicht an seinen Mundwinkeln erkennbar ist. Sein Grinsen irritierte mich. Noch ein Grund wollte mir nicht einfallen, meine Liste endete abrupt, und alle sahen mich an.

«Gut, wir haben verstanden», sagte Ari. «Es gibt tausend Gründe, warum du in Dahn bleiben musst. Richtig?»

Zufrieden sah ich ihn an. Er hatte es endlich kapiert.

«Und wie willst du das anstellen, wenn das Internat geschlossen wird?», fragte Jorgo.

Das Grinsen in den Augen meines Vaters hatte mittlerweile seine Mundwinkel erreicht. «Ja, sag uns, Alex, wie lautet deine Idee? Du hast doch eine Idee, oder?» Er kreuzte die Arme vor der Brust und machte seinen Rücken gerade. Im Hintergrund lief der bekannteste Theodorakis-Sirtaki «Zorbas».

Ich schluckte. «Nun ja», sagte ich und geriet ins Stocken. Hatte ich den Boden für meinen Vorschlag gut vorbereitet? Warum verließ mich jetzt der Mut? Vielleicht, weil ich wusste, wie hart sie alle dafür arbeiteten, dass ich auf ein Internat gehen durfte. Vielleicht, weil mir in den Sinn kam, dass mein Wunsch, in Dahn zu bleiben, noch mehr Geld kosten würde als bisher schon. Vielleicht, weil die Idee noch einen weiteren Haken hatte: Zwar hatte ich mittlerweile einen Führerschein, aber leider kein Auto. Um in Dahn zu bleiben, brauchte ich jedoch zwingend ein Auto, um für die weiten Entfernungen zwischen Karlsruhe, Dahn und Busenberg nicht immer den Zug oder Bus nehmen zu müssen. Ja, vielleicht verließ mich mein Mut aus all diesen Gründen. Ich bekam kein Wort mehr raus. Plötzlich empfand ich meine noch unausgesprochene Bitte als egoistisch. Eigentlich als unaussprechlich. Kurz: Ich schämte mich.

Meine Mutter reagierte als Erste. «Willst du uns deine Idee nicht sagen?», fragte sie vorsichtig.

Ich schüttelte den Kopf. Ari und Jorgo sahen mich enttäuscht an.

Mein Vater löste seine überkreuzten Arme vor der Brust und legte sie auf den Tisch. «Gut, macht nichts. Ich habe eine Idee», sagte er.

Überraschung, kein Ausdruck. Längst spielte Theodorakis seinen «Zorbas» im schnelleren Rhythmus. Jorgo tippte mit dem Zeigefinger im Takt auf den Tisch. Wir sahen alle gemeinsam rüber zu meinem Vater.

«Wenn du in Dahn bleiben willst, brauchst du dort eine Wohnung», sagte er.

Erleichterung, himmelschreiend. Nur nichts anmerken lassen.

Ari lächelte.

«Das wäre wohl die beste Lösung», sagte Jorgo. «Was kostet denn eine kleine Wohnung in Dahn?»

«Bestimmt weniger als die Monatspauschale fürs Internat!», rief ich. Vielleicht etwas zu laut.

«Aha», sagte Ari. Immer noch lächelnd.

Nur meine Mutter hatte noch nichts gesagt. «Maria, was meinst du?», fragte mein Vater.

«Ich weiß nicht. Kann der Junge denn selbst für sich sorgen? Wer macht ihm nach der Schule zu essen?»

«Das krieg ich schon hin», sagte ich ein bisschen leiser als zuvor.

Sie sah mich missgläubig an. «Du kochst dir dein Essen selbst!?» Ihr Blick wechselte zu meinem Vater. «Du glaubst, dass sich dein jüngster Sohn sein Mittag- und Abendessen selbst kocht? Das machst ja nicht einmal du», sagte sie. «Das macht keiner von euch.» Sie sah auch Ari und Jorgo an.

«Ich schon», verteidigte sich Jorgo.

«Manchmal», urteilte meine Mutter, die ihre vier Männer besser kannte als jeder andere.

«Gibt's in Dahn ein McDonald's?», wollte Ari wissen.

«Das würde noch fehlen!», rief meine Mutter. «Donald's! Dieses ungesunde Zeugs!»

«Nee, gibt's nicht», antwortete ich. «Aber vor kurzem hat ein Döner-Imbiss aufgemacht.»

Mein Vater machte ein Gesicht, als hätte er in eine Zitrone gebissen. Erst durch minutenlanges gutes Zureden konnte ich meine Mutter davon überzeugen, dass ich in Dahn nicht verhungern würde. Ich sagte ihr, dass ich manchmal bei Ellas Eltern essen würde, dass ich manchmal auch mit Ella ins Restaurant gehen könnte. Es gäbe in Dahn sogar ein griechisches Lokal, das «Weiße Rössl».

Mein Vater merkte auf. «Und? Wie ist das Essen dort?», fragte er.

«Nicht so gut wie hier», erwiderte ich und legte meiner Mutter anerkennend die Hand auf die Schulter, «aber ganz okay.»

«Gut, dann ist es abgemacht. Such dir in Dahn eine kleine Wohnung. Essen gehen kannst du beim Griechen dort.» Mein Vater wartete, bis meine Mutter seine Entscheidung bestätigte. Sie schaute zuerst gen Himmel und schloss die Augen, aber dann nickte sie.

Ari lächelte schon wieder. «Gut verhandelt, Kleiner», sagte er.

«Äh, da ist noch was.» Ich warf den Satz wie einen Stein in den eben zur Ruhe gekommenen See.

«Was denn noch?», fragte mein Vater.

«Er braucht ein Auto», sagte Jorgo.

Verwundert schaute ich ihn an. Ari lächelte schon wieder.

«Ist doch klar. Gerade mal fünftausend Einwohner. Und das Kaff liegt am Arsch der Welt!» Wieder Jorgo. Manchmal kann er sehr direkt sein.

«Kommt nicht in Frage», sagte mein Vater. «Du nimmst weiter den Zug. Ende der Diskussion.» Er verschränkte seine Arme wieder vor der Brust. Für ein paar Sekunden hatte sein Gesichtsausdruck etwas Ernstes.

«Brauchst du ein Auto?», fragte meine Mutter.

«Ja, ohne Auto bin ich aufgeschmissen.» Glatte Lüge. Gut, es wäre ein bisschen beschwerlicher, ich müsste mich nach Busfahrplänen richten, mich von Ella abholen lassen, jeden Weg gehen. Aber aufgeschmissen? Nee.

«Dein Sohn braucht ein Auto», entschied meine Mutter.

Um kurz nach ein Uhr morgens war ich ziemlich froh, dass wir eine weniger normale griechische Familie sind. Zwar hatte sich mein Vater nicht dazu durchgerungen, einen Autokauf zu genehmigen, aber dafür hatte meine Mutter ihm noch ein paar Minuten zugesetzt und mir schließlich Hoffnungen gemacht. «Bis September sind es ja noch fünf Monate. Bis dahin kriegen wir das schon hin», sagte sie. Jetzt war sie es, die mich in den Arm nahm und mir einen Kuss auf die Stirn gab. Mein Vater dagegen schüttelte nur den Kopf.

Im Juni 1994 schloss das Studienheim St. Pirmin nach 36 Jahren. Es gab zwar noch ein großes Fest zum Abschied, auf dem der Weihbischof zu Speyer mit großem Brimborium noch einmal auf die Historie des Hauses einging und die Entscheidung der Kirche rechtfertigte, diese Historie zu beenden. Er dankte ehemaligen Direktoren und Erziehern und der aktuellen Besetzung für ihren jahrelangen Dienst, für den christlichen Beistand, den sie Hunderten von Schülern mit auf den Weg gegeben hatten. Er dankte dem lieben Herrgott. Aber das Fest war natürlich keins. Es war eine Abschlusskundgebung. Und was der liebe Herrgott davon hielt, wird wohl für immer sein Geheimnis bleiben. Aber ich erinnere mich, wie ich nach der Rede noch mal in die Kapelle ging, sie stand leer. Rechts neben dem kleinen Altar stand die dicke Kerze, die immer dort stand, bereits halb heruntergebrannt. Für jeden Frühgottesdienst wurde sie von einem der Unterstufenjungs angezündet. Sie brannte exakt 15 Minuten. Bis zum Ende der Morgengebete. Bis der Letzte gegangen war.

Ich nahm die Streichholzschachtel und fand darin zwei Hölzer. Eins unbrauchbar, der Kopf bereits verkohlt. Ich rieb das brauchbare an der rauen Schachtelseite, hielt meine Hand schützend vor die kleine funkensprühende Flamme. In der Kapelle zog der Wind. Manchmal konnte man ihn schon morgens hören. Er pfiff durch die Gänge und Bänke, durch die Klamotten und Haare meiner Mitschüler, erzeugte bei vielen eine Gänsehaut, während sie sich gute Noten, ein neues Fahrrad oder die Liebe ihrer Eltern wünschten.

Der Docht der Kerze war auch dick. Er fing nur langsam Feuer.

Ich legte das abgebrannte Streichholz zum anderen in die

247

Schachtel und setzte mich in die erste Reihe. Jesus hing am Kreuz und beachtete die Kerze nicht. Ich faltete meine Hände. «Mama Hedi» und Oma Theodora gesellten sich zu mir, setzten sich neben mich. Geistiger Beistand. Ich beobachtete das flackernde Kerzenlicht und spürte den Wind in meinem Haar. Er pfiff nicht. Er flüsterte mir zu. Ein letztes Mal.

KAPITEL 12

Auf dem Dach (1995)

Am Tag vor der letzten Prüfung, dem mündlichen Abitur in Mathe, saßen Daniel und ich mit zwei Gläsern Whisky auf dem Dach seines Elternhauses und schauten im Mondlicht auf die beleuchteten Ruinen der Burg Altdahn. Morgen würde unsere Schulzeit enden. Für immer. Wir stießen wortlos an und versanken in Gedanken. Schweigend.

Kein Erinnerungsmythos. Wir blickten nicht zurück und betrauerten die Ruinen vor unseren Augen. Wir waren beide davon überzeugt, dass unser Leben erst jetzt richtig beginnen würde. Wir freuten uns auf die Zukunft. Wir lechzten sogar danach. Es war Zeit, Dahn hinter sich zu lassen.

Daniel wollte sich an einer der führenden Kunsthochschulen des Landes bewerben, ich dachte an ein stinknormales Germanistikstudium.

Ella lag zu dieser Zeit wahrscheinlich schon im Bett. Sie hatte sich in den Kopf gesetzt, Polizistin zu werden. So wie ihr Vater. Es gibt nichts gegen den Beruf einzuwenden, gar nichts. Ihr Vater war ein Vorbild. Aber schon damals fühlte ich, dass sich unsere Wege wohl trennen würden. Während die Unterschiede Daniel und mich enger zusammenrücken ließen, jeder begierig darauf, zu ergründen, wie der andere die Welt sah, kratzten, zerrten und zogen die Unterschiede bei Ella und mir unsere Beziehung auseinander. Und zugegeben: Zum großen Teil war das sicher mein Fehler. Ich brachte die Wochen, Monate und Jahre danach wenig Interesse für ihre neue Welt auf. Ich dachte, meine Zukunft läge nicht in einem kleinen Ort in der Pfalz, sie läge irgendwo weiter draußen.

Ignorant.

Es war Ella, die unsere Beziehung knapp zwei Jahre später beendete. Sie tat es so einfühlsam wie möglich. Und dennoch schmerzte es mich Jahre. Obwohl ihre Entscheidung richtig war. So wie man sich nur ein Mal das erste Mal verliebt und es nie vergisst, erfährt man bei der ersten Trennung zum ersten Mal, wie tief so ein Schnitt gehen kann. Und dieser Schnitt ging nun mal bis auf den Knochen.

Daniel und ich saßen eine Weile still auf dem Dach. Es war eine warme Juninacht. Wärmer war nur der Whisky auf unserem Gaumen. Er brannte beim ersten Schluck. Und brannte bei jedem weiteren nur ein bisschen sanfter. Mancher Brand bleibt einem ewig in Erinnerung. Und in meiner Erinnerung dachte ich in jenem Moment an den Gottesacker. Obwohl Daniel mein Freund war, wusste er vom Gottesacker nichts. Fein säuberlich getrennte Welten. Ich fühlte mich glücklich und auserwählt, aus dieser Welt in meine Zukunft blicken zu können und nicht aus der anderen.

Wenige Tage nach der mündlichen Prüfung in Mathe hielt ich im Dahner Bürgerhaus die Abirede des OWG-Jahrgangs 1995. Meine Eltern saßen im Publikum neben Ellas Eltern. Meine Mutter hatte mir extra für den feierlichen Anlass einen teuren Anzug gekauft. Worum es in meiner Rede ging, weiß ich nicht mehr. Ist auch nicht wichtig. Ich erinnere mich nur noch, wie mein Vater danach als Einziger aufstand und so laut in die Hände klatschte, dass es mir eigentlich peinlich hätte sein müssen. War es aber nicht. Ich ging die drei Stufen vom Podium herunter, schritt auf ihn zu und umarmte zuerst ihn und dann meine Mutter. Ich hatte mein Versprechen gehalten.

Die Nachricht von Esras Tod erreichte mich erst ein paar Monate später. Er wurde vor einer abgerockten Spielhalle niedergestochen. In der Zeitung war es nur eine kleine Meldung. Titel: «21-Jähriger stirbt bei Messerstecherei in Südstadt». Angeblich ging es um Drogen. Gianni sagte, dass Esra nie davon losgekommen war. Weder von seiner Sucht. Noch vom Geschäft mit der Sucht der anderen.

Küche, 5 Uhr 49

Montagmorgen. In ein paar Stunden, um 9 Uhr 30, sitze ich in der Terminkonferenz.

Noch ist es dunkel draußen. Habe vorhin das Fenster aufgemacht und den frischen Winterwind tief eingeatmet. Mehrere Male. Der Whisky macht müde. Die Schale mit den Pistazien ist schon wieder leer. Gleich werde ich mich kurz zu meiner Frau ins Bett legen. Sie umarmen, ihren Bauch streicheln. Manchmal, wenn die Kleine boxt und ich es auf den Fingerkuppen oder in der Handfläche spüre, schließe ich die Augen. Ich stelle mir vor, wie sich meine Welt in ein paar Wochen wieder einmal ändern wird. Und kann es kaum erwarten.

Nur eins noch: Was Ari damals Ibrahim ins Ohr geflüstert hat?

«Einmal Gottesacker-Junge, immer Gottesacker-Junge.»

ENDE

DANKE

Allen Gottesacker-Jungs.

Den Erziehern und Mitschülern des Studienheims St. Pirmin (1988–1994).

Den Lehrern & Schülern des Abiturjahrgangs 1995 am Otfried-von-Weißenburg-Gymnasium in Dahn.

Ich danke DIR, Se. Meiner hochschwangeren Frau.

Noch bevor dieses Buch erscheint, werden wir Eltern!

Ich danke meinen Eltern & Geschwistern.

Ich danke Diana Stübs, meiner Lektorin,

der besten, die man sich wünschen kann.

Außerdem danke ich diesen Menschen (und ihren Familien). Jeder für sich hat seinen Anteil an diesem Buch:

Oma Theodora, Edda Rastetter, Christophoros & Maria Stefanidis jr., Alfonso Mautone, Antonio Mautone, Silia Martuscelli, Ioannis Karawassis, Cristina Oprean, Tayfun Yildirim, Daniel Schwarz, Aytekin Avci, Cindy & Tanja, Rosel & Alois Schmitt, Miltiadis Vlachos, Volker Scherer, Alexandros Alexandridis, Bastian Obermayer, Dominik Wichmann, Felix Rudloff, Dimitris Chrimpakis, Tobias Haberl, Michalis Klaridopoulos, Dimitrios Dourmikas, Stavros, Georgia, Theodora, Paraskevi und Panagiotis Amoiridis, Ilias und Soula Chaitidis, Panagiotis Tsikoudis – und «Mama Hedi».

Ευχαριστω παρα πολλη.